国家社科基金一般项目"农村小型金融组织发展的问题研究"（项目号：12BJY097）

STUDY ON
the Development of
Rural Microfinance Organizations

农村小型金融组织
发展的问题研究

赵天荣 ◎ 著

中国社会科学出版社

图书在版编目(CIP)数据

农村小型金融组织发展的问题研究 / 赵天荣著 . —北京：中国
社会科学出版社，2020.6

ISBN 978-7-5203-6659-5

Ⅰ.①农…　Ⅱ.①赵…　Ⅲ.①农村金融—金融组织—发展—
研究—中国　Ⅳ.①F832.35

中国版本图书馆 CIP 数据核字(2020)第 097377 号

出 版 人	赵剑英	
责任编辑	刘晓红	
责任校对	周晓东	
责任印制	戴　宽	

出　　版	中国社会科学出版社	
社　　址	北京鼓楼西大街甲 158 号	
邮　　编	100720	
网　　址	http://www.csspw.cn	
发 行 部	010-84083685	
门 市 部	010-84029450	
经　　销	新华书店及其他书店	

印刷装订	北京市十月印刷有限公司	
版　　次	2020 年 6 月第 1 版	
印　　次	2020 年 6 月第 1 次印刷	

开　　本	710×1000　1/16	
印　　张	20.5	
插　　页	2	
字　　数	340 千字	
定　　价	118.00 元	

目　　录

第一章

导　论

第一节　研究背景与意义

一　研究背景

世界经济发展的历史经验表明，农业既是国民经济的基础产业；又是一个弱质产业，这种双重性也彰显了农村金融作为配置资源，推动农业增产和农村经济发展的重要作用，而这又必须以建立一个完善的农村金融体系为前提和保障。因此，自改革开放以来，加快农村金融改革与发展，完善农村金融体系成为了农村经济体制改革的重要组成部分。经过了40多年的改革与发展，中国农村金融组织体系已经从"大一统"的框架向多元化、多层次的格局发展，基本形成了商业性金融、政策性金融、合作金融和其他金融组织功能互补、相互协作的农村金融组织体系，为促进农业增产、农民增收和农村经济发展发挥着不可低估的积极作用。特别是村镇银行、小额贷款公司和农村资金互助社等新型金融组织的逐年增加，这些都在一定程度上缓解了农村金融服务短缺的矛盾。尽管中国建立起了功能较为完备、各负其责的农村金融组织体系，但目前农村金融组织体系存在的缺陷是不能回避的。

由于现存各农村金融机构之间的分工不尽合理以及职责范围划分不明确，同时中国银行业将商业化作为银行改革的目标和手段，这导致中国农村金融组织在发展进程中出现一些不应有的现象：一是大量的农业银行经营机构网点从农村撤出，并逐步转向城市。农业银行的主要业务已逐渐向城市和工商业集中，远离农业和农村成为正规农村金融机构商业化改革的理性选择。二是作为农村政策性金融组织的农业发展银行，其基本职能是加强粮食宏观调控，支持粮食流通，主要承担粮棉油收购、储备等流通环节的信贷业务，对农业提供金融服务范围过于狭窄。三是农村信用社过去几十年来始终坚持服务于农业、农村和农民，已成为了农村金融的主力军。但中国农村信用社的改革走向却与合作制原则渐行渐远，自上而下的机构整合和商业化的业务要求，迫使农村信用社将大量资金投向收益率较高的城市和非农业部门，农村地区的大多数农户和小微企业难以从正规金融机构获得信贷服务。这些现象的出现凸显了农村金融服务特别是信贷服务的供给不足，甚至在一些偏远农村地区金融服务出现缺失，广大低收入农户更是被正规金融组织长期边缘化，农村金融服务特别是信贷服务短缺问题极大地制约着中国的农业增产和农村经济发展。

促进农业增产、农民增收和农村发展需要加强农村金融服务，增加农村信贷供给，而要达到这一目的必须改变农村金融中存在的服务体系不健全和体制改革滞后的状况。在全国深化改革的大背景下，推进新一轮深化农村金融改革，重点是健全完善农村金融体系，这似乎已经成为了理论研究者和管理当局的共识。对于如何完善农村金融体系改革，人们却出现了认识上的差异。一些人认为，农村金融体制改革的根本目的是更好地发挥农村金融服务"三农"的作用，为此应进一步深化原有农村金融组织体系改革，通过法规来明确划分农村发展银行、农业银行和农村信用合作社的职能，加强现有农村金融机构服务"三农"的协调配合。同时，应当矫正农村金融改革的商业化股份制改造的路径，选择重点发展合作金融的路径，以使农村金融制度改革存在的缺陷得到弥补。[①] 但更多的人认为，中国农村经济主要是以家庭为单位的小农商品经济，况且其中的贫困和低收入人口绝大多数分布在广大农村地区。这就决定了农村金融需求具有分散性强、单笔额度小、流动性大和普惠性的特点。而国内大型商业银行又缺乏针对农村金融需求提供服务的动机和有效模式，大型商业性金融难以适应中国农村经济发展的现实需要。农村信用合作社改革已经逐渐偏离原有的方向，商业化发展的趋势已不可逆转。因此，农村金融改革须创新思路。应根据农村金融需求日益差异化和多样性的特点，鼓励和支持适合农村需求特征的金融组织创新，从基于市场竞争、市场公平和效率角度出发来考虑农村金融资源的配置，构建既有竞争又相互补充的农村金融组织

---

① 程恩江等：《信贷需求：小额信贷覆盖率的决定因素——来自中国北方四县调查的证据》，《经济学（季刊）》2008 年第 4 期。

体系。

　　正是在这样的背景下，改革创新成为了中国农村金融发展的战略性选择。从 2004 年以来，中央出台的 8 个一号文件都是围绕"三农"问题进行政策布局，文件提出要加快金融体制的改革和创新，从单一农信社向构建多层次农村金融机构转变，鼓励民间资本进入农村金融服务领域，发展多元化金融机构，鼓励社会资金投资设立适应"三农"需要的各类新型农村金融组织，有序发展村镇银行、贷款公司、农村资金互助组织和小额信贷组织等。2005 年 12 月，在中国人民银行的主导下，山西、四川、贵州、陕西和内蒙古五省（区）政府开展了由民营资本经营的"只贷不存"的商业化小额贷款公司试点工作，开启了探索创新农村金融组织形式的步伐，试点取得了显著的经济与社会效益。随着第一批 7 家试点的小额贷款公司成功运作，2006 年 12 月，中国银行业监督管理委员会（以下简称"银监会"）出台《调整放宽农村地区银行业金融机构准入政策的若干意见》，该意见首次允许产业资本和民间资本进入农村金融领域，放宽农村金融市场准入门槛，并提出要在农村增设村镇银行、贷款公司和农村资金互助社三类新型农村金融组织。2008 年，银监会先后出台了《关于村镇银行、贷款公司、农村资金互助社、小额贷款公司有关政策的通知》《关于小额贷款公司试点的指导意见》等文件，在上述政策的推动下，农村小微型金融组织如雨后春笋般在全国各地涌现。据统计，截至 2015 年年末，全国组建小额贷款公司 8910 家，小额信贷从业人员数约 11.7 万人，实收资本 8459.29 亿元，贷款余额 9411.51 亿元，相当于一家中型银行的贷款规模；截至 2015 年年底，全国共组建村镇银行 1377 家，比年初增加了 144 家，其中 62.3% 设在中西部地区。西部地区农村资金互助社和小额贷款公司较中东部地区更多，占比分别达到 31.3% 和 35.1%，这在很大程度上与政策倾斜有关。东部地区村镇银行占全国比重最高，达到 34.1%，这与村镇银行设立条件限制有关。另外，截至 2015 年年末，农村资金互助社 48 家，其中西部地区农村资金互助社占全国比重为 31.3%。与大中型商业性金融组织相比，这些蓬勃发展的小型农村金融组织具有明显的特征。从单体来看，可总结为"三小"趋势，即规模小、服务对象小、借贷额度小；但从整体来看，小型农村金融组织又呈现出"三大"趋势，即覆盖范围大、贷款总额大、社会责任大。因此，农村小型金融组织的出现正迎合了中国农村对金融服务需求小额分散的特点，故而受到农户广泛欢迎，同时也抑制了大量资金从农村流入城市的势头，实现将农村资金留在农村和激发农村金融市场活力的目标成为可能。

然而，我们也要看到，农村小型金融组织作为中国农村金融组织体系新生的重要部分，在其快速发展过程中也面临着诸多问题。一方面农村小型金融组织的发展极大地改善了农村金融服务需求短缺的问题，激发了农村金融市场的竞争活力。另一方面，农村小型金融组织数量的急剧扩张过程中也出现了信贷偏离、制度"瓶颈"和多重约束等问题。虽然农村小型金融组织发展前途是光明的，但在目前的发展状况下中国农村小型金融组织面临着既要履行扶贫、扶弱、助小的社会责任，又要保证其能可持续发展的艰难困境，而要疏解这种发展困境，解决上述农村小型金融组织发展中出现的问题是至关重要的。本书正是基于上述背景对中国农村小型金融组织发展中的一些问题进行研究，以期寻找出问题产生的理论原因和现实因素，为解决中国农村小型金融组织发展中出现的问题提供理论依据和政策支持。

二　研究对象的界定

本书所研究的农村小型金融组织包括村镇银行、小额贷款公司和农村资金互助社三部分，这是考虑到中国小型金融组织经过多年的快速发展，已经初步形成多种所有制和多种法人属性小型金融组织共同发展的基本格局。具体可分为两类：一是非独立类金融机构附属部门，主要指商业性金融机构通过其内设部门或者业务窗口向城镇和农村的小微经济活动主体提供小额信贷部门。包括：国家开发银行的小额贷款业务；农业银行的小额贷款业务；地方性商业银行的小额信贷业务；农村信用社、农村商业银行、农村合作银行等农村合作金融机构的小额信贷业务；中国邮政储蓄银行的小额信贷业务。这种类型的小型金融组织属于正规商业银行的附属机构部门，不具有独立的法人资格，小额信贷业务活动只是其众多业务活动构成中很小的部分，小额信贷的运作方式依然受制于传统信贷的运作方式。小额信贷业务成本高、风险大，又受到利率封顶的限制，小额信贷业务多是亏损的，商业性金融机构开展小额信贷业务的意愿不高。因此，商业性金融机构的小额信贷业务可持续性差，这种类型的小型金融组织不具有代表性。二是专业类小型金融组织，主要指村镇银行、小额贷款公司和农村资金互助社以及非政府组织等小型金融机构。非政府的小额信贷多是扶贫性质的公益性组织，它们普遍面临着资金来源不足，无正常的融资渠道，缺乏专业的管理人才和技术等问题，其组织管理水平低下，后续发展受到制约。而专业性和商业化更高的村镇银行、小额贷款公司和农村资金互助社等是政府鼓励和大力支持发展的小型金融组织，它们是中国农村小型金融组织发展的代表。

三　研究意义

观察全国各地发展农村小型金融组织的实践可知，政府对若干争论问题已经作出了明确回答：在建立普惠型的农村金融体系、全方位地为社会所有阶层和群体提供金融服务中，农村小型金融组织具有比较优势。同时，实践中产生的诸如信贷偏离、制度"瓶颈"和多重约束等问题也为理论研究提供了素材。由于中国广袤农村地区的差异性和人文环境的特点，发展农村小型金融组织需要认真的理论探索与深入的实践调研，本书研究势必将在农村小型金融组织的理论探索和政策突破方面有所贡献。

（一）研究的理论意义

无论是从世界金融还是从中国金融体系看，农村金融都是十分重要的组成部分，是支持服务"三农"的重要力量。中国农村长期以来存在着农村金融服务尤其信贷服务供给不足乃至部分地区缺失，广大农户特别是低收入农户被正规金融边缘化等难题，已经严重制约着社会主义新农村建设和农村社会经济发展。如何破解这些难题是农村金融改革创新的重点和难点，也是理论研究十分重要的课题。按照农村金融需求的特点来构建农村金融供给体系是突破难点的关键点与必要前提，那么发展农村小型金融组织无疑是突破口之一。本书的研究目的在于从理论和实践方面系统地对中国农村小型金融组织发展中存在的诸多问题进行研究，寻找出问题产生的理论原因和现实因素，对于丰富和完善农村小型金融组织的相关理论，具有重要的理论意义和价值。

1. 农村小型金融组织研究是一个世界性课题

小额贷款运动从 20 世纪 80 年代末全面兴起，并逐步向专业化和组织化方向发展，成为一种为贫困、低收入群体和微型企业提供良好金融服务的途径，联合国在扶贫行动规划中将小额贷款作为扶贫的有效手段和攻坚力量纳入其中，因此，农村小型金融组织一直受到各国政府及理论界的高度关注。多年来，国内外学术界对农村小型金融组织的研究成果颇多，这些成果对中国农村小型金融组织发展提供重要的理论指导。

2. 农村小型金融组织研究是一个系统性课题

中国农村小型金融组织发展中出现的问题已经引起了政府的高度重视，国内学者和金融界对此也进行了深入的研究。引发农村小型金融组织问题的因素复杂而多样，解决这些问题需要系统的理论指导和完善的政策支持。已有的相关研究从个别问题、单个层面的视角来分析农村小型金融组织存在的问题，但缺乏较为系统的研究与政策设计。而本书以系统性为研究视角，以众多问题入手，从理论基础、实际分析、政策措施三个层面对农村小型金融组织问题进行研究。理论基础方面通过构建中国农村小型金融组织的"组织场域"，以一般均衡理论为工具构建理论模型，从制度的自然演化和制度的理性设计框架来分析小型金融组织信用制度构建的理论逻辑，以组织控制理论为内部控制分析框架；实际分析方面以理论框架为基础全方位地分析了农村小型金融组织出现信贷偏离的倾向、小组联保制度没有发挥有效作用、农村信用制度建设滞后和农村小型金融组织的内部控制不健全的实际因素；政策措施研究中对抑制信贷偏离、农村小组联保制度优化、完善农村小型金融组织信用制度和完善农村小型金融组织内部控制的对策进行了分析。这些研究结果对政府相关部门深化农村金融改革，完善农村小型金融组织发展政策具有一定的参考价值。

3. 综合多学科以及理论与实践相结合的农村小型金融组织研究是一个创新性课题

以往的研究对于中国农村小型金融组织发展中的问题如小组联保制度失效、农村信用制度构建滞后以及组织内部管理落后等问题，国内一些研究也给予了关注，但对这些问题的研究更多以单个理论角度进行阐释，多学科、多角度有见地的理论解释并不多见。农村小型金融组织由于类型众多、规模较小和地域分散导致其行为差异性较强，单一的理论与政策难以涵盖所有的农村小型金融组织，相应的农村小型金融组织改革发展的举措也不少，但固有的问题总得不到有效解决，农村小型金融组织的发展依然困难重重。因此，综合多学科理论，利用国内外学术界的研究精华以及实地调研所掌握的第一手资料，通过理论框架的构建和实际因素分析，对农村小型金融组织问题进行研究是一项创新性的课题。

（二）研究的现实意义

农村小型金融组织是在农村金融服务尤其信贷服务供给不足乃至部分

地区缺失，广大农户特别是低收入农户被正规金融边缘化的背景下，适应了中国农村对金融服务需求小额分散的特点而产生。农村小型金融组织已经成为了中国农村金融组织体系新生的重要部分，但在快速发展过程中也出现了诸多问题。一方面农村型金融组织的发展极大地改善了农村金融服务需求短缺的问题，激发了农村金融市场的竞争活力。另一方面，农村小型金融组织数量的急剧扩张过程中也出现了信贷偏离、制度"瓶颈"和多重约束等问题。因此，农村小型金融组织问题的研究不仅仅是解决其自身持续发展的问题，也对于解决"三农"问题、促进农村社会经济发展具有重要的现实意义。

第二节　农村小型金融组织研究述评

小型金融组织作为一种为贫困、低收入群体和微型企业提供金融服务的创新，自20世纪80年代末全面兴起就在全球范围内得到迅速发展，并引起国际社会的广泛关注以及学者们深入的研究，获得了颇为丰富的研究成果。综合国内外农村小型金融组织的研究成果，我们主要从农村小型金融组织的社会效应、农村小型金融组织的社会扶贫与可持续发展冲突、农村小型金融组织的目标偏离问题、农村小型金融组织的可持续发展问题以及小额信贷风险控制技术问题等六个方面进行述评。

一　农村小型金融组织的社会效应

小型金融组织正是因应了改善贫困、低收入群体金融服务缺失的需要而产生的，作为一种反贫困的有力武器，国外学者们从正反两方面对小型金融组织的社会效应进行了研究。

持肯定意见的学者认为，小型金融组织在显著改善低收入人群经济状况的同时也产生了良好的社会效应。侯赛因（Hossain，1988）、瑞门伊（Remenyi，1991）、奥特罗和莱恩（Otero and Rhyne，1994）、霍尔库姆（Holcombe，1995）、汉德克（Khandker，1998），以及夏尔马（Sharma，2002）等学者都提出，小型金融组织的小组贷款和动态激励两大机制的设置，能很好地解决信息不对称情况下低收入人群缺乏合规抵押担保所带来的风险，从而能增加低收入人群的贷款机会并改善其福利。因为缺少抵押担保，每笔贷款数额很小，且收入受外部冲击的影响很大，低收入人群往往被以追求利润为首要目标的大中型商业金融机构排除在外。因此，对于那些因为缺乏金融资源，或者由于外部冲击而暂时陷入困境的低收入人群而言，小型金融组织提供的金融服务不仅可以帮助其平滑消费渡过难关，而且还能开展生产活动，增强其经济活动能力。古利（Gulli，1998）认为，微型金融主要通过四种途径缓解贫困：一是促进投资，因为微型金融服务可以增加低收入人群的购买力，使其有能力克服当前经济状况的束缚；二是便于生存，因为微型金融服务可以使低收入人群能够以更有效率的方式从事经济活动；三是避免收入波动，微型金融服务可以通过预防不测来减少家庭的风险并平滑其消费，表现为在缺乏现金时消费贷款可以避免低收入人群卖掉生产性资产，从而增加低收入人群的经济安全；四是构建社会资本和提高生活质量。此外，小型金融组织提供的基础教育、健康、保健、疾病预防和环境保护等服务，也能大大改善低收入人群的生活状况和社会福利。玛瓦（Mawa，2008）还指出，微型金融可以提高低收入人群的自信心，使其有信心投资于规模更大和获利更多的项目以获取更多收益。也可以促使参与者之间相互交流，有经验的成员可以通过建议和咨询的方式向其他成员提供帮助，有助于低收入人群最有效地使用贷款并获得最大收益。小型金融组织通过向低收入人群提供金融信贷等基本的金融服务，使低收入人群有能力、有信心依靠自己的力量摆脱贫困，并积极参与经济发展。

小型金融组织发展的实践也证明，作为一种普惠性的金融组织形式，小型金融组织的确在一定程度上改善了低收入人群的经济状况和社会福利。汉德克和沙希德（Khandker and Shahidur，1998）对格莱珉银行（Grameen）的调查表明，这一计划不仅使参与者的收入增加了62%，还使参加计划的村庄的产量增加了一倍。巴赫蒂亚里（Bakhtiari，2006）通过对孟加拉国格莱珉银行、印度尼西亚的Rakyat银行、泰国的BAAC、印度的SHARE以及菲律宾的CARD等小型金融组织反贫困实践经验的总结发现，微型金融主要通过平滑低收入人群的消费、更好地管理风险、逐渐构筑低收入人群的资产、帮助低收入人群发展微型企业等直接途径提高低收入人群的生产能力，改善低收入人群的生活质量。并通过改善资源的配置效率、培育市场环境以及加速新技术的使用等方式促进经济增长的间接途径来减少贫困。总之，各个国家地区微型金融的经验研究表明，小型金融组织对减少贫困具有正面的积极作用。

但也有学者提出，应谨慎地看待小型金融组织对减少贫困所表现出的正面效应。小型金融组织所要求的利率（虽不能覆盖其成本）对最贫穷（赤贫）的人而言仍然是难以接受的，即使勉强借贷也会因过高的利息负担而陷入困境。并且，小型金融组织本身也是风险厌恶的，小组贷款机制中赤贫的人不仅会因其风险过大而被其他成员排除在小组之外，也会因偿还能力被有经验的信贷人员排除在外。因此，小型金融组织并未对赤贫的人产生良好影响（Hulme and Mosley，1996）。蒙哥马利和维斯（Montgomery and Weiss，2005）的研究表明，即使将小型金融组织的服务对象主要定位于赤贫的人，并为此制定标准，但在实施过程中很容易发生高收入人群挤占低收入人群金融资源的现象。除了无法覆盖最贫困群体之外，还有学者指出，小型金融组织基本上排除了那些没有基础设施或者无法进入市场的偏远农村、人口分布分散的地区以及经济上过度依赖于一种经济活动的地区（Parker and Pearce，2001）。

国内在这方面研究主要集中于探讨农村小型金融组织在解决农村贫困、低收入人口和微型企业金融服务短缺的社会效应问题，以及评价农村小型金融组织实现社会效应的绩效，分析如何从制度、政策机制等方面进行创新，以使农村小型金融组织更好地实现为农村发展服务的社会功能。

何广文（2002）认为，农户小额信贷模式在一定程度上解决了金融机构与农村居民贷款博弈中长期存在的信息不对称和小额信贷较高固定成本问题，使得农村居民借款难和金融机构贷款难问题得到了有效的缓解。同时，这种模式的动态激励机制还有利于农村居民建立主动还款意识，实现了小额贷款较高的回收率，因此其制度绩效很明显。杜晓山（2005）分析了中国农村小额信贷三个阶段的发展、三大组织类型及其形式，并在全面系统回顾和分析中国小额信贷实践的基础上，对中国小额信贷的经验教训进行了概括，并就组织的合法性、小额贷款利率和组织模式多样性等问题提出相应的政策建议。孙若梅（2006）在对扶贫社小额信贷项目的农户抽样调查数据基础上，认为小额信贷是所在地农户的又一种制度性信贷供给，对农村非正规金融和正规金融有替代和补充作用。王曙光（2008）认为，新型农村金融机构的设立，有利于民间资本进一步释放活力，对构建产权多元、竞争充分、多层次、多主体的农村金融体系能够起到积极的推动作用。

对于农村小型金融组织的社会绩效问题，何文广和李莉莉（2005）

分别从机构和农户两个层面评价中国农村信用社小额信贷的绩效。机构绩效主要体现在机构的财务目标，包括资产质量和经济效益。农户的绩效体现为贷款难问题的缓解和农户增收目标的实现，从客户角度考虑到机构的社会绩效问题。焦瑾璞、杨骏（2006）对中国小额信贷进行了整体（行业）研究。他们将小额信贷分为非金融机构小额信贷（未获得金融许可证的组织，包含 NGO 和政府小额信贷）和金融机构小额信贷，包括扶贫贴息贷款、农村信用社小额贷款和正规商业银行的小企业贷款等，并从可持续角度对两类小额信贷进行了评估。杜晓山、刘文璞等（2008）对中国公益性小额信贷进行了多角度、广视角、全方位的研究，他们采用了两组指标（营利性指标和生产效率指标）对公益性小额信贷组织进行了可持续能力的评估，同时讨论了影响绩效的多种因素。李镇西（2012）对小型金融组织与社会绩效管理的基本概念、主要内容、工具指标、评估方法等方面展开了讨论，并对我国目前社会绩效管理的相关状况进行了分析。

关于如何从制度、政策机制等方面进行创新以使农村小型金融组织更好地实现为农村发展服务的社会功能。周振海（2007）基于垄断和价格管制条件下，以垄断厂商理论为基础，从满足农村金融需求角度出发，讨论了中国农村小额信贷市场存在价值损失和信贷配给现象，提出建立富有效率的农村信贷市场需要进一步推行农村金融组织和活动的多元化，政府的主要作用应限于制定市场规则，而不是去强制推动信贷机构的设立。欧阳红兵（2007）认为，政府在建立完善的法律保障体制的同时，还应该配套一系列促进小型金融组织发展的优惠政策，以扩大小型金融组织资金的来源，并且在此基础上建立专门的小型金融组织监管部门，以配合法律法规的实施到位，只有配套的法规和监管部门才可以真正起到政府保护和支持小型金融组织发展的作用。李波（2009）也指出政府应建立和完善微型金融的制度支持体系，必须包括以下方面：微型金融的设立目标、经营地域、目标客户、资金投向和放贷金额等。谢升峰（2010）的研究表明，我国农村小型金融组织在缓贫及对低收入群体提供金融支持方面，发展目标定位尚不清晰，覆盖面、营利性及可持续性受到挑战。解决思路是重点提高缓贫及对低收入群体提供金融支持的覆盖面，增强农村小型金融机构的抗风险能力，降低经营成本，调整监管指标，并加强监管与政策扶持。王修华等（2010）认为，我国村镇银行发起条件过于苛刻，制约了村镇银行的发展。李瑾等（2013）研究发现，目前的政策支持体系存在税收优惠力度弱、费用补贴少、贷款利率低、监管政策不明确和政策缺乏区别对待等问题，并有针对性地提出建立新型农村金融机构激励机制和退出机制等建议。李岳云、聂振平（2014）认为，产权安排通过产权主体的价值判断影响微型金融机构社会责任行为，并通过实证发现，股权集中和经营层持股与其社会责任显著正相关，股权规模与其社会责任显著负相关，股权性质与其社会责任无显著关系。因此，他们提出完善农村小型金融组织的产权安排管理政策，更大力度地利用民营资本发展微型金融的建议。

农村小型金融组织正是因应了改善贫困、低收入群体金融服务缺失的需要而产生的，作为一种反贫困的有力武器，学者们从正反两方面对小型金融组织的社会效应进行了研究。虽然对于小型金融组织发展的社会效应还存在分歧，但多数研究都认为小型金融组织的发展对于改善贫困、低收入群体金融服务缺失有着积极的正向作用。农村小型金融组织社会效应领域的理论和实证研究近来有了新进展，从探讨农村小型金融组织在解决农村贫困、低收入人口和微型企业金融服务短缺的社会效应，转向评价农村小型金融组织实现社会效应的绩效，分析如何从制度、政策机制等方面进行创新，以使农村小型金融组织更好地实现为农村发展服务的社会功能等方面。

二　农村小型金融组织的社会扶贫与可持续发展冲突

在小额信贷发展的早期阶段，小型金融组织的资金主要来源于社会捐赠和政府资助，并以社会扶贫为主要目标。然而，受制于资金规模小和贷款对象的特殊性，许多小型金融组织的这一目标并未实现，而且还出现了持续经营的困难。为此，引进私人资本、向商业化方向转型并追求财务可持续性成为小型金融组织发展新阶段的一个突破。但私人资本的逐利性是否会导致小型金融组织在商业化进程中偏离社会扶贫的最初目标？小型金融组织能否兼顾社会扶贫与可持续发展？世界银行扶贫协商小组（CUAP，2004）认为，小型金融组织具有服务低收入人群和实现财务可持续的双重目标，但学界对这两大目标是否兼容存在争议，由此形成了以社会扶贫为首要目标的福利主义和首要关注财务可持续性的制度主义。

作为制度主义者的代表，克里斯特姆和赖恩（Christem and Rhyne，

1995）较早就指出，是服务的规模，而不是只关注低收入人群，决定着小型金融组织为低收入人群服务的边界是否发生了显著性的扩展。因为高昂的固定成本阻碍了小型金融组织的发展，所以商业化融资来源有助于扩大规模从而可更好地发挥社会扶贫功能（Christen and McDonald，1997）。康宁（Conning，1999）、德雷克和赖恩（Drake and Rhyne，2002）、拉佩努和泽勒（Lapenu and Zeller，2002）等也认为，为了覆盖较高的成本，要么提高贷款利率，要么利用规模经济对额度较小的贷款进行交叉补贴。并且，由于每笔贷款的固定成本相对固定，额度较小的单位贷款成本就相对较高，故而提高每笔贷款额度就能降低单位贷款的成本，小组贷款技术在提高贷款额度的同时能将资金渗透到低收入人群手中。因而，可以同时实现社会扶贫和可持续发展的目标。莫尔杜赫（Morduch，2000）提出，与接受捐赠和政府补贴的小型金融组织相比，商业化的小型金融组织可以摆脱因政府干预而效率低下且补贴贷款也不能真正渗透到低收入人群手中的状况。因此，只要重视金融服务过程中制度和机制的设计，社会扶贫与可持续发展的目标是可实现的。

制度主义特别强调小型金融组织在操作上和经济上的可持续性，认为只有可持续的小型金融组织才能不断扩大服务范围（Weiss and Montgomery，2005；Cull，Kunt and Morduch，2007；Kai，2009；Manos and Yaron，2009；Hermes et al.，2011）。但其缺点也是明显的：一是在社会阶层不断分化的条件下，强调资源分配规则并不能消除各阶层主体之间的资源拥有差别，而各阶层主体之间的资源分布不均可能进一步加剧社会的分化；二是农村小型金融组织对商业利润的追求可能导致目标偏离现象的发生，为了确保自身的持续性发展和经济利益，小型金融组织更愿意将资金投放于中高收入阶层。

但福利主义者认为，小型金融组织的社会扶贫比商业化演进和可持续性发展更为重要，并坚持成本补偿和取消补贴只会迫使小型金融组织抛弃农村的低收入人群。约翰逊和罗格利（Johnson and Rogaly，1997）认为，较高的商业化信贷利率增加了低收入人群负债的脆弱性，因此追求商业化的可持续性发展不利于社会扶贫目标的实现。一些非政府组织也认为，以标准的商业性金融理论指导小型金融组织将会使其发生目标偏移。而且，有一些实证研究也支持了他们的观点。休姆和莫斯利（Hulme and Mosley，1996）、拉佩努和泽勒（Lapenu and Zeller，2002）、麦金托什（McIntosh，

2011）的实证研究表明，商业化趋势下竞争压力加大，为了自身的商业可持续性，追逐经济效益的小型金融组织明显出现了服务的目标偏离现象，仅为农村高收入阶层服务，而将贫困人群排除在外。

福利主义关注消除贫困，更强调农村金融服务的深度（服务于最贫穷的客户）而不是服务的广度（服务于客户的数量），认为小型金融组织是否成功应按社会尺度来衡量，而不是其他。福利主义的主要缺陷是缺乏内在的激励机制，小型金融组织发展过程中创新产品、运营方式和组织模式的动力不足。到20世纪90年代中后期，两大"阵营"出现了融合的趋势，奉行"制度主义"的小型金融组织开创了以市场经济方式来解决社会贫困的新渠道，但能否实现"双赢"的社会承诺，还有赖于制度、机制和金融工具方面的不断探索和创新。

三　农村小型金融组织的目标偏离问题

随着小型金融组织的不断发展，偏离社会扶贫目标和商业化倾向越来越明显，商业性小型金融组织的目标偏离问题也逐渐成为一个研究热点。

对于小型金融组织目标偏离的含义，图尔钦（Tulchin，2003）认为，小型金融组织具有双重目标，目标偏离一般是指小型金融组织为了追求商业目标而偏离甚至放弃社会目标的一种现象。弗兰克（Frank，2008）就指出，在微型金融领域，"目标偏离"是用来描述小型金融组织为了追求盈利（通过服务更高收入的客户或维持高利率等方式）而偏离其初始目标（例如，服务低收入客户和减缓贫困）的一个概念。

关于小型金融组织发生目标偏离的判断标准，布哈特和坦（Bhatt and Tan，2001）、施赖纳（Schreiner，2002）、卡尔（Cull，2007）等指出，判断小型金融组织是否发生目标偏离的关键是考察小型金融组织扶贫功能的覆盖力。小型金融组织的覆盖力包括描述客户贫苦状况的指标——覆盖深度、描述客户中低收入人群占比的指标——覆盖广度、描述客户对机构、产品和服务人员满意程度的指标——覆盖质量以及描述产品和服务种类的指标——覆盖范围四类。其中，覆盖深度和覆盖广度是研究中最常使用的指标。衡量覆盖深度的最核心指标是平均贷款规模，平均贷款规模增加表示小型金融组织出现了目标偏离。此外，索普（Thorp，2005）等认为，贷款方式从不需要正式抵押的小组贷款方式向个人贷款方式转变，也被认为是出现了目标偏离。衡量覆盖广度的指标一般采用客户的地理分布和贷款的行业分布，如果小型金融组织呈现出远离偏远乡村、向交通方便地区转移的趋势，或者相关的农业贷款和农户贷款占比下降，也意味着发生了目标偏离。

关于小型金融组织发生目标偏离的原因大体可归纳为四种：一是市场竞争加剧的结果。克里森（Christen，2001）以平均贷款余额为衡量指标对拉美地区小型金融组织的分析表明，商业化、竞争加剧似乎导致了小型金融组织偏离其服务低收入人群的目标。麦金托什和维迪克（McIntosh and Wydick，2005）指出，由商业化引致的日益激烈竞争，小型金融组织信息更加不对称，不仅使得贷款成本和平均贷款规模升高，也使得赤贫人群被挤出信贷市场。并且，小型金融组织之间的竞争导致以社会扶贫为目标的小型金融组织的利润降低，从而无法继续向最无利可图的赤贫群体贷款。二是规模扩张的结果。赫希格苏伦（Hishigsuren，2007）指出，尽管规模扩大有助于向更多的低收入人群提供金融服务，但当小型金融组织努力扩大规模时，为了应对目标上移带来的一系列挑战（如改善资产质量、降低运行成本等），将更倾向于向较高收入客户提供更大额度贷款，并采用更为严格的贷款筛查程序将风险较大的低收入人群排除在外。梅尔斯兰和斯特罗姆（Mersland and Stroem，2009）发现，当小型金融组织平均利润增加、平均成本上升、偿付风险提高或者成立时间更长时可能发生目标偏离。三是交易成本差异的结果。阿门达雷兹和绍夫尔茨（Armendáriz and Szafrz，2009）建立的动态博弈模型发现，以最大化覆盖面为目标的小型金融组织，目标偏离的发生并不是由于其最小化交易成本所致，而是由于不同目标间的相互作用、贫富客户间交易成本差异以及不同地区特征所致。四是捐助者推动的结果。戈什和坦塞尔（Ghosh and Tassel，2008）的委托代理模型分析表明，小型金融组织过分关注条件更好的客户是由于追求盈利的捐助者所推动，因为目标偏离后可以吸引更多的捐款资源。

对于小型金融组织发生目标偏离的治理，大部分学者从制度与机制设计方面进行了研究。哈塔尔斯卡（Hartarska，2005）认为，建立与小型金融组织经营特性相适应的公司治理机制是保障其社会扶贫功能和可持续发展的重要机制，因为小型金融组织在经营中不仅具有普通企业的营利性要求，还要像政府组织一样承担社会扶贫的目标，有些还可吸纳储蓄而具有银行的特征。因此，根据哈塔尔斯卡（Hartarska，2005）的研究，一方面，在小型金融组织多目标的经营环境下，一些激励相容的公司治理机制，如基于绩效的经理人薪酬制度、额外的津贴等并不有效。另一方面，董事会作为一种内部治理机制则显得相当有效。而且，董事会的独立性越强，即独立董事在董事会中占比例越高，小型金融组织的社会扶贫功能越强，可持续性也越强。而詹姆斯·克佩斯特克（James Cpesetake，2007）指出，社会绩效管理没有起到应有的作用是导致小型金融组织未能充分实现其社会扶贫功能的主要原因。因此，为了有效防止目标偏离应从两个方面强化社会绩效管理：一是改进小型金融组织的目标设定和战略规划（专注于短期的抑或长期的社会扶贫目标），并对现有客户及前期客户的贫困状况进行日常监测；二是提高对引起小型金融组织偏好（社会扶贫还是可持续发展）发生不明变化的因素进行后续研究的能力，以及更有效率和更系统地对这些因素进行定期审查，以加速创新步伐并增强对贫困和性别的认识。

奥伯特、杨夫里和萨杜勒（Aubert，Janvry and Sadoulet；2009）则强调应该完善小型金融组织的信贷筛选机制和员工激励计划，以及设计仅能吸引低收入人群的金融产品从而防止发生目标偏离。佩雷拉（Perera，2010）对斯洛伐克一家商业银行下移后形成的商业性微型金融进行研究后发现，商业化的推进导致可持续与覆盖面之间出现了替代关系，但通过加强监管、基础设施、扩大资金来源等方式可以有效缓解二者之间的冲突并且可以提高对低收入人群的覆盖率。赫密斯（Hermes，2014）通过大量的数据分析发现，小型金融组织较高的参与水平能够减少农村居民的贫富收入差距，但其影响相对较小。

国内研究主要围绕着目标偏离的实证检验，探讨目标偏离发生的原因以及评价目标偏离的方法和治理措施等问题。孙若梅（2006）对扶贫社小额信贷项目的实证研究发现，扶贫社早期到达了相对更穷的农户，但1997 年以后，在可持续发展目标的压力下，扶贫社小额信贷以当地中等收入或中等偏上收入的农户为主要目标群体，而不是专门瞄准贫困人群。刘西川、黄祖和程恩江（2007）发现，我国采用孟加拉国格莱珉银行模式的小额信贷项目其实际瞄准目标已经上移到中等收入户甚至高收入户，这是需求面（贫困户对现有的小额信贷产品需求不足，而部分富裕户有较强的非农生产性信贷需求所致）和供给面原因（在机构可持续性的压力下，小额信贷机构倾向于贷款给有非农经营项目和可以按时分期还款的农户所致）共同作用的结果。李明贤和周孟亮（2010）初步分析了小额贷款公司快速扩张过程中发生目标偏移的机制，并提出了评价目标偏移的方法和治理对策。吴晓灵和焦瑾璞（2011）以涉农贷款比率度量服务"三农"、履行社会责任情况，以营业费用率度量效率，以逾期率度量资产质量，以资产收益率度量盈利能力，以相对贷款余额比率度量规模，构建了小额贷款公司竞争力评价指标体系。熊芳、潘跃（2014）从覆盖力的视角对恩施州农信社的社会扶贫功能进行了全方位的统计研究发现，以农信社为首的农村小型金融机构的社会扶贫功能在一定程度上得到实现，但小型金融组织已出现偏离其社会扶贫功能的趋势，金融服务落后和金融产品单一是制约农村小型金融组织社会扶贫功能的主要因素。王修华等（2015）以贫困覆盖广度指标、贫困覆盖深度指标和贫困覆盖质量指标来对两种不同类型的公司进行实证分析，通过数学模型分析发现客户风险鉴别能力是影响小型金融组织是否会发生目标偏移的一个重要因素。

随着小型金融组织的不断发展，偏离社会扶贫目标和商业化倾向越来越明显，商业性小型金融组织的目标偏离问题也逐渐成为一个研究热点。虽然学者们对于目标偏离的含义具有共同的看法，但对目标偏离的衡量标准以及偏离的原因存在诸多看法，并未形成一致的观点。对于农村小型金融组织的目标偏离的研究，一些学者基于众多农村小型金融组织的调查，通过相关数据对目标偏离进行了实证研究，初步分析了农村小型金融组织快速扩张过程中发生目标偏移的机制，并提出了评价目标偏离的方法和治理政策。

四　农村小型金融组织的可持续发展问题

国外理论界对于小型金融组织可持续含义的界定主要基于夏尔马和尼帕尔（Sharma and Nepal，1997）的观点，即一个小型金融组织在金融服务的收入大于等于全部营运成本时的状态。雅龙和莫尔杜赫（Yaron，1992；Morduch，1997）认为，小额信贷的可持续性指为投资于小额信贷的资本带来市场回报率，不需要外部提供特别资助的条件下实现自我生存和发展的能力。而财务可持续性是历来研究的主要基点，然后再从收入和成本两个角度对影响机构实现财务可持续的各个组织管理因素进行分析（Christen，Rhyne，Vogel，1995）。

关于小型金融组织可持续发展的衡量，克里斯特姆、赖恩和莫尔杜赫（Christem and Rhyne，1995；Morduch，1997）在已有研究基础上，对小额信贷利率推算进行了改进和综合，提出可持续性盈亏平衡利率的计算、考虑贷款拖欠率盈亏平衡利率、可持续性利率的概念和计算方法。考虑到利率因素的单一性与利率政策效应的减弱（Hudon，2008），一些文献采用了更为综合性的衡量指标对小型金融组织的可持续性进行研究。艾金和莫尔杜赫（Aghion and Morduch，2000）从小型金融组织还款率机制设计和依据客户偏好改进产品设计角度，研究小额信贷的可持续性。泽勒及迈耶（Zeller and Meyer，2002）则认为小型金融组织财务可持续性、覆盖力和社会福利影响冲突的平衡，才是评判微型金融可持续与否的标准。塔帕（Thapa，2007）对小型金融组织可持续性衡量的研究涵盖了组织性、管理性、财务性三个方面。罗森伯格（Rosenberg，2009）在测量小型金融组织的表现以及可持续性时引用了以下5个指标：资产报酬率、股权回报率、调整资产回报率、财务和业务上的自给自足率以及补贴依赖指数。阿耶伊和塞内（Ayayi and Sene，2010）通过对223家小型金融组织财务报表的研究，发现信贷风险管理是可持续发展的决定因素：利率水平应足以支付成本、成本控制是最基本的、关键信息的收集和使用是必不可少的。梅尔斯兰（Mersland，2013）以此为基础构建一个理论模型进行分析，指出降低操作成本可以冲销利润增加对平均贷款规模的影响，从而保证在追求利润目标的同时小型金融组织仍能提供额度较小的贷款。

对于如何保障小型金融组织可持续的讨论主要涉及农业金融风险补贴、利率自由化、小型金融组织商业化、差别性利率与多样化的金融产品、公司治理与内部控制等方面。巴尔肯霍尔（Balkenhol，2007）通过总结小型金融组织的实践，说明补贴机制下小型金融组织可以实现可持续发展。杰西卡（Jessica，2008）从动态研究的角度得出，运用农村金融补贴帮助小型金融组织可持续运行，并进入和扩大农村金融市场。艾哈迈德（Ahmad，2009）则认为小型金融组织的可持续不仅仅依靠金融补贴，也需要其他政策的设计，尤其是不能低估利率的作用，农村金融利率的自由化才是解决问题的关键。比阿特丽斯和乔纳森（Beatriz and Jonathan，2010）在探讨墨西哥小额信贷企业Banco Compartamos发展模式的基础上，认为商业化是小型金融组织发展的一大趋势，并通过实证分析，他指出新的方式如微型金融投资工具（MIVs）已经进入了微型金融市场。卡马尔·瓦特（Kamal Vatt，2003）通过对孟加拉国格莱珉银行模式引入印度的案例分析，得出制定差别性利率与创造性提供多样化的金融产品以适应包括低收入人群在内不同客户的金融需求，将会对小型金融组织长期的反贫困和深化发展起到重要的作用。在公司治理机制方面，哈塔尔斯卡（Hartarska，2005）就指出，建立与小型金融组织经营特性相适应的公司治理机制（保持董事会的独立性）可以防止发生目标偏离，保障其可持续性，奥伯特（Aubert）、杨夫里（Janvry）和萨杜勒（Sadoulet，2009）则更强调应该完善小型金融组织的信贷筛选机制和员工激励计划，如在资金借贷方面的联保贷款、贷款机制设计上的动态激励、强制存款、分期还款等，以及在金融服务方面的客户专属服务和连锁模式。

可持续发展问题是农村小型金融组织研究中的重要部分，近年国内学术界对农村小型金融组织可持续性发展的研究主要包括可持续发展的衡量、可持续发展的影响因素以及实现途径。在农村小型金融组织发展的实践中，可持续发展通常指农村小型金融组织的经营可持续和财务可持续，但考虑到农村小型金融组织具有的双重目标性，目前学者对于农村小型金融组织可持续性衡量指标并没有普遍认可的一致性结论。

刘文璞（2005）认为，NGOs 小额信贷机构可持续发展的指标应该包括有相对独立的机构和专职的员工、完善的组织系统、明确的战略目标、完善的会计制度和贷款管理报告系统等八个方面。汤文东（2009）对中国小额信贷机构的实践进行了总结，指出机构实现财务自负盈亏不等于实现可持续发展，并给出可持续发展的衡量指标，包括合法的专营机构、广阔的农村市场、财务自立、高素质的从业人员队伍。欧阳敏华（2009）利用 AHP 与模糊综合评价方法，将定性模糊指标进行量化处理，以组织可持续性、运作可持续性、财务可持续性三大类指标为基础，建立了商业化小额信贷可持续发展能力的评价体系。张正平、何广文（2012）利用相关的统计数据，从小额信贷的覆盖广度和深度、小额信贷财务可持续能力切入，研究了国际小额信贷可持续发展的绩效。熊芳等（2013）利用固定时点效应模型，以平均贷款余额为微型金融机构社会扶贫功能的代理指标，对 395 家小型金融机构 2005—2009 年的数据进行了实证分析，认为通过增加资产规模、加强风险管理、控制薪酬费用、改善机构效率和提高信贷员生产力等措施，小型金融机构可以保障其可持续的提供扶贫功能。

对于影响农村小型金融组织可持续发展的条件以及因素，学者们也给予了广泛的关注。杜晓山和孙若梅（2000）提出，我国小额信贷可持续发展的关键在于经营策略和经营目标的转变。汪三贵（2000）认为，影响我国小额信贷机构可持续发展的外部因素主要是金融机构准入控制、利率控制和资金来源的控制，内部因素则包括小额信贷机构在观念、目标和组织机构方面存在的问题。杜晓山（2003）对德国、阿尔巴尼亚等国不同小额信贷商业化发展模式考察后指出，强调商业性小额信贷的利率也要遵循市场化原则，着力创造有利于小额信贷商业化、可持续发展的政策环境。茅于轼（2008）论证了低息成本的获得性与一定的资产规模，对农村小型金融组织的可持续发展至关重要。任常青（2011）认为，村镇银行的可持续发展不等同于传统商业银行的营利性，它是建立在村镇银行服务农村基础上的可持续。村镇银行应该定位于农村信贷产品的提供者，是市场的补充者，定位如果存在偏差会影响其可持续发展。葛永波等（2011）运用层次分析法对农村小型金融组织可持续发展的影响因素进行实证，研究表明产品与服务创新水平在所有影响因素中的权重最高。另外是员工素质，随后是财税政策与金融环境、机构知名度、公司治理等，并据此提出了相应对策。李长生、蔡波（2012）从可贷款资金规模、违约率和利率水平三个因素考察了影响农村小型金融组织可持续性发展，并探讨了其作用机理。何广文（2012）指出，目前中国利率市场化程度仍然比较薄弱，在利率的长期管制下，经营规模较小、单笔交易金额低的小型金融组织需要承担较高的交易成本及经营成本，财务的可持续性难以维系。戴序等（2013）就指出，农村小型金融组织内部管理体系不完善，加之远离监管的小型金融组织工作人员，在贷款前后的操作流程中可能产生的不严格按照程序办理业务的操作风险都加大了农村小型金融组织可持续发展的隐忧。谷卓桐等（2014）认为，中国金融政策限制较多。对存贷款利率仍实行严格控制以致其利率难以补偿操作费用；机构资金来源易受政府左右，以政府扶贫基金为主，诸如吸收存款、基金储蓄、代扣罚金和吸收入股等国际上常见的形式中国都比较少或者没有，从资金来源上限制了微型金融的持续发展。

对于农村小型金融组织如何实现可持续发展，学者们从不同角度给予了研究并提出相应的主张。一些学者从制度与信贷技术创新方面来探讨农村小型金融组织的可持续发展。何广文（2006）阐述了"只贷不存"的小额贷款公司运作机制的特征，并强调了其制度创新意义。胡聪慧（2008）探讨了社会资本引入金融交易的避险特征，并建议通过规范贷款流程、建立严格的内部防控机制、探索有特色的贷款方式和实行会员制等方法进行控制信贷风险。蔡伟（2009）从制度环境和经营风险两个角度分析了小额贷款公司可持续发展的制约因素，提出应进一步明确其法律地位、加大政策扶持、加强业务创新和风险管理等政策建议。一些学者坚持农村小型金融组织的商业化运营，赵冬青等（2009）指出，目前世界上较为知名和成功的小型金融机构或项目基本都是商业化的，他们认为商业化是农村小型金融的未来发展方向。也有研究着眼于金融政策调整来支持农村小型金融组织的可持续。石涛（2011）通过对近年农村金融机构风险补贴研究的回顾分析，提出农村小型金融组织发展初期的成本问题使得其需要金融风险补贴以实现运营可持续，在发展的中后期，更加侧重的是政府的监管与制度的开放性以及包容性，使得农村金融市场趋于良性竞争。另外，农村小型金融组织需要客观审慎地制定政策。张平正、何文广（2012）还提出发挥评级机构的作用，对小额贷款机构评级，提高捐款者、投资者、存款者对其经营能力的信心。

国内外无论关于农村小型金融组织可持续发展的理论研究还是实践分析中，均着重于财务指标的可持续性。而且，对于小型金融组织可持续性的衡量，也没有一致认可的评价指标体系。不同学者对于小型金融组织实现的目标设定存在争议，也导致了其对如何实现小型金融组织的可持续发展没有达成共识。在影响农村小型金融组织可持续发展主要因素的探讨上，主要分歧为利率因素，多数学者认为利率是关键因素，但近年理论界也逐渐出现了更多使用综合因素对农村小型金融组织可持续性进行评价的观点。众多文献从市场环境、政策环境和内部管理等不同角度分析了农村小型金融组织可持续发展的主要障碍，并提出了可持续发展主要实现途径，但缺乏理论分析框架的深入探讨。

五　小额信贷风险控制技术问题

小额信贷风险控制技术是小型金融组织研究中最受理论关注的内容之一。由于低收入人群的信贷需求具有额度小、缺乏抵押担保品、贷款使用监督困难等特点，长期以来正规金融组织一般不愿意也很少为低收入人群提供信贷服务，贫困人群在信贷市场中处于边缘地位。针对这个特点，小额信贷风险管理技术在这方面取得了重大突破，包括不同形式的团体贷款（小组联保）机制、以借款额度为主要标的的动态激励机制，整借零还的分期还款制度、不同形式的替代性担保安排以及针对妇女的特殊关注等。这些技术比较有效地解决了贷款人与借款人之间由于信息不对称所引发的逆向选择与道德风险问题。

关于团体贷款（小组联保）机制是孟加拉国格莱珉银行最为核心的贷款技术。在该种贷款中，贷款小组由村民自发组成，成员之间负有连带担保责任，以解决逆向选择和道德风险问题。加塔克（Ghatak，1999，2000）以委托代理理论为框架，对小组贷款解决逆向选择问题给出了理论解释。他认为，在小组形成过程中，连带责任引致了借款人的内生性自我选择，使得那些相互之间比较了解且风险类型相同的借款人自动组合成联保小组，并把风险类型相异的潜在借款人排除在小组之外，即小组成员的正向选择匹配。这种联保小组机制的信息发现功能有利于克服信息不对称造成的逆向选择问题，也有助于降低微型金融的市场利率、提高贷款的偿还率并提高社会福利水平。尽管加塔克（Ghatak）的研究揭示了连带责任这一机制的重要作用，但现实与理论研究通常采取的（明确的或隐含的）正向选择匹配假说并不一致，一些经验分析显示有一些团体贷款项目的小组成员风险结构呈现异质匹配。麦瑞特（Mehrteab，2005）基于2001年对厄立特里亚的两个借款小组进行的调查，实证分析发现小组成员的异质匹配。格特曼（Guttman，2008）在将小组贷款拓展到多期，引入停贷威胁建立了实质上的无穷期重复博弈模型。其发现在引入停贷威胁之后，借款人的多期预期效用使得小组匹配结构发生了变化，风险型借款人在向安全型借款人进行补偿支付之后，仍可以得到部分剩余；而安全型借款人的预期损失被来自风险型借款人的私下支付所补偿，也将从异质匹配中获益。因此，组内借款人之间会私下达成补偿支付协议，小组匹配结构出现异质匹配。

动态激励机制被广泛地应用于小额信贷领域，一般可以分为两类。第一类是简单的重复博弈，即如果借款人在借款后续的还款过程中表现良好，那么他就有望反复得到相同的信贷服务，而如果借款人发生拖欠或者未能偿还贷款，他再次获得贷款的可能性随之降低，甚至永远得不到任何贷款（Armendariz de Aghion and Morduch，2000）。第二类是在第一类的基础上，还款表现良好的借款人将可望在后续合作中得到更高额度的贷款，即贷款额度累进制度（Armendariz de Aghion and Morduch，2005）。在理论研究上，乔杜里（Chowdhury，2005；2007）提出，在特定参数条件下，包含组内次序贷款的小组贷款会变得相对可行，并且在使用组内次序贷款的情况下会产生正向匹配。阿尼凯特（Aniket，2007）扩展了团体贷款的动态激励研究，在他的模型中，次序贷款通过分离借款人的工作努力决策和监督决策，使得借款人串谋的可能性降低。

在贝斯利和科特（Besley and Coate，1995）的研究中，社会制裁是对策略违约者的惩罚机制，横向监督引发的社会制裁可以降低借款人的事后道德风险，降低借款人策略违约的可能性，从而提高还款率。分期还款也是大多数小型金融组织常见的信贷风险防范技术，它要求借款人在初始借款之后制定定期还款时间表，这有助于小型金融组织的现金流管理，实现早期预警。杰恩和曼苏里（Jain and Mansuri，2003）研究发现，分期还款制度使得贷款机构工作人员定期与借款人会面创造出直接监督的机会，可约束借款人的策略违约行为。虽然小型金融组织一般没有担保抵押要求，但是现实中却广泛存在着替代性担保抵押，比如小组基金和强制储蓄等。维迪克（Wydick，1999）通过对横向监督、小组间信贷保险的安全网的分析，认为团体贷款可以克服个人贷款情况下的风险投资行为，从而小组基金的担保作用是有效和不可或缺的。

小额信贷风险控制技术是小型金融组织研究中最受理论关注的内容之一。研究由针对连带责任的静态单期博弈向引入其他机制的多起动态博弈发展，不断突破早期简单的完全和无成本的监督和完全的契约执行假设，引入了监督成本和社会制裁，使得分析更加接近现实。部分研究开始采用实验经济学的研究方法，如运用实验的方法对团体贷款技术和个人责任贷款技术的优劣进行比较等。

六　农村小型金融组织的其他问题

国内研究除了关注于农村小型金融组织的社会效应、目标偏离以及可持续发展问题之外，也有学者对与农村小型金融组织相关的小额信贷机制理论和小额信贷市场理论进行了研究。刘锡良和洪正（2005）从我国目前存在的三类不同小额信贷机构由于机构性质和经营目标不同出发，讨论如何通过提供一组贷款合同对借款人类型进行甄别，以实现不同借款人的分离均衡和帕累托效率改进。并针对我国小额信贷市场的现状，提出为实现市场分离均衡的效率，需要在机构的目标客户定位和利率政策方面做出相应的调整。赵岩青和何广文（2008）对建立在声誉效应基础上的信任机制所发挥的作用进行动态博弈分析，在此基础上根据实地调研的数据进行实证剖析，提出了通过借贷双方长期博弈建立信任关系、不断投入资源以维护信任机制、发挥农业保险与专业组织的作用降低农户经营风险等政策建议。张伟（2011）在斯蒂格利茨（Stiglizt，1990）等关于团体贷款机制研究的基础上，以信息经济学、博弈论和契约理论等为指导，运用数学模型分析方法，着重从理论方面对团体贷款赖以成功的核心运行机制进行剖析，对一些经典理论模型进行了拓展，并对相应的实证研究成果进行了比较分析。

对于农村小型金融组织公司治理问题也有学者给予了关注。袁泽清（2008）分析了我国小额贷款公司在公司治理方面存在的问题，并结合公司治理理论，提出了完善小额贷款公司治理结构的建议。王维（2012）研究了小额贷款公司的内部治理机制和外部治理机制，又进一步提出在完善内部治理机制、建设农村金融市场以及积极推进小额贷款公司进入征信系统方面的政策建议。关于小额信贷的覆盖面，程恩江和阿赫迈德（Ahmed，2008）从需求方面研究了中国三个小额信贷项目的低覆盖率问题，提出为提高对贫困人群的覆盖率，应通过依照贫困人群的需要定制小额贷款产品等方式来提高贫困农户对小额贷款的需求。

从上述研究文献可以发现，国外研究涉及的内容较为多面，其研究方法也多具有开创性。通过大量对发展中国家乃至部分发达国家小型金融组织实践运作的实证分析和案例研究，得出的结论具有理论研究与实践操作参考价值，对中国农村小型金融组织的发展具有一定的借鉴和理论指导意义。当然国外研究的案例和实证分析，大多以当地调查数据为基础进行深入分析，具有很强的地域特征。一些国内学者和社团组织（茅于轼、中国社会科学院农村发展研究所等，1993）自20世纪90年代初期引入微型金融理念，并尝试在中国农村建立小额信贷组织进行社会扶贫试验。在2005年以前，由于小额信贷组织的相关政策缺乏，法律地位不明确，以及小额信贷组织独立性差，资金来源受限等原因，其发展十分缓慢。早期研究多以对国外理论成果和研究方法的引入为主，比如对国外典型模式的经验总结和中国农村小型金融组织发展经验的介绍和现状描述，以及地区农村小型金融组织运行机制的分析和发展政策建议等。随着农村小型金融组织在中国的快速发展和实践经验的积累，国内对农村小型金融组织的研究内容逐渐广泛和深入，开始对农村小型金融组织的社会效应、目标偏离和可持续发展以及小额信贷机制理论和小额信贷市场理论等问题进行广泛研究。

　　农村小型金融组织能显著改善农户的经济状况，并具有较低的贷款逾期率，对此国内外研究已经形成共识。然而农村小型金融组织的社会功能与可持续发展之间的关系却众说纷纭，一些实证研究发现，实践中部分农村小型金融组织发生了信贷偏离，理论研究也给出了不同的解释，但缺乏较为系统的研究与政策设计。中国农村小型金融组织发展也面临着信用制度"瓶颈"、持续发展约束、制度约束和政策约束等问题，国内一些研究也给予了关注，但对这些问题的认识并不一致，其理论解释也呈现多样化。

第三节　研究思路与方法

一　基本思路

　　本书通过对中国农村小型金融组织发展中存在的问题进行系统研究，从而深化对中国农村小型金融组织及其发展规律的认识。第一，系统地阐述了农村小型金融组织发展的理论基础。通过对金融发展理论和农村金融发展理论的阐述来分析农村小型金融组织新模式的理论基础，以及新模式下农村小型金融组织突出解决农村金融市场上信息不对称和高交易成本问题的理论机制，用产业组织理论和新制度主义组织理论框架分析组织及其行为。第二，以历史和区域的农村金融发展为研究线索，充分运用纵向比较以及对国内外农村小型金融组织的横向比较方法，研究国际小型金融组织产生的历史渊源和发展特征以及中国农村小型金融组织的发展历程。第三，结合中国农村小型金融组织发展现状，对农村小型金融组织发展过程中出现的种种现象进行归纳，提炼总结出农村金融组织发展中存在的信贷偏离、制度"瓶颈"和多重约束等方面的问题。第四，通过对农户问卷调查及对农村小型金融组织的样本调查，在大量的实际调查资料的基础上，对上述存在问题进行统计和计量上的实证分析。第五，以新制度主义的"组织场域"理论为分析框架，构建中国农村小型金融组织的"组织场域"，并对农村小型金融组织的信贷偏离问题的原因进行剖析。从制度的自然演化和制度的理性设计框架来分析小型金融组织信用制度的演化逻辑和形成条件，进而分析中国农村小型金融组织信用制度的构建问题，并且对农户参与信用担保的意愿及因素进行计量实证。融入内部控制理论，分析农村小型金融组织的内部控制问题。第六，分析了小组联保制度激励与约束机制有效发挥的理论条件，并对中国农村小组联保制度经验进行了分析。

基于上述基本思路，本书共分十一章，第一章导论，说明本书的背景与意义、农村小型金融组织研究述评、研究的思路与方法。第二章农村小型金融组织发展的理论基础，主要阐述金融发展理论、农村金融发展理论、团体贷款理论和组织理论。

第三章农村小型金融组织的发展与实践。第一，概括了小额信贷兴起与发展的历史背景。第二，分析了小额信贷项目向小型金融组织转变的过程，并对众多国际小型金融组织中的典型代表孟加拉国格莱珉银行（GB）、玻利维亚团结互助银行（BancoSol）、印度尼西亚人民银行（BRI）农村信贷部和拉丁美洲村庄银行（FINCA）的特征给予总结归纳，并回顾了中国农村小型金融组织发展的历程。第三，阐述了农村小型金融组织发展过程中出现的争论即以促进社会发展与消除贫困为首要目标的福利主义与更强调机构可持续的制度主义之间的争论。第四，阐述了各国农村小型金融组织的创新实践。

第四章农村小型金融组织的现状及其问题。第一，指出当前中国农村小型金融组织的类型、特征和功能，并分析其发展现状。第二，从中国农村小型金融组织政策定位出发，归纳出信贷偏离的三个基本特征。第三，从农村金融生态环境恶化、农村小组联保制度有效性下降和农村信用制度构建滞后三个方面，指出农村小型金融组织的信用制度"瓶颈"问题。第四，从资金规模不足，资金来源渠道有限；服务功能不足，业务产品单一；经营理念滞后，服务手段不足；内部控制不健全，人员素质相对较低四个方面指出农村小型金融组织的持续发展约束问题。第五，分析了农村小型金融组织的制度约束问题，包括发起人制度导致相关利益主体动力不足、小额贷款公司制度设计引致的发展困境、监管政策约束了农村资金互助社的发展。第六，从财税支持政策缺位、货币金融政策效应有限和差异化监管政策不足等现象归纳出政策约束问题。

第五章农村小型金融组织服务农户的调查分析。主要对农村小型金融组织服务状况以及农户金融服务需求进行了调查分析。第一，以重庆、四川、贵州、湖南、陕西、甘肃等地农村调查数据为依据，对农户家庭基本情况和样本农户金融状况进行分析。第二，从金融组织对农户提供金融服务状况、农户的融资偏好和农户收入对获贷概率及贷款用途的影响几个方面分析了金融组织行为与农户融资偏好。第三，通过调查数据分析了农户对小型金融组织的认知程度。第四，应用计量模型对农户借贷行为与融资偏好进行实证分析，从服务农户的角度来分析农村小型金融组织存在的问题。

第六章农村小型金融组织发展的调查分析。主要是对农村小型金融组织的调查分析。第一，通过对四川省样本村镇银行运行情况的分析，发现其存在的种种问题。第二，通过对广东省样本小额贷款公司运行情况的分析，得出其存在的问题。第三，以青海省乐都县雨润镇兴乐农村资金互助社发展情况为典型样本，分析了农村资金互助社存在的问题。

第七章农村小型金融组织的信贷偏离——基于"组织场域"的分析。第一，分析了农村小型金融组织发展中的信贷偏离，指出农村小型金融组织表现的信贷偏离行为——贷款偏向农村富裕阶层和企业的倾向和行为，与传统存量金融组织之间有同质化的趋势，这正是组织同形现象。第二，以新制度主义的"组织场域"理论为分析框架，构建中国农村小型金融组织的"组织场域"。第三，基于"组织场域"视角对农村小型金融组织信贷偏离原因进行了分析。第四，提出完善农村小型金融组织的"组织场域"，才能确保农村小型金融组织在实现风险可控、财务可持续的同时真正服务于农村中低收入阶层，抑制信贷方向偏离。

第八章农村小型金融组织信用制度的构建。第一，阐述了农村小型金融组织的信用制度。第二，从制度的自然演化和制度的理性设计框架来分析小型金融组织信用制度的演化逻辑与形成条件。第三，从声誉保障机制建设滞后、诚实守信的社会道德还未形成、失信惩罚机制的缺失和农村经济社会形态变化的影响四个方面来分析农村小型金融组织信用制度的构建约束。第四，对农户选择"专业合作社担保"、"农户小组联保"、农村土地承包经营权抵押担保、宅基地抵押担保等信用担保制度的意愿进行调查和计量实证。第五，针对上述面临的信用制度构建约束，提出了完善农村小型金融组织信用制度的对策。

第九章农村小型金融组织的内部控制。第一，阐述了内部控制的基本理论及其框架。第二，从内部控制的内部环境、风险评估、控制活动、信息与沟通以及内部监督五大要素分析了农村小型金融组织内部控制的现状及其问题。第三，指出造成农村小型金融组织内部控制问题存在的原因是多方面的，既有外部客观条件的限制，也有内部主观意识不强和文化素质较低的约束，概括出农村小型金融组织内部控制问题的原因。第四，针对上述存在问题，提出完善农村小型金融组织内部控制的对策。

第十章农村小组联保制度激励与约束的理论与经验分析。第一，对信用联保制度的相关研究进行了回顾，第二，以一般均衡理论为工具分析影响小组联保制度的激励与约束因素，指出小组联保制度在理论上满足合作行为形成和维持的基本条件。第三，从联保小组成员合作条件的缺失和制度缺陷导致联保小组成员激励与约束失效方面，对中国农村联保小组成员合作的均衡条件以及激励与约束进行了剖析。第四，提出了农村小组联保制度优化的对策。

第十一章结论与展望，阐述本书的结论，并就存在的一些问题提出进一步研究的展望。

二 研究方法

综合运用金融发展理论、农村金融发展理论、组织制度学理论、制度经济学、博弈论与内部控制理论等学科的理论观点和研究方法，掌握前沿理论，切近农村社会经济环境对现有理论模型做必要修正，对农村小型金融组织存在的问题进行了广泛而深入的理论研究与实际调查。具体来说，本书的研究方法主要体现在以下几个方面：

（一）实地考察与问卷调查相结合

为了真实反映当前农村小型金融组织发展状况以及存在的问题，探究农村小型金融组织发展难点，2012 年 12 月至 2013 年 12 月，项目组成员赴四川（成都、彭州、自贡、广安、遂宁、南充等）、重庆（永川、北碚）、武陵山区（重庆市的酉阳县、秀山县，贵州省的松桃县，湖南省的吉首市、花垣县）、陕西（西安、商洛）、甘肃（天水）、新疆（吐鲁番、哈密和阿克苏等）、广东（清远、揭阳、江门等）进行问卷调查与实地考察。通过实地考察，项目组较为准确、翔实地掌握了第一手资料，并以问卷调查成果作为研究基础。本书的第四章农村小型金融组织服务农户的调查分析就是基于问卷调查与实地考察所取得的数据资料。

在实地考察中，项目组通过与当地政府相关部门、上述地方村镇银行、小额贷款公司和农村资金互助社等小型金融组织、企业和农户等广泛座谈和实地考察，深入了解中国农村小型金融组织发展现状及存在的问题，考察及总结中国乡村信用建设实践的情况。项目问卷发放范围87%的农户来自西南地区，10%的农户为西北地区，还有少量华东、华北以及中部的农户。西南、西北地域广阔，人口众多，农村经济金融发展相对落后，所以当地政府对农村小型金融组织发展更为重视，而且西南、西北和广东等地都是中国农村小型金融组织先行发展的地方，具有较长的发展历史和较多的经验积累。所以，上述地区的农村小型金融组织的发展状况具有一定的代表性。

（二）纵向比较与横向比较法相结合

充分运用纵向比较以及对国内外农村小型金融组织的横向比较方法，研究中国农村小型金融组织发展的现状与问题。从小额信贷的兴起到小型金融组织的产生以及中国农村小型金融组织发展经历的四个阶段，可以看出，农村小型金融组织的发展是基于一定的历史背景和现实需求的制度安排博弈过程。对比国际小型金融组织的典型代表孟加拉国格莱珉银行（GB）、玻利维亚团结互助银行（BancoSol）、印度尼西亚人民银行（BRI）农村信贷部和拉丁美洲村庄银行（FINCA），分析中国农村小型金融组织的发展历程和现状，并从中归纳分析其类型、特征和功能。可以发现中国农村小型金融组织发展仍然处于初级阶段，有许多问题需要解决，其发展正面临着许多困难。

（三）理论分析与实证分析相结合

本书对农村小型金融组织发展问题的研究都是在一定的理论框架基础上，基于现实因素进行分析。在理论分析过程中，强调问题的分析要建立在一定的理论框架基础之上。①以新制度主义的"组织场域"理论为分析框架，构建中国农村小型金融组织的"组织场域"，将农村小型金融组织放置在一个"组织场域"中进行分析。②从制度的自然演化和制度的理性设计框架来分析小型金融组织信用制度构建的理论逻辑，得出制度形成的条件。③以内部控制理论为分析框架，建立起分析农村小型金融组织的内部环境、风险评估、控制活动、信息与沟通以及内部监督五大要素。④以一般均衡理论为工具构建一个理论模型，从中发现联保小组成员工作努力水平的激励因素以及联保小组成员监督水平的约束因素。本书除了运用上述理论分析方法，还结合实际调查数据，通过统计工具和计量模型对相关问题进行了实证分析。

（四）归纳分析与演绎分析相结合

为了更深入透彻地分析农村小型金融组织问题，本书首先通过大量的具体现象归纳出信贷偏离、信用制度"瓶颈"、持续发展约束、制度约束和政策约束等问题，然后再通过实际的调查案例给予实证，并通过理论演绎分析出问题发生的条件和应对的政策。

第二章

农村小型金融组织发展的理论基础

第一节 金融发展理论

一 金融结构理论

金融工具和金融机构的组合统称为金融结构，不同类型的金融工具与金融机构组合在一起，构成了不同特征的金融结构。一般来说，不同国家金融工具和金融机构的数量、种类、先进程度，以及已有金融工具与金融机构的相对规模、经营特征和经营方式存在诸多差异，即不同国家的金融结构存在差异，形成了发展程度不同的金融结构，而且各国金融结构即各种金融工具和金融机构的相对规模的变化方式也不尽相同。这些差异反映在不同的金融工具及金融机构相继出现的顺序、相对速度、对不同经济部门的渗透程度，以及对一国经济机构变化的适应程度和特点方面。戈德史密斯（W. Goldsmith，1969）将金融结构的这样一些变化定义为金融发展。金融发展程度越高，金融工具和金融机构的数量、种类就越多，金融的效率就越高。

从上述金融发展的解释出发，各国金融发展的差异实质上就是其金融结构变化的不同。由于金融结构是金融工具与金融机构共同决定的，因此研究一国的金融结构应从以下数量关系加以描述，即金融资产与实物资产在总量上的关系；金融资产与负债总额在各种金融工具中的分布；以金融机构持有和发行的金融资产所占的比例来表示的金融资产与负债总额在金融机构和非金融经济单位中的分布；以及金融资产与负债在各个经济部门的地位等。为此戈德史密斯用八个数量指标来衡量一国的金融结构：第一，金融相关比率（FIR），即金融资产市价总值与国民财富（实物资产总值与对外资产净值之和）的比例，该指标主要用来衡量一国金融上层建筑与经济基础结构的关系，是衡量金融结构最基本的指标。第二，主要类型的金融工具在金融工具总额中所占的份额，主要经济部门在金融资产中所占的份额，该指标用来衡量金融上层建筑的构成状况。第三，金融资产总额（各类金融工具余额）在各个经济部门之间及其子部门之间的分布，这反映了不同金融工具在经济中各个部门的渗透程度，以及各个部门对不同金融工具的偏好。第四，各类金融中介机构所持有的金融资产在所有金融机构资产总额中的比例及其在金融工具总额中的比例，用来衡量一国金融结构中，各种金融机构的发育程度及其相对重要性。第五，金融中介率，即所有金融机构在全部金融资产总额中的份额，是考察一国金融结构机构化程度的最简单而又最全面的指标。第六，各种金融资产存量在金融工具种类和经济部门种类的分布。第七，对金融结构的流量分析，可参照上述存量分析进行。第八，不同部门的内源融资（储蓄）与外源融资（借款或发行股票）在资金账户总资产或总负债中所占的比重，以此测定各个经济部门和子部门之间资金来源与资金运用的情况。

对金融发展的状况进行比较分析，主要是围绕金融相关比率（FIR）指标展开的。金融相关比率的变动反映了金融上层结构与经济基础结构之间在规模上的变化关系，大体上可以被视为金融发展的一个基本特点。因为在一定国民财富的基础上，金融体系越发达，金融相关比率也就越高，经济发展的过程中，金融相关比率必然会逐步提高，所以根据金融相关比率基本上可以衡量和反映金融发展达到何种水平。

二　金融抑制理论

1973 年，美国经济学家罗纳德·麦金农（R.I.McKinnon）和爱德华·肖（E.S.Shaw）在他们先后出版的《经济发展中的货币与资本》和《经济发展中的金融深化》两本著作中，都以发展中国家的货币金融问题作为研究对象，从一个全新的角度对金融与经济发展的关系进行了开拓性研究。他们认为，传统的西方经济理论假设，金融市场极为发达和健全、信用工具非常丰富；生产要素和产品具有"无限可分割性"，各种经济单位都能使用相同的技术；货币和资本可以相互替代等。这只适用于发达国家经济，而不适用于发展中国家，其原因在于发展中国家经济金融有着自身的特征。第一，发展中国家的经济货币化程度低，自然经济占有很大比重。货币化是指国民生产总值中货币交易总值所占的比例，比例越低表示自然经济和物物交换在整个经济中的比重越高，因此经济效率十分低下，同时货币政策的作用受到限制。第二，发展中国家的金融体系存在着明显的二元结构。一是以大城市和经济发达地区为中心的由现代大银行为代表的现代部门；二是以落后的农村为中心的由钱庄、当铺、合会为代表的传统部门。这种状况使得货币政策传导机制受到严重扭曲，从而货币政策预期效应难以发挥。第三，发展中国家金融机构单一，商业银行在金融活动中居于绝对的主导地位，非银行金融机构极其不发达，而且金融机构多为国营，经常受政府严格控制；金融机构的专业化程度低，金融效率低下。第四，金融市场发展落后，许多国家根本不存在资本市场，金融工具种类匮乏，社会资金的融通渠道不畅，导致资本形成不足。第五，政府对经济和金融业实行不适当的管制，突出表现在大多数国家对利率和汇率进行过分的管制和干预，导致利率和汇率扭曲，使利率和汇率丧失了反映资金和外汇供求的作用。

由于发展中国家金融体制存在上述特点，如果完全照搬传统的货币金融理论和发达国家金融实践的经验，必然贻害无穷。在具备有完善的资本市场条件下，各种资产的收益趋于平均化，投资主要依赖于外源融资，依靠银行贷款和在资本市场发行有价证券来筹集资金，货币对资本积累没有直接作用或者作用很小，货币和实际资本都是财富的组成部分，因此两者是相互竞争的替代品。但发展中国家的市场是不完全的，大量企业、住户、政府机构等经济单位相互隔绝，经济呈现分割状态，各个经济主体主要借助内源融资积累投资资金，也就是说，经济单位必须先进行一定数量的货币积累，才能进行投资。投资意愿越强，对货币积累的需求越大，货币积累越大，实质资本的形成就越快，投资率越高。因此在发展中国家，货币与实际资本在一定范围内是同方向变动的，它们是相互促进、相互补充的。

麦金农认为，各个经济主体以货币形式进行内部融资积累的意愿主要取决于持有现金余额的收益，其收益就等于存款的名义利率与预期通货膨胀之差即 $d-\pi e$。$d-\pi e$ 越大，人们愿意持有货币，储蓄和投资越旺盛，经济就越发展。发展中国家经济之所以发展缓慢原因就在于 $d-\pi e$ 太低，许多国家甚至是负数，这可能是政府人为压低利率造成的，也可能是通货膨胀过高造成的，或者两者兼而有之。发展中国家出于对经济增长的渴望，不顾本国的实际情况盲目效仿发达国家采取低利率政策非但没有刺激投资，反而加重了资本不足。低利率减少了储蓄、投资的同时，由于资本供求严重不足，迫使政府实行信贷配给制度，更加降低了投资效率。因此这种低利率政策非但未能促进经济的发展，反而阻碍了经济的发展，造成了金融抑制现象的产生。

麦金农和肖认为，发展中国家的金融体制与经济发展存在一种恶性循环，一方面金融体制的落后阻碍经济发展；另一方面，经济发展的停滞又制约着金融发展，这样叠加形成了恶性循环。造成这种状况的根本原因在于体制上的缺陷和当局政策上的错误，没有在经济发展过程中发挥市场机制的作用；相反，在经济各个领域进行过多的干预。这种干预在金融领域的表现是强制规定和控制利率（尤其存款利率）和汇率，使其低于市场的均衡水平。其他各方面的控制和规定，束缚了金融业的手脚，对经济发展起了相反作用。

三　金融深化理论

麦金农和肖都认为，金融抑制政策所带来的金融萎缩严重制约了发展中国家的经济增长，使发展中国家陷入金融萎缩和经济萎缩的恶性循环。发展中国家要想使经济得到发展，就必须重视金融对经济的影响。这是因为，一个国家的金融体系与经济发展之间存在着互相刺激和互相制约的关系。要发挥金融对经济发展的促进，就应废弃所奉行的"金融抑制"政策，实行金融深化或金融自由化政策，也就是放弃国家对金融体系和金融市场过分的行政干预，解除对利率和汇率的不适当控制，让其充分反映资金和外汇的实际供求状况。充分发挥市场机制的作用，有效地控制通货膨胀。如此，金融体系尤其是银行体系，不仅能以适当的利率吸引大量储蓄，而且也可以适当放宽利率满足经济各部门对资金的需求。这样，金融体系本身可以发展，进而促进经济的发展，形成金融与经济发展相互促进的良性循环。在金融深化的着眼点上，两人还是有所不同，麦金农是从"导管效应"的角度出发，肖是从金融中介的角度出发，但却得出了基本相同的结论，即金融深化的核心是放开利率管制。

麦金农和肖金融深化理论的提出，标志着现代金融发展理论的建立，不仅在理论研究上开辟了金融深化论这个新领域，而且在实践中对许多发展中国家的货币政策制定以及金融改革产生了深远的影响。首先，麦金农和肖的金融深化论是对传统货币金融理论的发展和深化。长期以来，发展中国家不顾本国国情盲目照搬传统货币金融理论，盲目效仿发达国家的货币政策，造成金融抑制与经济落后的恶性循环。金融深化理论则主要分析发展中国家货币金融制度的特殊性，指出传统货币金融理论对发展中国家的局限性和不适应性，将金融理论与发展经济学紧密结合起来，创造了全新的发展理论框架。其次，金融深化理论系统阐述了金融与经济发展的关系，解释了发展中国家经济落后的一个长期被忽略的重要原因——金融制度不健全，肯定了金融发展对经济发展的重要推进作用。最后，金融深化理论为发展中国家改革金融制度、发展经济提供了理论上的指导，并结合发展中国家的具体实际提出一些卓有成效的政策主张。这也正是金融深化理论被许多发展中国家所接受，被奉为其金融改革的主要理论依据的原因。当然，麦金农和肖的金融深化理论也存在许多不足之处，在理论研究上的一些假设条件较为严格，比如发展中国家完全自我融资的假设就不太切合实际，货币与实物资本的互补性假说也很难成立。这在一定程度上影响了金融发展理论的准确性和实用性。

第二节　农村金融发展理论

农村金融理论及政策主张一直以来深刻地影响着农村金融的发展，早期的农业信贷补贴理论就指出，为了增加农业生产和缓解农村贫困，政府要通过政策性银行为低收入人群提供政府贴息贷款。但政府贴息贷款项目的失败极大地动摇了农业信贷贴息理论，一些发展中国家为了解决低收入群体的贷款缺失问题纷纷转向寻求一种全新的制度安排，专业性小型金融组织的小额信贷制度便成为最为瞩目的选择。农村金融市场理论完全以市场机制为基础，认为利率应由市场来决定，政策性金融只会导致市场的扭曲，要求农村小型金融组织能像商业性金融组织那样运行，但利率的市场化却将大量的低收入的小农户排除在正式的金融市场之外。不完全竞争市场理论为农村小型金融组织的新模式提供了理论基础，新模式下的农村小型金融组织突出解决农村金融市场上信息不对称和高交易成本问题，在以信息经济学、博弈论和契约理论为基础形成的团体贷款机制理论为解决上述问题提供了新的途径，这些机制在农村小型金融组织的运行和发展中发挥着关键作用。产业组织理论以及新制度主义的组织理论为分析农村小型金融组织行为提供了新的理论框架。

一　农业信贷补贴理论

在 20 世纪 80 年代以前，农业信贷补贴理论占据着农村金融理论的主流地位。该理论认为农业和农村存在下列问题：第一，由于农业经营收益差，收入的低下致使农民特别是贫困阶层的农民丧失储蓄能力，因此在农村地区普遍存在资金不足问题。第二，由于农业生产易受自然灾害和市场波动影响，故此农业收入具有较高的风险性。农产品的生产周期一般较长，因而农业投资具有长期性。另外，农产品需求弹性低，进而导致农业收益低等，农业产业的这些特殊性很难吸引以利润为中心的商业金融组织提供融资服务。第三，农村地区一方面存在着信贷供给不足；另一方面农村资金需求旺盛，结果是以高利率为特征的非正规金融如高利贷在农村地区普遍存在，尤其在一些农村贫困地区，农民主要从高利贷放者那里获得融资。正是基于以上的理由，农业信贷补贴理论提出农村金融要发展必须以信贷供给先行的政策观点。该理论认为，为了发展农业生产和解决农村贫困问题，有必要从农村外部注入政策性资金，并建立非营利性的专业金融机构来分配资金。为了缩小农业与其他产业之间的结构性收入差距，对农业的贷款利率必须低于其他产业。考虑到一般非正规金融的供给主体如地主和商人发放的高利率资金，这使得农户更加贫困并且阻碍了农业生产的发展，为促使其消亡，需要通过正规金融的农村网点和农村信用合作组织，将大量低利率的政策性资金投放农村。为了克服正规商业性金融机构不愿意向农村特别是农村贫困居民发放贷款的难题，依据农业信贷补贴理论，许多发展中国家建立起专门的政策性金融机构，向农业生产项目、农村小企业和小农户发放由政府贴息的贷款。同时，也是为了解决农村贫困农户生存与发展问题，以贫困阶层为目标的专项扶贫贷款也盛行一时。这些政策的目的就是想缓解农村地区资金紧缺的局面，改善农民，特别是农村贫困人口的信贷可得性。

农业信贷补贴理论对于农业产业的特性描述是正确的，它提出政府必须干预农村金融市场的政策主张，这在一定程度上扩大了向农村部门的资金供给，促进了农业生产增长，农民收入增加，有助于减少农村贫困人口。但由于农业信贷补贴理论存在着固有的缺陷，总体来说，贴息贷款的政策没有实现覆盖贫困群体和可持续的双重目标（Morduch，2000），没有能建立起有效率的农村金融体系和能够可持续发展的金融中介机构。许多国家贴息贷款政策实践陷入困境，很多贴息贷款项目的拖欠率非常高，还贷率远低于50%。① 农业信贷补贴理论固有的缺陷在于：第一，农业信贷补贴理论有关农民没有储蓄能力的假设前提与现实不相符合。现实中，农民既是贫困农户也因防范不测之需有储蓄要求。存在储蓄机会和正激励机制的条件下，大多数贫困农民都会储蓄的，这一点被许多亚洲国家的经验所证实。然而，信贷补贴理论所倡导的低利率政策抑制了农民储蓄的动力，在缺乏储蓄激励的情况下，金融机构不可能动员农村储蓄获取足够的资金来源，从而使财政资金成为了农业信贷过度依赖的对象。第二，由于过低的利率无法补偿分散的小额贷款形成的高交易成本，农村金融机构常常会将低息贷款及其补贴集中并贷给能够使用较大数量贷款的富裕农民身上，贫困农民难以成为低息贷款的主要受益人。同时，由于贷款的用途是可以替换的，农业收益的高不确定性促使获得低息贷款的农民将贷款挪用于更有利的项目而很少用于农业。第三，政府的贴息贷款具有福利性和隐形担保属性，极容易诱使借款者过度依赖贴息贷款和导致借款者违约赖账的道德风险，加以金融机构监督借款者资金用途和追偿债务的动力不足，从而造成资金回收率普遍低下。由于政府支持的农村金融机构通常出于政治或社会目标的考虑发放贷款，故注重贷款数量而轻视质量，更看重贷款发放而轻视贷款管理，从而有可能导致贷款违约和拖欠的发生，形成大量的呆坏账。

农业信贷补贴理论所提出的政府干预政策尽管在一定程度上弥补了农村信贷供给的短缺，但却损害了农村金融市场的可持续发展能力，导致金融机构活力的萎靡，最终使得农业信贷补贴政策代价过于昂贵，收效却与之不成比例。因此，20世纪80年代以后，农业信贷补贴理论逐渐退出农业金融领域，金融市场理论最终成为了主流。

二　农村金融市场理论

20世纪80年代以后，自由化浪潮席卷全球，放松管制和金融自由化成为了金融制度演进的主流。在麦金农和肖（Mchinnon and Shaw，1973）的"金融抑制论"和"金融深化论"基础上产生的农村金融市场理论逐渐成为了农村金融领域的主流理论。农村金融市场理论完全以市场机制为

---

① 张伟：《微型金融理论》，中国金融出版社2011年版。

理论基础，其主要理论前提与农业信贷补贴理论完全相反：第一，广大农民甚至贫困阶层农民具有潜在的储蓄能力，一些发展中国家的农村金融市场实践表明，只要能够为其提供存款的机会，即使贫困阶层农民也可以有相当数量的储蓄存款，因此从外部向农村注入资金没有必要。第二，低利率政策抑制了广大农民向农村金融机构存款的积极性，阻碍了存款总量的扩张和结构的优化，进而抑制了农村金融发展。第三，造成农村金融机构贷款收回率过低的重要原因是运用资金的外部依存度过高。第四，农村资金具有高机会成本和高风险溢价的特性，这在一定程度上说明了非正规金融高利率的合理性。因此，该理论对农业信贷补贴理论进行了修正，主要提出以下观点：第一，在农村金融领域中发挥重要作用的是农村内部的金融中介，其核心作用是动员储蓄。第二，为了能动员农村储蓄，以实现农村资金的供求平衡，利率必须由市场机制来决定，实际利率不能为负数。第三，农村金融的成败应由金融机构的成果（资金中介数量）与经营的自主性和可持续性来决定。第四，为特定利益群体服务的目标贷款制度没有必要实施。第五，对非正规金融不应一概而论，应当承认其合理性，将正规金融市场与非正规金融市场结合起来。

20 世纪 80 年代农村金融市场理论占据了主导地位，从而最终被人们广泛地接受。农村金融市场理论完全以市场机制为理论基础，极力反对政策性金融对金融市场的干预，特别强调市场机制在决定利率中的作用。该理论指出，原有农村信贷体系一系列缺陷的主要根源是利息补贴导致的低利率，而市场化的利率可以弥补农村金融机构较高的经营成本，这样就可以要求农村金融机构像一般金融企业一样运营，追求适当的利润限额。同时，市场化利率也可以激励农民储蓄，使农村金融机构能有效地动员农村资金。有了充足的资金来源，农村金融机构就不必再依赖外部资金的注入。不过，农村金融市场理论自身依然存在着不足之处。利率市场化能否使小农户充分地获得正规金融市场的贷款，仍然是一个问题。利率市场化可以遏制一部分农户的贷款需求，使得贷款总需求减少，从而在一定程度上改善农村资金的供求状况。但农村金融的高成本和担保品缺失，仍可能使得小农户借不到期望数额的资金，所以政府有必要介入农村金融市场以照顾小农户的利益。在一定情况下，如果能够建立起适当的体制机制来管理信贷，那么对发展中国家农村金融市场的行政介入仍然是有道理的。①

三　不完全竞争市场理论

20 世纪 90 年代，国际金融市场不断爆发的金融危机引起人们对过分强调市场机制作用和金融自由化的反思。人们认识到培育有效率的金融市场不应局限于市场因素，还需要一些社会性和非经济的要素。尽管市场竞争对于形成有效率的农村金融市场起着重要作用，但由于农业具有的弱质性、范围不经济性以及农村金融市场的信息不对称性，使得农村金融市场是一个不完全竞争的市场，完全依靠市场机制无法形成有效率的农村金融市场，农村金融市场难以有效配置资源，因此政府有必要进行适当的干预。

不完全竞争市场理论的主要观点：第一，发展中国家的农村金融市场是一个不完全竞争的市场，特别是在借贷双方之间存在着严重的信息不对称，金融机构无法充分掌握借款人的信息，逆向选择和道德风险现象较为普遍。第二，完全依赖市场机制无法培育出一个社会所需要的完善的农村金融市场。第三，为了改善农村金融市场存在的信息不对称、市场不完全、合约不完备等缺陷，弥补市场失灵的部分，有必要采用诸如政府适当介入金融市场以及借款人组织化等非市场要素等方式（Stiglitz，1990）。

不完全竞争市场理论针对农村金融市场发展提出的政策主张有以下几点：第一，金融市场得以发展的前提条件是宏观经济稳定比如较低的通货膨胀率等。第二，在金融市场得到一定程度的发展之前，相比利率的自由化而言，在抑制利率上涨的同时，更应当注意运用政策手段使实际存款利率保持在正数范围以内。对于由此而产生的信贷配给和信贷需求过度问题，在不损害金融机构动员储蓄能力的前提下从外部寻求资金供给。第三，为了促进金融机构的发展，应给予其一定的特殊政策，如限制新参与者等保护措施。第四，政策性金融（面向特定部门的低息融资）在不损失银行基本利润的范围内是有效的。第五，为确保贷款的回收，可以采取信贷与实物买卖（肥料、作物等）相结合的方法。第六，为改善信息不对称性，利用担保融资、使用权担保以及互助储蓄会等办法是有效的。第七，为了避免农村金融市场存在的信息不对称所导致的贷款回收率低下问

---

① 焦瑾璞：《微型金融学》，中国金融出版社 2013 年版。

题，可以利用借款人、联保小组以及组织借款人互助合作形式，政府应鼓励这种农民组织形式。第八，可以通过政府的适当介入来改善非正规金融市场的低效率。

不完全竞争市场理论为政府干预农村金融市场提供了理论依据，但它与农业信贷补贴理论有着重大的区别。该理论主要是强调政府应关注农村金融中介机构的改革，排除阻碍以确保农村金融市场的有效运行。不完全竞争市场理论认为，农村金融市场缺乏充足的资金来源，信贷中介机构也存在着制度缺陷，但这并不构成政府信贷配给和利率管制的理由，任何形式的政府介入都必须要求具有完善的体制结构。不完全竞争市场理论指出，借款人的组织化等非市场要素对解决农村金融市场问题是相当重要的。加塔克、拉丰和盖森（Ghatak、Laffont and Guessan，2000）等认为，小组贷款的运作模式能够显著提高信贷市场的效率。加塔克和吉南、特萨埃尔（Ghatak and Guinnane，1999；Tsaael，2004）等认为，在小组贷款模式下，同样类型的借款者聚集到一起能够有效地解决逆向选择问题。施蒂格利茨和贝斯利（Stiglitz，1990；Besley，1995）等认为，正规金融机构在发放信贷之后，金融机构无法完全控制借款者的行为从而面临着道德风险问题。但是在小组贷款模式下，联保责任促使小组内各成员之间相互监督，这可以约束小组借款者不得投资风险性大的项目，从而有助于解决道德风险问题。

可见，农村小型金融组织的新模式是以不完全竞争市场理论为基础。新模式下的农村小型金融组织突出解决农村金融市场上信息不对称和高交易成本问题，在以信息经济学、博弈论和契约理论为基础形成了团体贷款机制理论为解决上述问题提供了新的途径，这些机制在农村小型金融组织的运行和发展中发挥着关键作用。

第三节 团体贷款的逆向选择与道德风险理论

与发展中国家的扶贫贴息贷款项目和其他传统农村信贷项目相比，一些有代表性的微型金融项目，特别是团体贷款项目，取得了高达95%以上的还贷率（Morduch，2000；Gunman，2008）。小型金融组织取得的最高还贷率在理论界引起了广泛的关注，以施蒂格利茨（Stiglitz，1990）为代表的经济学家运用信息经济学、契约理论和博弈论研究小型金融组织的贷款机制，分析小型金融组织是如何在农村金融市场上克服信息不对称和担保品缺失的问题，从而取得了较高的还贷率。理论研究认为，小型金融组织运用团体贷款机制成功解决了四个主要的金融中介问题（Freixas and Rochet, 1997）：第一，甄别潜在的借款人的风险类型（逆向选择问题）；第二，确保借款人会正确使用贷款并偿还贷款（道德风险问题）；第三，甄别借款人宣称的无力偿还的真伪（审计成本问题）；第四，在借款人蓄意逃债的时候，可迫使借款人还款（契约执行问题）。

一　团体贷款缓解逆向选择问题的机制

逆向选择往往容易在金融组织难以内在地识别借款人风险类型的情况下发生。如果金融组织能够识别出风险类型，那么他们就能够对不同风险类型的借款人收取不同的利率。但在信息不对称的情况下，金融组织不能简单地识别借款人的风险类型，那么金融组织对每个借款人收取相同的高额利率，以弥补借款人中存在的风险型借款人可能造成的损失。事实上，安全型借款人按照金融组织要求的利率支付时，隐含地补贴了风险型借款人。当补贴如此之大，以致安全型借款人不愿意承担这种负担而选择离开市场，留在市场的就剩下风险型借款人，那逆向选择就出现了。原则上，连带责任的团体贷款机制有利于克服信息不对称造成的逆向选择问题。

考虑一个完全竞争的农村信贷市场上只有两方参与者，一方是作为借款人的农村社区全体居民，他们没有初始财富只是市场的参与者；另一方是社区外部唯一的贷款人，这个外部的贷款人可以被认作为一个小型金融组织。除了这个特定的贷款之外，借款人没有其他的融资来源。假设借款人和贷款人的偏好特征是风险中性的或效用函数是线性的，那么获取预期收益最大化就是借款人的最优行为，由于市场竞争原由借款人的利润为零。

每一借款人都被赋予 1 单位的劳动力，以及一个需要 1 单位资本投入和 1 单位劳动力投入才能实施的单期风险生产项目。根据生产项目成功的概率，借款人被划分为安全型（s）借款人和风险型（r）借款人两类。以 p_i 表示一个 i（$i=s, r$）类型借款人的项目成功概率，$p_i \in (0, 1]$，且有 $p_s > p_r$。在项目结束时，一个 i 类型的借款人的项目收益是随机的，概率 p_i 下的 $Y_i > 0$，项目获得成功；或者是概率 $1 - p_i$ 下的零收益，项目归于失败。由于经济环境是事前信息不对称，小型金融组织作为外来的机构并不确切知道每个一个借款人是属于安全型（s）还是风险型（r），而甄别借款人风险类型的成本极高。但借款人生活在一个关系密切的农村社区里，他们彼此距离很近，而且很少有搬家之举，因此借款人之间具有彼此完全的信息。

考虑一个团体贷款的合约。为了简化分析起见，将小组的规模限定只有两个成员，且在借款人群中每一类的借款人的数量能够被小组规模 2 整除，即在借款人群里，每一种类的借款人的数量是 $2N_i$，$N_i = 1, 2, \cdots,$ n，$i = s, r$。用（R, A）来表示团体贷款契约，R 是毛利率，A 是连带责任偿付，即项目成功的借款人必须为项目失败的同组成员偿还的债务部分，连带责任偿付的水平 A 由贷款人决定，$A \in (0, R]$。借款人各自独立投资，一个项目成功的借款人偿还的债务包括个人责任偿付的部分 R 和附加连带责任偿付部分 A（伙伴项目失败），即要偿付 $R+A$，并且 $R + A \leq Y_i$，$i = s, r$。换句话说，一个项目成功的借款人总有能力偿还小组负债。

在团体贷款合约（R, A）中，若给定组内同伴的风险类型为 j 时，一个风险类型为 i 的借款人的预期收益为：

$$E_{ij}(R, A) = p_i p_j (Y_i - R) + p_i (1 - p_j)(Y_i - R - A)$$
$$= p_i [Y_i - R - (1 - p_j)A], \quad i, j = s, r \qquad (2.1)$$

式（2.1）中，$p_i p_j (Y_i - R)$ 表示小组中两个成员项目同时成功时，i 风险类型的借款人预期收益；$p_i (1 - p_j)(Y_i - R - A)$ 表示 i 风险类型借款人项目成功而其伙伴成员 j 项目失败时，i 风险类型借款人的预期收益。

在式（2.1）中，对同伴 j 的项目成功概率 p_j 求偏导数：

$$\frac{\partial E_{il}}{\partial p_j} = p_i A > 0 \qquad (2.2)$$

式（2.2）表明，在其自身项目成功的前提下，借款人的预期收益与同伴项目成功概率成正比。换句话说，同伴成功的概率越大，借款人为项目失败的同伴偿还贷款的预期成本 $p_i (1 - p_i)A$ 就越小。

从式（2.1）中，可得出给定组 i 风险类型借款人拥有一个安全型同伴的预期收益，或者拥有一个风险型同伴的预期收益分别是：

$$E_{is}(R, A) = p_i [Y_i - R - (1 - p_s)A] \qquad (2.3)$$
$$E_{ir}(R, A) = p_i [Y_i - R - (1 - p_r)A] \qquad (2.4)$$

由式（2.3）和式（2.4）可知，给定组中 i 风险类型借款人拥有一个安全型同伴所获得的预期收益比拥有一个风险型同伴所获得的预期收益的差为：

$$E_{is}(R, A) - E_{ir}(R, A) = p_i(p_s - p_r)A > 0 \qquad (2.5)$$

从式（2.5）可知，$E_{ss} > E_{sr}$，$E_{rs} > E_{rr}$，所以无论对安全型借款人 s，还是对风险型借款人 r 来说，选择一个安全型的同伴比选择一个风险型同伴更好。

在式（2.5）中，对 p_i 求偏导数得：

$$\frac{\partial \left[E_{is}(R, A) - E_{ir}(R, A) \right]}{\partial p_i} = (p_s - p_r)A > 0 \qquad (2.6)$$

式（2.6）表明，给定组中 i 风险类型借款人拥有一个安全型同伴和风险型同伴所获得的预期收益的差与 i 风险类型借款人项目的成功概率成正比。所以，一个借款人越安全，他就越看重同伴的安全性（Ghatak，1999）。

再考虑允许借款人之间进行私下补偿支付，风险型借款人 r 将试图向安全型借款人 s 补偿支付以期 s 能将其纳入组成同一小组。那么风险型借款人 r 与 s 型借款人组成小组而不是与 r 型借款人组成小组带来的预期净收益为 $(E_{rs} - E_{rr}) = p_r(p_s - p_r)A$，安全型借款人 s 与 r 型借款人组成小组而不是与 s 型借款人组成小组的预期净损失是 $(E_{ss} - E_{sr}) = p_s(p_s - p_r)A$，显然有：

$$E_{rs} - E_{rr} < E_{ss} - E_{sr} \qquad (2.7)$$

这意味着，风险型借款人 r 与安全型借款人组成小组带来的净收益要总小于他向安全型借款人 s 的补偿支付，这种私下补偿支付是不可行的。也就是说，不存在风险型借款人和安全型借款人组成小组。

从上述的分析可知，在一定的假定条件下，安全型借款人只愿意与安全型借款人组成小组并将风险型借款人筛选出去，风险型借款人就只能与风险型借款人组合了，所以具有连带责任的团体贷款必然导致借款人的自我选择和同质匹配。与安全型小组比起来风险型小组成员的项目失败率较高，对于利率的同等降低，风险型小组成员比安全型小组成员更不愿意接受连带责任的提高。如果农村小组金融组织提供一组分离贷款合约，一份要求较低的利率和较高的连带责任偿付，另一份要求较高的利率和较低的连带责任偿付，而安全型小组将会倾向于选择前者而风险型小组将会倾向选择后者，那么，农村小型金融组织就获得了借款人的风险类型的信息。如此，利用存在于农村社区的内部信息，团体贷款中的连带责任缓解了由逆向选择造成的市场失灵。

二　团体贷款解决道德风险问题的机制

在贷款合约签订以后，小型金融组织面临着确保借款人会正确使用贷款并努力工作的道德风险问题。团体贷款中的连带责任能够促使同一小组中的借款人相互监督，保证同伴安全地投资和努力工作。

考虑一个只有两方参与者的完全竞争的农村信贷市场，一方是作为借款人的农村社区全体居民，他们没有初始财富只是市场参与者；另一方是社区外部唯一的贷款人，这个外部的贷款人可以被认作为一个小型金融组织。除了这个特定的贷款之外，借款人没有其他的融资来源。假设借款人和贷款人的偏好特征是风险中性的或效用函数是线性的，那么借款人的最优行为就是获取预期收益的最大化，由于市场竞争原由借款人的利润为零。每一借款人都被赋予 1 单位的劳动力，以及一个需要 1 单位资本投入和 1 单位劳动力投入才能实施的单期风险生产项目。借款人的风险偏好是一样，但他们可以独立地选择实施项目的个人工作努力水平。当贷款组织确定利率水平 R 以后，借款人将选择工作努力水平 $p \in (0, 1]$ 来最大化其预期收益，项目的成功概率与借款人工作努力水平成正比，可设定为 p。在项目结束时，借款人项目成功即是在概率 p 下项目收益 Y>0，借款人项目失败即是在概率 (1-p) 下项目收益 Y=0。工作付出努力会引致相关成本，用 $C = \alpha p^2 / 2$ 来表示工作努力的负效用成本，α 是借款人实施项目时工作努力的边际成本，其为确定的正值。

为了简化分析起见，将小组的规模限定只有两个成员 i 和 j，他们生活在一个关系密切的农村社区里，彼此居住距离很近，而且很少有搬家之举，因此借款人之间具有彼此完全的信息，并且可以完全地和无成本地观察到彼此的行为。考虑一个团体贷款的合约 (R, A)，R 是毛利率，A 是连带责任偿付，即项目成功的借款人必须为项目失败的同组成员偿还的债务部分，连带责任偿付的水平 A 由贷款人决定，$A \in (0, R]$。借款人各自独立投资，一个项目成功的借款人偿还的债务包括个人责任偿付的部分 R 和附加连带责任偿付部分 A（伙伴项目失败），即要偿付 R+A，并且 $R + A \leqslant Y$。换句话说，一个项目成功的借款人总有能力偿还小组负债。

给定团体贷款（R，A）下，假设小组成员 i 和 j 的项目收益是不相关的，i 成员和 j 成员各自选择个人的工作努力水平来最大化其预期收益。i 成员选择的工作努力水平是 p_i，j 成员选择的工作努力水平是 p_j。那么 i 成员的预期收益是：

$$E_i = p_i p_j (Y - R) + p_i (1 - p_j)(Y - R - A) - \frac{1}{2}\alpha p_i^2$$

$$= p_i [Y - R - (1 - p)A] - \frac{1}{2}\alpha p_i^2 \qquad (2.8)$$

在式（2.8）中，$p_i p_j (Y - R)$ 表示 i 成员和 j 成员项目同时成功时 i 的预期收益；$p_i (1 - p_j)(Y - R - A)$ 表示 i 成员项目成功而 j 成员项目失败时 i 的预期收益；$\alpha p_i^2 / 2$ 是 i 成员工作努力的负效用。那么，i 成员预期收益最大化的一阶条件是：

$$p_i = \frac{Y - R - A}{\alpha} + \frac{A}{\alpha}p_j \qquad (2.9)$$

式（2.9）是 i 成员对 j 成员行为的反应函数，从中可以得到 $\partial p_i / \partial p_j = A/\alpha > 0$，即两个成员的工作努力水平是正相关的。j 成员工作越努力，i 成员工作就越努力。但是，当 j 成员偷懒时，由于连带责任的存在，i 成员为 j 成员偿还贷款的预期成本增加，i 努力工作的激励下降。因此，i 成员也偷懒，这时小组中两个成员面临一个简单的完全信息的静态博弈。

若同组的两个成员在开始的工作努力水平上采取不合作态度，一方会针对另一方的选择行为作出惩罚性反应，这一来一往的博弈最终结果会达到一个稳定的均衡，即两个借款人的工作努力水平最终达到一致水平。

$$p^* = p_i = p_j = \frac{Y - R - A}{\alpha - A} \qquad (2.10)$$

从式（2.10）中，推出 $R = Y - A - p^*(\alpha - A)$，将其代入团体贷款中贷款人零利润的约束条件 $p^* R + p^* (1 - p^*)A = \rho$，其中 ρ 表示贷款人的平均资金成本。得到式（2.11）：

$$\alpha (p^*)^2 - Yp^* + \rho = 0 \qquad (2.11)$$

求解式（2.11），可以得出不合作博弈团体贷款中，借款人的均衡工作努力水平是：

$$\hat{p}^* = \frac{Y + \sqrt{Y^2 - 4\alpha\rho}}{2\alpha} \qquad (2.12)$$

若同组的两个成员在开始时工作努力水平上采取合作态度，i 成员和 j 成员决定选择同样的工作努力水平 $p_i = p_j = p$，目的是使二者的预期收益均最大化，即下式最大化。

$$E_i = E_j = E = p[Y - R - (1 - p)A] - \alpha p^2/2 \qquad (2.13)$$

满足式（2.13）最大化一阶条件的借款人选择的工作努力水平是：

$$p = \frac{Y - R - A}{\alpha - 2A} \qquad (2.14)$$

与上述一样，可以得到合作博弈团体贷款中借款人的均衡工作努力水平为：

$$\hat{p}^* = \frac{Y + \sqrt{Y - 4\alpha\rho}}{2(\alpha - A)} \qquad (2.15)$$

显然 $\hat{p}^* > \widehat{p}^*$，可见就其借款人的均衡工作努力水平来说合作博弈团体贷款要优于不合作博弈团体贷款。

从以上的分析可知，团体贷款中小组成员相互监督的一致行为和仅仅采取不合作的惩罚行为，就可以保证小组内的借款人有足够的激励努力工作而不是偷懒。

三　团体贷款解决执行问题的机制

在贷款合约签订以后，小型金融组织同样面临着借款人即使项目成功、有还款能力也不愿意还款的情况，这被称为策略拖欠。若团体贷款只考虑当前静态的联保贷款机制，小组成员彼此承担连带责任只会导致成员对于同伴是否进行正确投资和是否努力工作进行监督，却不能有效地防止小组成员在还款环节上的策略拖欠行为。但我们在团体贷款中引入动态激励机制，加入停贷威胁以及借款人的横向监督，从而可以降低策略拖欠的发生。

考虑一个在外部贷款人和借款人之间的两期贷款合约。假设社区外部唯一的贷款人是小型金融组织。借款人是农村社区的全体居民，他们没有初始财富而是作为借款人参与市场，除了这个特定的贷款之外，借款人没有其他的融资来源，在两期之间没有储蓄能力。假设借款人和贷款人的偏好特征或效用函数都是风险中性的，那么借款人的最优行为就是获取预期收益最大化，借款人由于市场竞争而使得利润为零。在每一期，借款人都被赋予 1 单位的劳动力，以及一个需要 1 单位资本投入和 1 单位劳动力投入才能实施的单期风险生产项目。由于借款人没有初始财富和储蓄能力，借款人必须从贷款人那里借入1个单位资本才能开始实施项目，而且贷款人不能向他们要求抵押品。在项目结束时，借款人的项目收益是随机的，概率 p_i 下的 $Y_i > 0$，或者是概率 $1 - p_i$ 下的零收益，$p_i \in (0, 1]$。这里假设 p 是外生的，即不考虑借款人在实施项目时关于工作努力水平的道德风险，唯一考虑是项目成功后策略拖欠的事后风险。

为了简化分析起见，将小组的规模限定只有两个成员 B_1 和 B_2，他们生活在一个关系密切的农村社区里，彼此居住距离很近，而且很少有搬家之举，因此借款人之间具有彼此完全的信息，并且可以完全地和无成本地观察到彼此的行为。尽管一个借款人的项目收益实现情况是私人信息，但与贷款人相比借款人有着相互监督的比较优势。

考虑一个团体贷款的合约（R，A），R 是毛利率，A = θR 是连带责任偿付，即项目成功的借款人必须为项目失败的同组成员偿还的债务部分，连带责任偿付的比例 θ 由贷款人决定，$\theta \in (0, 1]$。借款人各自独立投资，一个项目成功的借款人偿还的债务包括个人责任偿付的部分 R 和附加连带责任偿付部分 A（伙伴项目失败），即要偿付 R+A，并且 $R + A \leqslant Y$。所以，在项目成功时，借款人总有能力偿还小组负债。

在第一期贷款发放之后，当一个借款人决定进行监督，并选择监督强度为 m 的时候，借款人可以观察到对方的策略拖欠行为。为简单起见，假设借款人将在自己的收益实现之前决定是否进行监督。到了第一期期末，当项目成功收益实现的时候，借款人便会决定是否进行策略拖欠。如果一个借款人的策略拖欠行为被同伴发现，那么他将受到对方施加的社会制裁 W。第一期项目结束后，如果借款小组偿还小组债务 2R（两个小组成员都成功）或者 R+A（只有一个小组成员成功），贷款人将会再次贷款给小组，借款人得到第二期贷款的预期收益的折现值为 $V = \delta Y$，δ 是折现率。如果小组债务没有被完全偿还而出现集体拖欠的情况，那么两个借款人再次获得资金的概率是 $\gamma \in [0, 1]$。

现在考虑借款人 B_1 在第一期项目成功时决定是否策略违约的激励约束条件。如果 B_1 决定偿还贷款，其预期事后收益为：

$$E_1 = Y - pR - (1 - p)A + V$$
$$= Y - pR - (1 - p)(1 + \theta)R + V \tag{2.16}$$

式（2.16）中，Y 是 B_1 成功时项目预期收益，pR 是 B_2 项目成功时 B_1

向贷款人的偿付，$(1-p)(1+\theta)R$ 是 B_2 项目失败时 B_1 向贷款人的偿付，V 是 B_1 从第二期贷款中得到的预期收益的折现值。

当 B_1 决定策略拖欠时，其预期事后收益为：

$$E_2 = Y + [p + (1-p)\gamma]V - mW \qquad (2.17)$$

式（2.17）中，Y 是 B_1 成功时项目的预期收益，$[p+(1-p)\gamma]$ 是 B_2 项目成功并为 B_1 支付，或者 B_2 项目失败，但集体拖欠并没有阻碍 B_1 和 B_2 获得第二期贷款的概率，V 是第二期贷款的预期收益的折现值，mW 是 B_2 施加给 B_1 的社会制裁。

所以，B_1 决策偿还贷款的激励约束条件是 $E_1 \ge E_2$，即只有偿还贷款的预期收益不小于策略违约的预期收益时，B_1 才会偿还贷款，从中得到式（2.18）、式（2.19）：

$$Y - pR - (1-p)(1+\theta)R + V \ge Y + [p + (1-p)\gamma]V - mW \qquad (2.18)$$

$$m \ge \frac{[-(1-\gamma)(1-p)V + (1-p)(1+\theta R) + pR]}{W} \qquad (2.19)$$

式（2.18）表示了 B_1 和 B_2 都不会策略拖欠的纳什均衡，这也是占优策略，即无论对方如何反应，该策略是借款人自己最佳的选择策略。在均衡情况下，只有当 B_2 对 B_1 施加的横向监督 m 满足式（2.19）时，B_1 才不会策略违约。从式（2.19）进一步发现：

（1）横向监督强度 m 与停贷威胁 V 成反比。V 是借款人获得第二期贷款的预期收益的折现值即 $V = \delta Y$，在项目收益一定的情况下，贴现率 δ 越大折现值越大，表明 B_1 越重视未来合作可能带来的收益，B_1 不违约的可能性就越大，B_2 为阻止 B_1 策略违约所施加的横向监督也就越小。

（2）横向监督强度 m 与社会制裁 W 成反比。社会制裁越大，B_1 违约后遭受的损失就越大，其也就越不敢策略拖欠。因而，B_2 为阻止 B_1 策略违约所施加的横向监督越小。

（3）横向监督强度 m 与利率成正比。贷款人要求的利率越高，B_1 偿还贷款后的剩余收益越小，其策略拖欠的动机越大。因此，B_2 为阻止 B_1 策略违约所施加的横向监督就越大。

（4）横向监督强度 m 与小组债务没有被完全偿还时借款人再次获得贷款的概率 γ 成正比。γ 越小，B_1 策略拖欠的动机就越小，B_2 为阻止 B_1 策略违约所施加的横向监督越小。

以上讨论的有限期模型中，实际上团体贷款合约正是通过第二期贷款的预期收益，再次获得贷款的概率，社会制裁的大小以及利率设定等因素来保证借款人施加的横向监督能够满足约束条件，从而降低同伴策略违约发生的可能性。

第四节　组织理论

一　产业组织理论

马歇尔在其 1890 年出版的《经济学原理》一书中论及生产要素时，在劳动、资本和土地三个生产要素的基础上，首次提出了第四生产要素即"组织"。在他看来，产业和生物组织体一样，是一个伴随着组织体中各部分的机能分化（企业内的分工和社会分工）和组织各部分之间紧密联系和联合（企业的兼并和准兼并）的社会组织体。马歇尔以分工和协作为基础讨论了产业组织中的内部经济和外部经济，工厂规模和经济规模，而现代产业组织理论以此为基础建构了整个产业组织的主要问题，更加强调了产业组织中的厂商结构和行为。

1959 年贝恩出版的《产业组织》一书，首次系统地论述了产业组织的理论体系，这标志着现代产业组织理论的基本形成。该理论主要涉及厂商之间经济行为和关系，强调市场结构对行为和绩效的影响作用，被视为"结构主义"。这一理论体系由具有因果关系的市场结构、市场行为和市场绩效三个要素构成，构造了一个既能深入具体环节又有系统逻辑体系的分析框架。所谓市场结构是指市场内竞争的激烈程度以及价格形成等产生战略性影响的市场组织的特征。决定市场结构的因素主要是市场集中度、产品差异化程度和进入壁垒的高低。市场行为是指企业在充分考虑市场供求条件与其他企业关系的基础上所采取的各种决策行为。具体包括企业定价行为、广告行为、创新行为、兼并行为、协调行为等。市场绩效则是在一定的市场结构和市场行为条件下，市场运行的最终经济效果。主要从产业的资源配置效率、利润率水平、规模经济、技术进步状况等方面直接或间接地对市场绩效进行评价。结构主义者认为，市场结构决定企业的市场行为，企业的市场行为决定市场运作的经济绩效。因此，为了获得理想的市场绩效，最重要的是通过公共政策来调整和直接改善不合理的市场结构。

到 20 世纪 80 年代前后，由于大量新理论包括可竞争市场理论、博弈论、新制度理论（产权理论和交易成本理论）、信息理论等引入产业组织理论的研究领域，用新分析方法对整个产业组织学理论体系进行改造，逐渐形成了新产业组织理论。新产业组织理论主要体现在以下几个方面：第一，在理论基础上广泛吸取了现代微观经济学的新思想，修正了传统产业组织理论基于新古典主义的理论假设。新产业组织理论把交易费用理论、产权理论、代理理论等都纳入了对组织行为的分析框架，为理解组织与市场关系以及组织内部结构、权力配置等提供了新的视角。第二，在研究重点上由市场结构转到组织内部与组织行为上。新产业组织理论侧重分析组织内部的产权结构、组织形式等对组织行为的影响。这与传统产业组织理论视市场机制为唯一的资源配置方法，组织只是由技术水平决定的规模不等的生产单位的处理方式截然不同。同时，新产业组织理论认为组织行为是组织决策者基于自身的组织结构和经营目标的决策结果，并不只是受市场结构的影响，在市场结构与组织行为的关系上，二者并不是单向的决定关系。第三，在研究方法上广泛运用博弈论和正规微观经济学模型，开始注重理论与实证研究相结合。第四，在政策主张上相对于传统产业组织理论的反垄断政策而言，新产业组织理论的反垄断政策发生了较大变化，分析重点从市场结构转到组织行为；反垄断政策的目标取向由过去的保护消费者利益逐渐转移到市场效率上，在效率优先的前提下兼顾消费者利益；反垄断政策有了明显松动，政府政策着重于市场是否充分竞争。

二　新制度主义的组织理论

组织理论的中心问题之一，就是研究和阐述正式的组织结构得以形成的条件或背景。正式的组织结构是一个组织内部各构成部分或各个部分之间的确立关系形式，它包括正式关系与职责形式；向组织的各个部门或个人分派任务和各种活动的方式；协调各个分离活动和任务的方式；组织权力、地位和等级关系；指导组织中人们活动的政策、程序和控制方法。正式的组织结构一般是通过明确的决策产生的，而且配有具有法规形式的、指示各种组织活动相互联络的蓝图或框架。组织活动中极其重要的环节是进行组织机构的设计，传统的组织理论假定，正式的组织结构是协调和控制与现代技术或工作活动相关的复杂关系网络的最有效的方式。这一假定源于韦伯（Weber, 1952）对历史上作为经济市场和中央集权政府必然结果而出现的科层制组织的讨论。劳动分工和专业化已经成为当今社会的普遍现象，劳动分工导致了专业化，从而获得效率。但随着市场的扩张以及专业化的发展，某种特定领域的关系网络会日益复杂和分化，在这个领域中的组织就必须协调与该领域内的其他组织以及与其他领域之中组织的相互依赖关系。诸如组织规模（Blau，1970）和技术（Woodward，1965）之类的因素，增加了组织内部关系的复杂性；组织内部的分工则增加了一些跨越组织边界的问题（Aiken and Hage，1968；Freeman，1973）。在这种情况下，组织对活动协调的需求日益增加，加之正式协调的运营有竞争优势，具有合理化的正式结构的组织应运而生。

传统理论认为，组织在现代社会获得成功的关键维度是对组织活动进行协调和控制，而有效的协调和控制需要一个合理正式的组织结构。这是由于组织是根据其正式的组织结构而运行的，组织通过遵守规则和程序来实现组织中活动的协调，实际的活动都遵守正式结构的规定。法约尔就认为，要建立高效的组织，必须处理内部组织结构及其相关之间的关系。但大量的组织经验研究对这种观点提出了质疑，马奇等（March and Olsen，1976；Weich，1976）的相关研究发现，正式的组织通常是一种松散的耦合：组织结构规则要素之间、组织结构与技术性活动之间，往往只是松散地相互联系，正式的组织规则常常被违背，决策常常得不到实施，即使得到实施其后果也具有不确定性。评估与监督体系常常被推翻和颠覆，或者被弄得十分含混不清或彼此矛盾，以至于不能发挥多少协调作用。事实上现代经济社会中，不同领域组织的正式结构并非是同一性的，而是具有各自领域性特点。因此，有必要对正式的组织结构产生提出一种有别于传统理论的解释。

新制度主义学派认为，传统的理论由于仅仅关注复杂关系网络的管理、协调与控制的实施，却忽视了韦伯所指出的组织正式结构的另一来源：理性化正式结构的合法性。正式的组织结构不仅仅是社会组织中关系网络的产物，在现代社会中，理性化的正式组织结构要素深深根植于并反映了社会实在的共同理解。现代组织的许多职位、政策、规划和程序都是由公众意见、组织重要支持者的意见、经由教育系统正当的知识，社会名流、法律以及法庭对于疏忽与审慎的判决等而得到强化。正式组织结构里这些要素是实力强大的制度规则表现，这些强势制度规则的作用正是约束组织的高度理性化的神话（Meyer and Rowan，1977）。之所以称为神话，是因为它们是被广泛接受的信念，它们的影响"就在那里，不是人们相信它们，而是人们知道其他人相信它们。因此，对于所有实际目的而言，神话就是真的"（Meyer，1977）。所谓的理性化指的是它们以规则的形式出现，规定实现特定目标所必要的程序步骤，法律就是一个很好的例子。组织获得支持和合法性的程度取决于它们服从当时准则的程度，由专业人士和科学权威确立的这些准则指出了何为合法性的组织方式。这些信念的力量如此强大，以至于即使没有任何明显的技术优势，组织也会遵从它们以获得公众的支持和信任。

　　制度规则与制度构建的影响可以在各个层面上发挥作用，与制度环境同构对于组织有着一些关键性的影响。第一，改变正式结构。一个组织通过设计一种依附于制度环境的正式结构，才能显示它是在以一种适当的、理由充分的方式为集体目标而行动。组织通过目标、程序和政策等结构要素的制度化，为其行为提供了一种审慎的、理性的和合法的依据，并使得组织的经营管理行为免受质疑。可以说，理性化的制度产生了正式的结构，进而为组织的行为提供了规则或规范，使得组织在某种特定的结构模式下追求特定的目标。第二，采纳外部评估标准。在完善和发达的制度环境中，组织会运用外部的价值评估标准来确定组织结构要素的价值。这些外部评估标准包括诺贝尔奖之类的仪式性奖励、重要人物的认可、专家和顾问设定的标准价格和部门设置或者人员在外部社会圈中的声望等。仪式性的价值评估标准以及源于仪式性的生产职能部门，对组织是有用的，它们使得组织在面对内部成员、股东、公众和政府时具有合法性，也显示组织具有社会正当性，从而获得社会的认可。第三，稳定性。组织通过对外部已经确定的制度依赖，减少组织的动荡和维持组织的稳定。当市场条件、投入与产出的特征以及技术性程序都被纳入制度的范围内，随着一个给定组织成为这个更大系统的一部分，组织的稳定性将得以实现。在高度完善和发达的制度环境中，遵守制度并保持组织与制度环境的一致，将使得组织获得了合法性和必要的资源，从而得以生存下来。[1]

　　可见，新制度主义的组织理论特别关注组织与制度环境的关系，认为组织是由其所处的环境中制度建构的，并倾向与这些制度同构。组织结构

---

　　[1]　［美］沃尔特·W. 鲍威尔、保罗·J. 迪马吉奥：《组织分析的新制度主义》，姚伟译，上海人民出版社 2008 年版。

的制度同构，促进了组织的成功与生存。把具有外部合法性的要素整合进正式结构中，增加了内部成员与外部支持者对组织的情感依赖或忠诚。并且，外部评估标准的运用，即把组织视为社会的一个构成部分，而非一个孤立的系统进行评估，可以使组织依据社会界定来保持成功。

第三章

农村小型金融组织的发展与实践

第一节 小额信贷的兴起与发展

长期以来，由于自然资源因素、社会历史因素、制度性因素、经济发展不平衡和分配制度不均等各种因素，贫困问题一直存在且难以根除。据世界银行的统计，自 1950 年以来，世界贫困人口总数居高不下，1950 年全球极端贫困人口为 13.8 亿人，1990 年为 12.9 亿人，即使到了 2012 年全球仍有 12.23 亿极端贫困人口。从世界贫困人口的经济特征和地域分布来看，贫困人口主要集中于发展中国家的农村和边远少数民族地区，主要从事传统的农业和手工业生产，生产率与收入水平极为低下。贫困不仅仅影响着个人基本的生存保障，也一直威胁着世界各国经济发展和社会稳定。贫困是一种世界上普遍存在的社会现象，它不是某一国家、地区或民族所独有，而是在世界上所有的国家、地区或民族中普遍发生的。从贫困产生的根源来看，贫困并不是与生俱来的，低收入人群并不是天生注定是低收入人群，他们也有能力和愿望改变自己的生活处境。大多数情况下，低收入人群所缺乏的是将生存技能转化为财富所必需的资金支持，通过信贷给予低收入人群以资金支持，他们可以改变自身发展的条件。减缓贫困的最佳办法就是让低收入人群自己努力做自己的事，因为没有一个人比当事人有更大的动力去改善自己的状况。①

一般而言，贫困人口收入来源少且水平低下，缺乏金融机构要求的固定资产等抵押担保品，其资金需求额度小且居住分散；对于金融机构而言，向贫困人口提供信贷服务的成本非常高，他们的自身条件难以符合金

---

① 杜晓山、刘文璞：《小额信贷原理及运作》，上海财经大学出版社 2001 年版。

融机构提供信贷服务的要求。长期以来正规金融机构一般不愿意也很少为低收入人群提供信贷服务，低收入人群的信贷需求被忽视，使其在信贷市场中处于边缘地位。特别是在发展中国家的农村地区和偏远山区，正规金融服务的缺失，已经成为制约农村经济发展和农民摆脱贫困的主要障碍。为了克服正规商业性金融机构不愿意向农村贫困群体发放贷款的问题，发展中国家依据农业信贷补贴理论相应地建立起国家性质的政策性金融机构，在农村地区向农业项目、农村企业和农户发放贴息贷款，希望通过向农村贫困人群直接提供贴息贷款来缓解他们的资金缺乏问题，使得资金与劳动力实现有效结合，帮助低收入人群获得收益进而摆脱贫困。这种贴息贷款的基本特征：一是单方面强调优惠贷款的作用，通常以低于市场水平的补贴性利率发放贷款；二是以国家政策性金融机构为贷款投放主体；三是重视贷款投放而忽视储蓄的作用。但是，这种贴息政策并没有实现覆盖贫困群体和可持续发展，没有获得成功，还造成了一些不良的后果：一是打乱了农村正常金融秩序的建立。片面的低利率政策抑制了农户的储蓄，阻碍了农村金融体系的可持续发展，这对于贫困的持续缓解和贫困地区正常金融秩序的建立极其不利。二是政策性信贷资金更多地被看作是一种福利性的拨款，资金接受者容易过分依赖并且还款意愿低下，加之信贷发放机构缺乏监督的动力，从而造成信贷资金回收率普遍偏低，农村信用环境被进一步破坏的后果。非洲、中东、拉丁美洲、南亚和东南亚地区的实践表明，政府贷款项目绝大多数贷款违约率在40%—95%。三是廉价的信贷资金造成资金供不应求，导致更为严重的信贷配给，低利率信贷资金并没有使贫困农户受惠，得到资金的往往是政府重点发展的商业项目、富裕农户和政治上的特权阶层。四是过低的利率无法覆盖信贷机构发放贷款的高交易成本，信贷项目普遍亏损，损害了农村信贷机构自身的可持续发展能力。

由于正规金融机构对贫困人群的排斥以及政府政策性金融扶贫的失败，一些发展中国家和致力于社会扶贫的国际组织借鉴传统的民间互助金融组织形式的优点，尝试着运用小额贷款项目的形式为贫困人群提供资金帮助。初期这些小额贷款项目极为繁荣，曾收到了大量的援助资金支持，扶贫效果也极为理想，但随着项目拖欠率的增高以及管理费用的居高不下，极大地削弱了人们开展此项目的动力，伴随援助资金的转向，大量的小额信贷项目归于沉寂。小额信贷项目失败的原因在于，社会扶贫团体缺乏金融运作经验和有效率的管理机制，项目运作没有明确的商业目标。同时，项目过大的贷款额度和过长的还款周期不符合贫困户和小生产者的需求和能力，贷款的发放依然采用的是正规金融的实施方式。

20世纪80年代，一些专为低收入人群提供小额贷款服务的项目和组织，在吸收以往经验教训的基础上，探索创造出建立在低收入人群客户特征基础上的借贷新技术，新的借贷技术更依赖于借款人表明的还款意愿，而不是他们担保的资产，这使得小额贷款项目尽可能广地覆盖到贫困人群。陆续出现的团体贷款机制、动态激励机制、分期还款机制、担保替代机制极大地缓解了小额贷款项目实施过程中的道德风险、逆向选择和抵押物缺失问题。正是有了这些机制的保障，小额贷款项目成功地实现了为贫困人口提供用于发展生产资金的同时确保高还贷率的目标，小额贷款运动从20世纪80年代末全面兴起，并逐步向专业化和组织化方向发展，成为一种为贫困人口提供良好金融服务的途径。在2000年9月举行的联合国千年峰会上，189个国家元首和政府领导人就《千年宣言》达成了历史性一致，峰会制定的千年发展目标中明确将消除极度贫困和饥饿列在首位，充分表明世界各国对于消除贫困、改善人民生活状况的重视。正是基于上述背景，联合国在扶贫行动规划中将小额贷款作为扶贫的有效手段和攻坚力量纳入其中。在1998年12月的联合国会员大会上，2005年被正式指定为"国际小额信贷年"，这次大会宣布2005年将成为促进小额信贷计划贯彻全球的一个重要机会。2005年11月18日，"国际小额信贷年"在美国纽约的联合国总部正式启动，这标志着具有可持续发展潜力的小额信贷被纳入正规金融体系之中，那些被排斥于传统金融服务和整体经济增长轨道之外的农村低收入群体被纳入农村金融服务范围。[①]

第二节　农村小型金融组织的产生与发展

借贷新技术的应用和新机制的实施，使得小额信贷项目初步实现了运作自立，贷款有较高的还贷率，借款人能够承受贷款的全部成本，这些成就能够让小额信贷项目扩展到更多的潜在贫困客户，也因此鼓励了捐助机构廉价资金对小额信贷的大力支持。然而，捐助资金的流入不可能永久存

---

① 范香梅、彭建刚：《国际小额信贷模式运作机制比较研究》，《国际经贸探索》2007年第6期。

在，而且即使最好的情况下捐助资金也远远低于最终的资金需求。20世纪80年代末，部分小额贷款项目开始从当地储蓄寻找资金。拉丁美洲非政府组织的项目从商业银行部分找到资金渠道，南亚一些小额信贷项目机构从金融监管当局获得营业执照，通过向贫困人群提供储蓄服务动员大量的商业资金，大大增加了其自身财务的可持续性。除了对中低收入阶层的居民、贫困农民和以家庭为单位的小微企业的贷款服务之外，一些机构还面向贫困人群提供储蓄、小额保险、转账以及技术培训甚至其他社会服务，随着业务的扩大，小额信贷项目实施机构逐步实现了制度化。至此，旨在为农村低收入阶层提供金融服务的小型金融组织在亚非拉发展中国家产生。在众多的小型金融组织中，孟加拉国格莱珉银行（GB）、玻利维亚团结互助银行（BancoSol）、印度尼西亚人民银行（BRI）的农村信贷部和拉丁美洲村庄银行（FINCA）是国际小型金融组织的典型代表，这些组织突破了传统的金融理念和扶贫理念显示出与传统金融机构不同的特征（见表3-1）。

表3-1　　　　　　　　　　国际小型金融组织的典型模式特征

	孟加拉国格莱珉银行	玻利维亚团结互助银行	印度尼西亚人民银行	拉丁美洲村庄银行
经营地区	农村	城镇	主要在农村	主要在农村
一般贷款期限	12个月	4—12个月	3—24个月	4个月
是否团体贷款	是	是	否	否
是否要求抵押	否	否	是	否
是否强调自愿储蓄	是	是	是	是
贷款额度累进	是	是	是	是
还贷规则	每周还款	灵活	灵活	每周还款
目标客户	低收入人群	大多中低收入者	中低收入者	低收入人群
贷款名义年利率（%）	20	47.5—50.5	32—43	36—48

资料来源：Jonathan Morduch, "The Microfinance Promise", *Journal of Economic Literature*, 1999.

一　孟加拉国格莱珉银行（Grameen Bank，GB）

孟加拉国是世界上最不发达的国家之一，经济基础薄弱，国民经济主要依靠农业。经济发展落后和金融实力有限，孟加拉国政府金融体系无力支持广大农村地区的经济发展，民间自发的非政府组织模式就成为了小额信贷的主导模式。1976 年，穆罕默德·尤努斯教授在孟加拉国的 Jobra 村开创小额信贷实验项目，尝试着将自己的钱借给有需要的农民。尤努斯认为，由于存在着偿还借款的压力，借款人有责任和动力去努力工作，在努力工作的同时提高自己的能力，而不会像某些习惯于接受无偿援助或救济的人坐等别人的援助。贷款与利息的偿还还能够成为充分利用的资金，使之能够被用来帮助更多的低收入人群。事实上，尤努斯发现，与人们想象的不同，低收入人群的信用很好。项目的成功极大地鼓励了尤努斯，在一些国际发展组织的资助下，小额信贷实验项目开始扩大规模。1983 年，在政府当局支持下尤努斯将该项目注册为正规银行，创立了专门向贫困家庭发放贷款的银行——孟加拉国格莱珉银行（也叫孟加拉国乡村银行），其中所有权的 92% 由会员拥有，8% 属政府所有。经过多年的发展，孟加拉国乡村银行已经成为服务于该国 64 个地区的 68000 个村的全国性金融机构，也成为世界上规模最大、效益最好的扶贫项目和扶贫模式之一。该扶贫模式的成功不仅仅惠及本国贫困农民，也被国际社会所推崇而广泛推广于世界各国。到 2011 年，乡村银行已经拥有了 834.9 万客户，其中97% 是妇女，服务覆盖了 97% 以上孟加拉国乡村。

孟加拉国格莱珉银行（Grameen Bank）小额信贷的成功实践打破了农村金融市场存在的低收入人群不值得信贷、妇女比男人预示更大的信贷风险和低收入人群不储蓄的固有偏见，其运行模式的主要特征为：一是贷款对象是最为贫困的农户，但并不与单个的农户发生联系，而是与项目实施最基层的小组和中心发生关系。一般同一社区内经济地位相近的贫困者在自愿基础上组成 5—6 人贷款小组，在小组基础上建立客户中心。二是分批贷放、分期偿还的方式发放小额短期贷款。贷款期限一般为一年（52 周），从第二周开始还款，每周还本金的 1/50，50 周内还清贷款。三是采取小组连带责任和强制性存款担保形式。最初没有得到贷款的小组成员要等已得到贷款成员都守约时才能依次得到贷款，若有小组成员出现违约，那将使整个小组失去银行贷款的资格。每次小组借款必须储蓄一定数额作为所有小组成员的共同担保。四是小额信贷特别以妇女为主要贷款对象。这并不排斥男人参与，只是强调妇女为主要的牵头人。五是小组会议和中心会议制度。每周召开一次小组会议，每半年左右召开一次中心例会，会议的中心内容是进行收款活动，也进行信息交流和技术培训等活动。此运行模式通过向客户提供标准化、操作简单、规则明确的金融产品，极大地满足了贫困人口特别是贫困妇女的金融需求，但这种模式灵活性较差，在客户出现违约的情况下，缺乏可行的补救措施。2001 年，为了克服传统模式缺乏灵活性的缺点，乡村银行进行了影响深远的改革，创造出第二代运行模式。在第二代运行模式下，小组成员之间不再承担连带担保责任，小组成员也可以一起得到贷款，而不用遵循先前的依次顺序贷款。贷款的偿还具有了灵活性，每次还款数额可以不等，期限可以变化，借款人可以提前偿还所有的贷款。

二　玻利维亚阳光银行（BancoSol）

玻利维亚阳光银行（BancoSol）的前身是由美国非政府组织行动国际和玻利维亚的一些商界领袖于 1986 年创办的非营利性组织——促进和发展微型企业（PRODEM）。PRODEM 的运作非常成功，其资金主要来源于美国援助、玻利维亚社会应急基金以及社会捐赠，不能吸纳存款和获得商业性资金，贷款发放采用责任共担的小组贷款方式。在 1989 年的时候，PRODEM 的贷款余额已经超过其获得的捐助资金，由于捐助资金不能满足巨大的贷款需求，从 20 世纪 80 年代后期，PRODEM 开始游说金融监管当局允许其设立商业银行。1992 年，经监管部门批准，PRODEM 另外成立了一家私人商业银行即 BancoSol，专门从事小额信贷业务。阳光银行从其前身继承了完善的成本——效益贷款模式，继承了一支经验丰富、责任心强的员工队伍和一个可靠、认真的贷款机构的良好声誉。阳光银行虽然也实行团体贷款制度，但却与格莱珉银行（GB）存在着很大差别：第一，只注重银行业务的开展，不提供其他社会性服务（如技术培训等）；第二，贷款小组由 3—7 人组成，贷款发放时所有会员可同时获得贷款；此外，阳光银行直接面向个人提供贷款，团体贷款所占比例虽然很大但已有下降趋势；第三，利率相对较高，年均贷款利率 47.5%—50.5%；第四，高利率贷款使银行实现财务自立，不依赖于补贴便可实现财务上的可持续；第五，贷款偿还方式非常灵活，借款者可按周偿还，也可按月归还；第六，贷款期限灵活，1 个月到 1 年不等；第七，每笔借款数额较大，平均贷款额度超过 1509 美元，是格莱珉银行的 10 倍多。因此，阳光银行服务的客户群体主要是城市地区的微型企业和小企业主，典型客户是"低收入人群中的富人"或者"位于贫困线以上"的非贫困人口。

三 印度尼西亚人民银行（BRI）

在许多发展中国家，民间金融发展落后实力不足，小额信贷的发展主要依靠政府的力量推动，大多采用正规金融机构作为小额信贷的运作主体，印度尼西亚人民银行农村信贷部就是典型的正规金融机构从事小额信贷的模式。

印度尼西亚人民银行是印度尼西亚第四大国有商业银行，已经有一百多年的历史，主要职责是提供农村金融服务，促进农业发展。印度尼西亚人民银行向大量农村低收入农民提供小额信贷，支援了农业发展，改善了当地农民的收入状况，在商业经营上也取得了很好的效果。20 世纪 80 年代以后，BRI 的农村信贷部由过去以发放贴息贷款为主，逐步被改造成按照商业模式运作的小额信贷机构。BRI 从 1996 年开始在全国建立 3600 个村级信贷部（即村行），发展到现在印度尼西亚人民银行是世界上为农村提供金融服务的最大国有商业性金融机构，依靠遍布全国的村级信贷部和服务站降低经营成本。BRI 具有明显的贷款权力下放的制度特征，农村信贷部下设地区分行银行、基层支行银行和村级信贷部。村级信贷部是基本的经营单位，实行独立核算，可以自主决定贷款规模、期限和抵押，执行贷款发放与回收。村级信贷部主要开展贷款和储蓄两大业务，业务简单易行并实行标准化管理，业务操作也高度透明。村级信贷部的存款和贷款产品都围绕客户需要，其基本特点是：一是实施动态存贷款激励机制，即储蓄利率根据存款额确定，存款越多，利率越高，借款者若按时还款，则所获贷款数额可不断增加，而贷款利率不断降低；二是贷款采用传统的抵押方式，主要发放给农村中收入较低的人群中那些有还款能力的人，但并非最为贫困的农户；三是实行商业贷款利率以覆盖成本，平均名义利率为32%—48%；四是严格分离银行的社会服务职能和盈利职能，村级信贷部不承担对农户的培训、教育等义务。从以上可看出，印度尼西亚人民银行的村级信贷部以营利为自身的追求目标，采取的高利率和激励储蓄政策使其实现了财务的可持续性。因此，印度尼西亚人民银行的村级信贷部实质上是一个独立自主、自负盈亏的金融企业。

BRI 于 2003 年 11 月在纽约证券交易所上市。BRI 成功的事实再一次向人们表明，正规金融机构可以从事小额信贷活动，只要设立独立核算的经营机构并采取完全不同于正规金融机构的风险管理技术，通过建立内部的激励机制，可以在不改变目标客户群体定位的条件下，实现财务上的可持续发展。

四　拉丁美洲村庄银行（FINCA）

村庄银行模式是 1985 年由国际社区资助基金会（FINCA）首先创立在拉丁美洲的小额信贷项目，致力于满足社区成员的金融服务需求，最终目标是减少贫困。村庄银行就是在社区基础上建立的存贷协会，通过自我管理方式向社区成员提供小额信贷服务。村庄银行可以克服农民地理上分散和人口密度低的弱点，使得社区成员更为方便地获取金融服务，是连接社区与正规金融的桥梁。目前，村庄银行模式成为国际小额信贷运动中的一种主要模式，已被 25 个国家的 3000 多个组织广泛采用。村庄银行一般以某一个自然村庄为基础单位，其运行的基础和核心是村庄银行的互助小组。互助小组由互相了解、愿意互相帮助与合作的 30—50 个成员组成，其组织结构为单个小组，目标群体为贫困妇女。小组成员每周或每两周开一次会，小组为成员提供三种基本服务：一是提供小额自我就业贷款来开办或扩大自己的生意；二是提供一种储蓄激励和一种积累储蓄的方式；三是建立一个提供相互帮助并鼓励自立的以社区为基础的系统。

村庄银行模式中，农户项目为农业、养殖业和贸易活动等，多以小额贷款为主，利率标准为覆盖运作成本，贷款周期为 16 周，还款方式为每周偿还等量本金和利息且每周存款。该模式要求会员存款达到贷款额的 20% 以上，属于强制性储蓄。存款为村庄银行资本金，成员下轮贷款规模由存款规模来决定。村庄银行资金由村庄银行小组管理，小组实行自治，自主制定规章制度、负责记账和贷款的监督并对违约情况进行惩罚。小组对诸如资金贷放给谁、贷给多少之类问题具有最终决策权。村庄银行模式的鲜明特征就是高度的参与和经济民主化，村庄银行由全体社区成员拥有并管理，属于自助式的金融机构。它赋予小组信贷的决策权，小组成员以高度的主人翁精神参与村庄银行的发展。但村庄银行一般规模较小，除非与大银行和其他村庄银行合作，否则其存款规模会受到当地经济发展水平的制约。

五　中国农村小型金融组织的发展历程

中国最早的小额信贷始于 1981 年联合国国际农业发展基金（IFAD）

在内蒙古八旗（县）开展的北方草原与畜牧发展项目。从 1981 年开始，国际农业发展基金会在中国先后实施了 15 个农业开发项目。除此之外，联合国人口基金、国际小母牛项目组织、香港乐施会等国际机构和组织以各种形式先后在中国农村地区，特别是西部农村地区开展了小额信贷项目。归结起来看，这些小额信贷项目只是吸纳了小额信贷中分期还款和小组联保等个别操作方法，还没有完整地引入和借鉴国外成功小额信贷项目的经验。出于多种目的，几乎没有一个小额信贷项目为自己提出持续发展的目标。而项目的援助目标群体并不局限于贫困人群，也不局限于贫困地区。因此，可以说直到 1993 年以前，中国的小额信贷项目基本上都只是国际扶贫项目的一个组成部分或者一种特殊的资金使用方式而已。[①]

1993 年年底，中国社会科学院农村发展研究所在孟加拉国乡村银行信托投资公司（GT）和福特基金会的资金和技术支持下，在河北易县组建了中国第一家由非政府组织创办的专业化小额信贷机构——易县信贷扶贫合作社，标志着中国小额信贷发展的开端。此后的十多年中，中国小额信贷进入了全面快速发展时期，大体经历了四个阶段。

第一阶段即 1993—1996 年，是中国小额信贷项目或机构试验的初级阶段。在这一阶段小额信贷是作为一种扶贫理念和独特的信贷技术逐渐被引入中国，在国际资金（附有优惠条款的扶贫贷款或者捐赠资金）和技术的帮助下，中国的一些半官方或民间机构以非政府组织的形式开展小额信贷的试点项目。这些小额信贷试点项目期初在技术上绝大多数借鉴了孟加拉国格莱珉银行的小组联保贷款（Group Lending）传统模式，后期也逐渐有一些项目采用乡村银行（Village Banking）模式和个人贷款（Individual Lending）模式。

1993 年，中国社会科学院农村发展研究所组建了"扶贫经济合作社"，旨在探索运用小额信贷来克服"贫困农户获贷难，贫困农户还款难和信贷投放机构生存难"问题的有效性，进而提高中国扶贫资金使用的效率。扶贫经济合作社先后在河北易县、河南虞城和南召以及陕西丹凤等县成立了小额信贷扶贫社开展小额信贷项目。由此，由联合国开发计划署（UNDP）援助，中国商务部国际经济技术交流中心从 1995 年开始，在全国 17 个省的 48 个县（市）推行以扶贫为目标的小额信贷项目。除此之外，还有澳大利亚开发计划署（AUSAID）援助的青海海东中国农业银行

---

① 任常青：《新型农村金融机构——村镇银行、贷款公司和农村资金互助社》，经济科学出版社 2012 年版。

小额信贷项目，以及由中国扶贫基金会承办的世界银行小额信贷扶贫项目，于 1997 年开始在陕西安康和四川阆中开展试点。这些小额信贷项目都严格按照孟加拉国格莱珉银行的基本模式，采用小组团体担保形式，还款采用分期偿还方式，贷款对象大多为妇女，并采用动态激励措施保障贷款安全等。在国际多边和双边捐赠机构中，国际农业发展基金会、联合国开发计划署、联合国儿童基金会、联合国人口基金会组织和澳大利亚开发计划署在项目覆盖县数和资金投入总量上都占据最重要的地位。

这一阶段的明显特征是，小额信贷在资金来源方面主要依靠国际捐助和软贷款，也有小部分地方政府的财政资金和项目运作过程中收取的"强制储蓄"，这也造成了小额信贷项目运作管理受到捐赠机构和当地政府的影响。同时，由于中国相关政策法律禁止小额信贷项目机构吸收公众存款，也禁止商业银行向登记为社会团体法人的小额信贷项目机构提供信贷支持。所以，总体上非政府组织开展的小额信贷受到较多的政策限制，发展空间较小。从 1996 年以后，随着政府和正规金融机构逐渐地介入小额信贷，政府和金融机构主导的小额信贷项目在资金投放数量和使用额度上成为了主流，非政府组织的小额信贷项目就显得更加微不足道。尽管如此，非政府组织的小额信贷项目在中国小额信贷开创了历史先河，其运作经验被后来政府和正规金融机构的小额信贷项目所吸取。

第二阶段即 1996 年 10 月至 2000 年的项目扩展阶段。在这一阶段，为实现千年扶贫攻坚计划和新世纪扶贫任务，在借鉴非政府组织小额信贷技术和经验的基础上，中国政府机构和国家银行（中国农业银行和中国农业发展银行）主导的政策性小额信贷扶贫项目在山西、四川、云南、河北、广西、贵州等地区迅速发展起来。政策性小额信贷扶贫项目以国家财政资金和扶贫贴息贷款为主要资金来源，项目分布大多数在农村地区，先后有国务院扶贫办系统、民政部门、社会保障部门、残疾人联合会、妇联和工会等部门组织参与项目的实施。另外，占中国扶贫资金大部分的扶贫信贷资金，于 1999 年前后，由中国农业发展银行管理，各地扶贫社代理发放，重新划归中国农业银行管理并直接以贴息贷款的形式发放到农户，这也是中国政策性小额信贷的重要组成部分。

总之，这一阶段中国的小额信贷由社会团体或非政府组织主导利用国外资金的项目试验转变为以政府和指定银行（中国农业发展银行、中国农业银行）操作，以使用国内扶贫资金为主，在贫困地区较大范围内推广。其明显特征在于，政府从资金、人力和组织方面积极推动，并借助小额信贷这一金融工具来实现"八七扶贫攻坚计划"的目标。

第三阶段即 2000—2005 年 6 月全面推广和制度化建设阶段。在促进"农业、农村、农民"三农发展的战略背景下，为了解决"农户贷款难"问题，在这一时期，中国农村正规金融机构（农村信用合作社、农村商业银行和农村合作银行）在中国人民银行的支持和推动下，全面试行并推广小额信贷活动。为了能在制度上保障小额信贷活动的顺利开展，中国人民银行业相继颁布了《农村信用社小额信贷管理暂行办法》《农村信用社农户联保贷款管理指导意见》等政策法规，增加了信用户评定内容，要求农村信用社在农户信用评级制度基础上，在中国大范围开办农户小额信用贷款。这一阶段的明显特征为，作为正规金融机构的农村信用社在人民银行支农再贷款的支持下，开展了农户小额信用贷款和农户联保贷款业务。这标志着中国正规金融机构开始大规模介入小额信贷领域，而小额信贷目标也从关注"扶贫"扩展到"为一般农户以及微小企业服务"的广阔领域。

第四阶段即 2005 年 6 月以后的商业化小额贷款组织试行阶段。中国在改革农村金融和构建农村金融新体系的过程中，逐步认识到小额信贷在解决农户和解决小微企业、中小型企业贷款难上有着不可或缺的作用。自 2004 年以来，连续七个中央一号文件都是围绕"三农"问题，提出加快金融体制改革和创新，改善农村金融服务，并鼓励发展多种形式的小额信贷业务和小额信贷组织。① 中央一号文件的连续出台极大地推动了中国农

---

① 2004 年中央一号文件提出："要从农村实际和农民需要出发，按照有利于增加农户和企业贷款，有利于改善农村金融服务的要求，加快改革和创新农村金融体制。鼓励有条件的地方，在严格监管、有效防范金融风险的前提下，通过吸引社会资本和外资，积极兴办直接为'三农'服务的多种所有制的金融组织。"2005 年中央一号文件提出："有条件的地方，可以探索建立更加贴近农民和农村需要、由自然人或企业发起的小额信贷组织。"2006 年中央一号文件提出："大力培育由自然人、企业法人或社团法人发起的小额信贷组织，有关部门要抓紧制定管理办法。"2007 年中央一号文件提出："大力发展农村小额贷款，在贫困地区先行开展培育多种所有制金融组织的试点。"2008 年中央一号文件提出："积极培育小额信贷组织，鼓励发展信用信贷和联保贷款。"2009 年中央一号文件提出："在加强监管、防范风险的前提下，加快发展多种形式新型农村金融组织和以服务农村为主的地区性中小银行。鼓励和支持金融机构创新农村金融产品和金融服务，大力发展小额信贷和微型金融服务，农村微小型金融组织可通过多种方式从金融机构融入资金。"2010 年中央一号文件提出："积极推广农村小额信用贷款。加快培育村镇银行、贷款公司、农村资金互助社，有序发展小额贷款组织，引导社会资金投资设立适应'三农'需要的各类新型金融组织。"

村金融改革的进程，也为中国农村金融体系的构建指明了方向。为了贯彻中央对农村金融市场发展的开放政策，中国人民银行、中国银行业监督管理委员会以及有关部委在借鉴国内外小额信贷组织实践的基础上，按照先试点、摸索经验、制定规则，再视情况，在符合条件的地区逐步推开的操作思路，积极探索建立自负盈亏、商业上可持续发展的小额信贷组织。

2004 年 4 月，中国人民银行、中国银行业监督管理委员会（以下简称为中国银监会）共同发布了《关于村镇银行、贷款公司、农村资金互助社、小额贷款公司有关政策的通知》，积极鼓励、引导和督促四类组织以面向农村、服务"三农"为目的，依法开展业务经营，在不断完善内控机制和风险控制水平的基础上，立足地方实际，坚持商业化可持续发展，努力为"三农"经济提供低成本、便捷、实惠的金融服务。① 2005 年年底，中国人民银行主导"只贷不存"的小额贷款公司在山西、陕西、四川、贵州、内蒙古 5 个省（区）开始试点。2005 年 12 月，山西晋源泰小额贷款公司的成立，标志着商业性小额贷款组织在中国正式出现。

2006 年 12 月，中国银监会印发了《调整放宽农村地区银行业金融机构准入政策的若干意见》，首次允许产业资本和民间资本进入农村金融领域，并提出要在农村增设村镇银行、贷款公司和农村资金互助社三类金融机构。2007 年 1 月中国银监会又颁布了村镇银行、贷款公司和农村资金互助社的管理暂行办法和组建审批工作指引。2007 年 3 月，吉林省梨树县闫家村百信农村资金互助社正式挂牌营业，它成为了中国首家全部由农民自愿入股组建的农村合作金融组织。同时，第一家村镇银行——四川仪陇惠民村镇银行成立。伴随着 2007 年 1 月《村镇银行管理暂行规定》、2007 年 8 月《关于银行业金融机构大力发展农村小额贷款业务指导意见》等一系列政策的发布，中国农村金融市场隐藏的巨大商机吸引了一批目光远大和经验丰富的外资银行，纷纷选择最佳时机进入农村金融市场。香港汇丰银行于 2007 年 8 月 6 日获得中国银监会批准，筹建成立湖北随州曾都汇丰村镇银行有限责任公司，成为第一家正式进入中国农村地区的外资银行。2008 年 5 月 4 日，中国人民银行和中国银监会联合发布了《关于小额贷款公司试点的指导意见》，标志着民间资本进入金融业领域的正式放开。在上述一系列利好政策的指引和鼓励下，中国农村小型金融组织快

---

① 中国农村金融学会：《中国农村金融改革发展三十年》，中国金融出版社 2008 年版。

速发展。从原先个别地方的试点到现在全国范围的推行，从最初个别社会资本的参与到现在各类资本的纷纷涌入，中国农村小型金融组织进入了蓬勃发展时期。截至 2015 年年末，全国共组建村镇银行 1377 家，农村资金互助社 48 家，小额贷款公司 8910 家。无论从资金实力，还是对农户的贷款规模来说，农村小型金融组织已经发展成为了改善农村地区金融服务短缺的重要力量。初步实现了把城市资金引入农村、把农村资金留在农村和激活农村金融市场的目的。与此同时，中国邮政储蓄银行被批准成立，并首先试行小额信贷业务。此外，一些地方性商业银行、外资银行也开始试点小额信贷业务。这一阶段的明显特征是，金融管理当局推动小额信贷逐渐转向民间资本和商业性资本，小额信贷活动的资金来源多元化，专业化小型金融组织成为了小额信贷的运作主体。

第三节　农村小型金融组织的主义之争

农村小型金融组织无论采用哪一种模式，其成功的关键在于其为一定规模的低收入人群或中低收入人群提供金融服务的同时也实现服务机构自身的可持续发展。然而，在小型金融组织产生与曲折的发展过程中，这两者之间并不必然同时实现，现实情况往往是两者只居其一。因此，农村小型金融组织的发展过程中就出现了以促进社会发展与消除贫困为首要目标的福利主义与更强调机构可持续的制度主义的争论，其实质是农村小型金融组织的扶贫目标与商业化目标之争。

一　农村小型组织的福利主义

福利主义以社会扶贫发展为首要目标，他们主张在提供小额信贷服务的同时，也为贫困人群提供技术培训、教育、医疗等社会服务。他们强调通过小额信贷来改善贫困人群的境况从而实现社会福利的提高，这种类型的金融组织关心扩大低收入人群的存款和贷款，强调改善低收入人群的社会和经济地位，认为扩大低收入人群贷款的覆盖面比商业化和可持续发展更为重要。在实际操作中，福利主义金融组织广泛依赖捐赠、国际组织的低息或者无息贷款以及政府补贴等非市场机制手段筹集资金，并通过小额度、整贷零还、小组联保、回访等风险防范措施，在无抵押和担保的情况下向低收入人群发放贷款。孟加拉国格莱珉银行是福利主义小型金融组织的主要代表，被一些社会发展机构和非政府组织所推崇。

福利主义更强调消除贫困和外延的深度（服务于最贫穷的客户）而不是广度（服务于客户的数量），按照社会尺度衡量组织是否成功。其主要缺点在于缺乏具体的激励主体，农村微型金融产品创新、运营方式创新和组织模式创新动力不足。同时，福利主义易导致金融市场规则扭曲，还贷率低下，难以持续发展。

二　农村小型金融组织的制度主义

制度主义认为，小额信贷是在金融深化过程中衍生出来的金融创新，对农村金融体系的发展有着重要的推动作用。他们主张走商业化道路，通过监管将农村小型金融组织纳入整个农村金融体系。与福利主义相比，制度主义更强调机构的可持续性，认为机构的可持续是给低收入人群成功提供金融服务的关键，只有实现机构的可持续发展，才能确保金融服务覆盖到更多的贫困人群，因此，小型金融组织首先要考虑的问题是如何实现自负盈亏。在实际操作中，大多小型金融组织通过市场价格运作机制，服务的主体是贫困者中的中高收入阶层，不强调社会使命而强调盈利。印度尼西亚人民银行（BRI）和玻利维亚团结互助银行（BancoSol）是制度主义流派的典型代表。

制度主义特别强调农村小型金融组织在操作上和经济上的可持续性。其缺点：一是在社会分化约束下，资源分配规则不能消弭主体差别，而资源在主体间的分布失衡可能加剧社会分化；二是对商业利益的追逐可能使农村小型金融组织出现"使命漂移"现象，即农村小型金融组织为确保自身的持续性和经济利益，促使资金安排追逐中高收入阶层，而偏离服务中低收入阶层。

国际小额信贷的发展实践证明，制度主义更符合小额信贷商业化的要求，商业化经营是小额信贷实现可持续发展的必然选择，成功的商业化经营不仅可以实现小型金融组织的可持续发展，而且可以为贫困人群提供持久的资金获取渠道，帮助其脱离贫困，实现两者的"双赢"。而无法实现可持续发展的小型金融组织，反而会使贫困人群丧失一个持久稳定的融资渠道。因此，到20世纪90年代中后期，两大"阵营"出现了融合的趋势，奉行"制度主义"的农村小型金融组织开创了以市场经济方式来解决社会贫困的新渠道，但能否实现"双赢"的社会承诺，还有赖于制度、机制和金融工具方面的不断探索和创新。

第四节　农村小型金融组织的创新实践

农村小型金融组织要在可持续发展的同时履行社会扶贫、扶弱的责任，必须通过服务大规模低收入群体的同时，不断增加资金规模、降低平均交易成本，以实现自负盈亏。为此，农村小型金融组织也不断在探索新的服务模式以实现两者的平衡。主要体现在：丰富金融服务内容和走商业化、专业化的小额信贷发展之路。在金融服务内容和产品方面，小型金融组织针对客户的需求，不局限于提供小额信贷服务，还提供小额储蓄、小额汇款、小额保险等服务和产品，使其成为综合性的小型农村金融组织。以小额保险为例，孟加拉国、秘鲁、斯里兰卡、印度等国的小额信贷组织通过与保险公司合作开办或自行开办小额人寿保险、健康保险、意外伤残，一定程度上增加了其经营收益，同时又为农村低收入群体提供了保险保障。在商业化、专业化小额信贷机构的组建方面，国际上主要通过三种方式进行：一是商业银行下移模式，即已有的正规商业银行设立小额信贷部开展小额信贷业务。比如在美国，小额信贷主要是作为一种营利性的金融工具，各大型商业银行或其他金融机构都在运用。目前，中国农业银行设立的"三农"事业部，一些大型商业银行设立的小企业信贷部正是这种模式。二是转型方式，即将半正式的小额信贷组织（主要是非政府组织）改造成为依法获准经营并受到监管的正规金融机构，孟加拉国格莱珉银行是这种方式的代表。三是新设机构，即设立新的专门从事小额信贷业务的正规金融机构，如乌克兰小额信贷银行。小额信贷的正规化有助于其从事较为全面的金融业务，特别是从事存款业务，有效地解决了小额信贷机构信贷资金匮乏的问题，也有利于使更多的人能获得小额信贷服务。小额信贷的专业化则有利于小额信贷机构降低市场风险、提高资金的回收率，保证贷款质量，也可以使从事小额信贷业务的机构在为低收入群体提供金融服务方面更具有比较优势。

第四章

农村小型金融组织的现状及其问题

第一节 农村小型金融组织的现状

一 农村小型金融组织的类型与特征

(一) 农村小型金融组织的类型

2004 年以来的一系列中央一号文件，不断推动农村信用社改革和农村金融体系建设，以促进农业综合生产能力提升和农民增收为目标，不断促进信用社发挥支农主力军的重要作用，对中国农业银行、国家开发银行、中国农业发展银行和中国邮政储蓄银行的支农作用进行了清楚的分类引导，鼓励和要求各类机构从不同领域、不同层面扩大涉农业务范围，构建多层次、广覆盖的农村金融服务体系。为了解决农村地区金融机构网点覆盖率低、金融供给不足、竞争不充分问题，2006 年 12 月，中国银监会发布《关于调整放宽农村地区银行业金融机构准入政策，更好支持社会主义新农村建设的若干意见》。按照"低门槛、严监管"原则，引导鼓励民间资本进入农村金融服务领域，发展多元化金融机构，鼓励社会资金投资设立适应农户和小微企业需要的各类新型金融组织，有序发展村镇银行、贷款公司、农村资金互助组织和小额贷款公司等，积极引导其他商业性金融机构到农村开展业务，从而使支农金融体系更加完善。

正是在上述政策背景的推动下，中国农村小型金融组织经过多年的快速发展，已经初步形成多种所有制和多种法人属性小型金融组织共同发展的基本格局。具体可分为两类（见图 4-1）：一是非独立类金融机构附属部门，主要指商业银行通过其内设部门或者业务窗口向城镇和农村的小微经济活动主体提供小额信贷。包括：国家开发银行的小额贷款业务；农业银行的小额贷款业务；哈尔滨商业银行、台州商业银行、包商银行等地方性商业银行的小额信贷业务；农村信用社、农村商业银行、农村合作银行等农村合作金融机构的小额信贷业务；中国邮政储蓄银行的小额信贷业务。这种类型的小型金融组织属于正规商业银行的附属机构部门，不具有独立的法人资格，小额信贷业务活动只是其众多业务活动构成中很小的部分，小额信贷的运作方式依然受制于传统信贷的运作方式。小额信贷业务成本高、风险大，又受到利率封顶的限制，小额信贷业务多是亏损的，商业性金融机构开展小额信贷业务的意愿不高。小额信贷业务具有一定的社会功能属性，需要依赖政府的财政补贴。因此，商业银行的小额信贷业务可持续性差，这种类型的小型金融组织不具有代表性。二是专业类小型金融组织，主要包括村镇银行、小额贷款公司和农村资金互助社以及非政府组织等小型金融机构。[①] 非政府的小额信贷多是扶贫性质的公益性组织，它们普遍面临着资金来源不足，无正常的融资渠道，缺乏专业的管理人才和技术等问题，其组织管理水平低下，后续发展受到制约。而专业性和商业化更高的村镇银行、小额贷款公司和农村资金互助社等是政府鼓励和大力支持发展的小型金融组织，它们既是中国农村小型金融组织发展的代表，也是本书的研究对象。

按照 2007 年 1 月中国银监会颁布的《村镇银行管理暂行规定》，村镇银行是指经中国银行业监督管理机构批准，由境内外金融机构、境内非金融机构企业法人、境内自然人出资，在农村地区设立的主要为当地农民、农业和农村经济发展提供金融服务的银行业金融机构。村镇银行不同于银行的分支机构，属一级法人机构。村镇银行最大股东或唯一股东必须是银行业金融机构，最大银行业金融机构股东持股比例不得低于村镇银行股本总额的 20%。单个自然人股东及关联方持股比例不得超过村镇银行股本总额的 10%，单一非银行金融机构或单一非金融机构企业法人及其关联方持股比例不得超过村镇银行股本总额的 10%，任何单位或个人持有村镇银行股本总额 5%以上的，事前应报经银监分局或所在城市银监局

① 非政府组织小型金融机构指受国外组织委托操作小额信贷的国内非政府组织的小额信贷机构。典型代表如：宁夏回族自治区盐池妇女发展协会小额信贷项目、四川省仪陇县乡村发展协会小额信贷项目、河南省南召县扶贫经济合作社小额信贷项目、广西壮族自治区都安县乡村发展协会小额信贷项目、贵州省兴仁县乡村发展协会小额信贷项目、云南省禄劝县社区发展基金、云南省丽江市玉龙县联合国儿童基金会。参见杜晓山等《中国公益性小额信贷》，社会科学文献出版社 2008 年版。

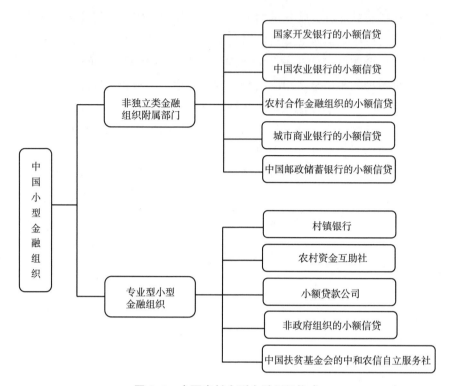

图4-1　中国农村小型金融组织构成

审批。这样的股权设置要求保证了村镇银行由银行业金融机构控股，将有利于专业化的经营与管理。

2008年5月中国银监会、中国人民银行联合颁布《关于小额贷款公司试点的指导意见》明确规定，小额贷款公司是由自然人、企业法人与其他社会组织投资设立，不吸收公众存款，经营小额贷款业务的有限责任公司或股份有限公司。小额贷款公司资金运用坚持小额、分散的原则，面向农户和微型企业提供信贷服务，同一借款人的贷款余额不得超过小额贷款公司资本净额的5%。小额贷款公司的组织形式为有限责任公司或股份有限公司，其中责任公司的注册资本不得低于500万元，股份有限公司的注册资本不得低于1000万元。单一自然人、企业法人、其他社会组织及其关联方持有股份不得超过小额贷款公司注册资本总额的10%。

根据2007年1月中国银监会下发的《农村资金互助社管理暂行规定》，农村资金互助社是指经中国银行业监督管理机构批准，由乡（镇）、行政村农民和农村小企业自愿入股组成，为社员提供存款、贷款、结算等业务的社区互助性银行业金融机构。在乡（镇）设立的农村资金互助社社员限定为：户口所在地或经常居住地（本地有固定住所且居住满 3 年）在入股农村资金互助社所在乡（镇）或行政村内的农民；注册地或主要营业场所在入股农村资金互助社所在乡（镇）或行政村内的农村小企业。农村资金互助社以吸收社员存款、接受社会捐赠资金和向其他银行业金融机构融入资金作为资金来源，不得向非社员吸收存款、发放贷款及办理其他金融业务，不得以该社资产为其他单位或个人提供担保。

（二）中国农村小型金融组织的特征

农村小型金融组织作为我国农村金融市场出现一支新型农村金融机构，除了具备一般金融机构所有的共有特征之外，也有其独有的特征。综合《关于调整放宽农村地区银行业金融机构准入政策，更好支持社会主义新农村建设的若干意见》《村镇银行管理暂行规定》《关于小额贷款公司试点的指导意见》和《农村资金互助社管理暂行规定》等文件中的表述，农村小型金融组织具有以下共同特征：

1. 农村小型金融组织具有明晰的产权结构和独立的法人资格

从村镇银行、小额贷款公司和农村资金互助社三种类型的小型金融组织发起方式可以体现出其清晰的产权结构。村镇银行是股份制银行，有清晰、多元的产权结构。村镇银行采取由境内银行业金融机构发起，各类资本可以入股的方式设立，具有股份有限公司性质。《村镇银行管理暂行规定》赋予村镇银行独立的企业法人资格，享有由股东投资形成的全部法人财产权，依法享有民事权利，并以全部法人财产独立享有民事责任。股东依法享有资产收益，拥有参与重大决策和选择管理者等权利，并以出资额或认购股份为限对村镇银行的债务承担责任。小额贷款公司是由自然人、企业法人与其他社会组织投资设立，小额贷款公司的股东需符合法定人数规定。有限责任公司应由 50 个以下股东出资设立，股份有限公司应有 2—200 名发起人，其中须有半数以上的发起人在中国境内有住所。依据《关于小额贷款公司试点的指导意见》的规定，小额贷款公司具有独立的法人资格，享有由投资形成的全部法人财产权，依法享有民事权利，并以全部法人财产独立承担民事责任。小额贷款公司股东依法享有资产收益，拥有参与重大决策和选择管理者等权利，以其认缴的出资额或认购的股份为限对公司承担责任。农村资金互助社由农民发起，农民和农村小企业自愿入股组成。《农村资金互助社管理暂行规定》明确指出，农村资金互助社实行社员民主管理，是独立的企业法人，对由社员股金、积累及合法取得的其他资产所形成的法人财产，享有占有、使用、收益和处分的权力，并以上述财产对债务承担责任。

2. 农村小型金融组织具有完备和灵活的治理结构

清晰的产权结构和独立的法人资格奠定了农村小型金融组织完备而灵活的治理结构。《村镇银行管理暂行规定》要求村镇银行可只设立董事会，行使决策和监督职能；也可不设董事会，由执行董事行使董事会相关职责。不设董事会的，应由利益相关者组成的监督部门或利益相关者派驻的专职人员实行监督检查职责。小额贷款公司应按照《公司法》要求建立健全公司治理结构，明确股东、董事、监事和经理之间的权责关系，制定稳健有效的议事规则、决策程序和内审制度，提高公司治理的有效性。《农村资金互助社管理暂行规定》要求建立社员代表大会，行使决策和监督职能。农村资金互助社原则上不设理事会，设立理事会的，理事不少于 3 人，设理事长 1 人，理事长为法定代表人。同时设立由社员、捐赠人以及向其提供融资的金融机构等利益相关者组成的监事会，对农村资金互助社的经营活动进行监督。针对机构规模小、业务简单的特点，在贷款审核、发放方面具有的优势，农村小型金融组织实行简洁和灵活的公司治理方式，并按照因地制宜、科学运行、治理有效的原则，建立和设置公司组织架构。正是因为扁平化的结构，决策层级少、管理环节少，相对的市场反应比较迅速，能够根据当前农业和农村经济的发展，开展业务活动。

3. 农村小型金融组织具有明确的经营目标

村镇银行秉承着亲农、扶农、帮农、惠农、建"农民银行"宗旨，坚持"立足地方、服务村镇"的市场地位。《村镇银行管理暂行规定》明确指出，村镇银行发放贷款应首先充分满足县域内农户、农业和农村经济发展的需要。村镇银行应致力于服务"三农"，为提高农民收入，发展农村经济提供可靠的信贷服务。《关于小额贷款公司试点的指导意见》指出设立小额贷款公司的目标是全面落实科学发展观，有效配置金融资源，引导资金流向农村和欠发达地区，改善农村地区金融服务，促进农业、农民和农村经济发展，支持社会主义新农村建设。可见，《关于小额贷款公司试点的指导意见》明确指出设立小额贷款公司的目标是服务"三农"。《农村资金互助社管理暂行规定》就指出，农村资金互助社为乡村自愿加入资金互助社的农民和农村小企业提供存款和贷款及结算等农村金融服务。因此，农村小型金融组织是以立足本地为特点，以服务农业、农民、农村经济和农村小微企业作为它的经营目标，这也是国家政策赋予农村小型金融组织的社会目标。

4. 农村小型金融组织具有小微化的市场定位

农村小型金融组织作为传统政策性、商业性、合作性金融机构的必要补充，在整个农村金融体系中发挥着"毛细血管"的作用。为了贴近农户和农村小微型企业为主的服务对象，扩大信贷服务的覆盖面，防止贷款过度集中，并符合一定的监管要求，农村小型金融组织发放贷款应坚持小额、分散的原则，鼓励其面向农户和小微型企业贷款。这既是农村小型金融组织发展的意义所在，也是自身实现健康发展的需要。村镇银行对同一借款人的贷款余额不得超过资本净额的5%；对单一集团企业客户的授信余额不得超过资本净额的10%。小额贷款公司对同一借款人的贷款余额不得超过小额贷款公司资本净额的5%。在此标准内，可以参考小额贷款公司所在地经济状况和人均GDP水平，制定最高贷款额度限制。农村资金互助社对单一社员的贷款总额不得超过资本净额的15%；对单一农村小企业社员及其关联企业社员、单一农民社员及其在同一户口簿上的其他社员贷款总额不得超过资本净额的20%；对前十大户贷款总额不得超过资本净额的50%。农村资金互助社发放大额贷款应事先征求理事会、监事会意见。

三类农村小型金融组织除了具有上述共同特征之外，也有各自独有的特征。

（1）三类农村小型金融组织的机构属性不同。

村镇银行和农村资金互助社都是可以吸收存款的银行业金融机构，但村镇银行可以吸收公众存款，农村资金互助社只能吸收社员存款，却不能向非社员吸收存款，这就决定了村镇银行和农村资金互助社由银行业监督管理机构按照审慎监管要求对其监管。而小额贷款公司是股东自有资本组建的有限责任公司或股份有限公司，它是由中国人民银行批准、在工商部门登记的企业法人，也就是说，小额贷款公司的性质为一般工商企业。但因小额贷款公司经营的是货币零售业务，提供小额信贷服务，不吸收公众存款，不提供转账、结算等功能，故它又是非银行金融机构。小额贷款公司主要由当地政府组成的管理办公室履行对小额贷款公司的市场监管职责，一般都采取非审慎性监管原则对其监管。

（2）三类农村小型金融组织的经营模式不同。

村镇银行是按照现代企业制度建立的股份制性质的银行类金融机构，以安全性、流动性、效益性为经济原则，自主经营，自担风险，自负盈亏，自我约束。因此，村镇银行按照一般商业金融模式进行运营，以追求利润最大化为目标。农村资金互助社虽也是银行类金融机构，但它是社员自愿加入，为社员提供互助共济的金融服务，实行民主管理的合作金融机构。因此，农村资金互助社按照合作金融模式进行运营，以谋求社员共同利益为目标。小额贷款公司是一般工商企业性质的金融机构，以自主经营、自担风险、自负盈亏、自我约束为主要经营原则。因此，小额贷款公司按照一般商业模式进行运营，以追求利润最大化为目标。

二　农村小型金融组织的功能

发展农村小型金融组织的主要意义在于进一步活跃农村金融市场，解决农业增产、农民增收和农村稳定的问题，要实现上述目标每一个农村小型金融组织都应发挥其相应的功能。农村小型金融组织功能反映的是农村小型金融组织为实现一定的目标所发挥的有利作用，具体体现在服务对象、业务范围、服务方式等方面。每一个农村小型金融组织功能定位也就限定了其在一定时期提供什么产品或服务，为哪些人提供这类产品或服务，在什么地方提供这类产品或服务以及以什么方式提供这类产品或服务等。

（一）目标定位

农村小型金融组织的主要目标定位在农村地区，其机构设立的区域边界规定为：村镇银行具备有贷款服务功能的营业网点只能设在县（市）或县（市）以下的乡（镇）和行政村，村镇银行业务范围限定在所在县域之内，不得发放异地贷款。农村资金互助社应在农村地区的乡（镇）和行政村以发起方式设立，提供的存款、贷款、结算等业务只限定在本社的社员。小额贷款公司一般设在县（市）行政区域，在有效控制风险的前提下，业务拓展可以突破所在地域范围限制。

（二）服务对象

从设立农村小型金融组织的初衷以及相关政策的规定来看，农村小型金融组织主要以农户和农村小微企业为服务对象。村镇银行服务对象是社区内的农户和农村中小企业，农村资金互助社的服务对象是本社社员，而小额贷款公司在坚持为农民、农业和农村经济发展服务的原则下自主选择贷款对象。

（三）业务范围

农村金融组织的功能是通过金融业务的开展实现的，某种金融业务往往是几种金融功能的组合体，比如贷款业务是一个十分传统的业务领域，但却是多功能的组合体，至少包含转移经济资源和管理风险两大功能。三类农村小型金融组织适应农村金融市场的需要主要开展小额贷款业务，而且在一定限额以下的小额贷款无须实物抵押，贷款期限相对来说灵活，利率在国家规定的范围内可自行商议与决定。但由于机构属性不同，三类农村小型金融组织的业务范围还是有较大的不同。村镇银行是具有完善功能的商业银行，既可以从事诸如吸收公众存款、发放贷款、办理国内结算业务等传统的"存贷汇"业务，又可以办理票据承兑与贴现，从事银行卡业务以及代理发行、代理兑付、承销政府债券等更为广泛的金融产品服务，弥补了农村金融市场服务种类不足的缺陷。农村资金互助社也是银行类金融机构，但因其是合作性质可以发挥农民资金互助优势，向本社社员提供更为灵活的产品和服务诸如存款、贷款、结算等业务，富余资金可存放其他银行业金融机构，也可购买国债和金融债券，并按有关规定开办各类代理业务。农村资金互助社不得向非社员吸收存款、发放贷款及办理其他金融业务，不得以该社资产为其他单位或个人提供担保。小额贷款公司是不吸收公众存款，经营小额贷款业务的有限责任公司或股份有限公司，专门面向农户和小微型企业提供适合的信贷服务以满足不同类型客户的需求。

（四）服务方式

由于规模、成本和技术的限制以及发展历史不长，农村小型金融组织的服务方式一般都以传统的、单一的有形网点、人工操作和柜面服务为主。村镇银行是具有完善功能的商业银行，其发起行一般是发展良好的商业银行，因而提供金融产品的服务方式较为广泛。一些村镇银行在发起行的技术和管理经验支持采用了电子化为载体的无形网点服务和自助服务，但更多村镇银行还是通过有形网点的拓展来发展业务。一是乡镇布局网点，通过网点将金融组织的触角深入居民社区，这不仅可以办理业务，也可以搜集信息和业务宣传。二是入村驻点，选派本地工作人员进村入户最大限度地搜集非正规信息。对非正规信息的掌握往往是决定小额信贷服务成效的关键，而入村驻点是解决信息"瓶颈"的一种有效方式。三是搭建服务平台，重点针对专业市场和社区开展综合服务。小额贷款公司的贷款对象基本是商业银行筛选过后的客户，大部分不具备有合格的抵押担保物。小额贷款公司主要是通过人际关系网络获取贷款对象"软信息"，利用自身及股东在当地形成的"熟人社会"关系网，对借款人的信用状况进行考察评价，由此形成了以"熟人连带"为主的服务方式。农村资金互助社凭借款社员和担保社员的个人信用，无须抵押担保便可提供互助贷款，并制定差别利率和奖罚制度，鼓励社员尽可能地缩短贷款周期，社员借款和还款在村内完成，简便、快捷，形成特定区域、特定群体、封闭运作的运行模式。

中国农村设立村镇银行、小额贷款公司和农村资金互助社等小型金融组织是改善中国农村金融供需矛盾突出的重要举措，也是深化中国农村金融改革的一项创新之举，农村小型金融组织的这一功能定位符合中国农村金融改革的整体要求，也是中国农村小型金融组织发展的目标追求。

三　农村小型金融组织的发展现状

2005 年中国人民银行推动在欠发达的中西部地区 5 省开展了 7 个只贷不存的民营小额贷款公司试点。2006 年年末，中国银监会发布了《关于调整放宽农村地区银行业金融机构准入政策　更好支持社会主义新农村建设的若干意见》，鼓励在农村地区新设"村镇银行""贷款公司""农村资金互助社"三类新型金融机构。2008 年，中国人民银行和银监会出台《关于村镇银行、贷款公司、农村资金互助社、小额贷款公司有关政策的通知》，从顶层设计上鼓励发展以小额贷款公司、村镇银行、贷款公司和资金互助社为代表的四类商业性新型农村金融组织。

自 2006 年以来，在国家政策的指导以及有关部门和地方政府的大力支持下，村镇银行和农村资金互助社等农村小型金融组织得以快速发展。第一，机构数量快速增加。由表 4-1 可以看到，农村小型金融组织在全国范围推广之后，法人机构数量增幅明显。2007 年年末，农村小型金融组织的机构总数只有 34 家，其中村镇银行 19 家、小额贷款公司 7 家、农村资金互助社 8 家。到了 2015 年年末，已有包括村镇银行、小额贷款公司和农村资金互助社在内的 10335 家农村小型金融组织开业，其中村镇银行 1377 家、小额贷款公司 8910 家、农村资金互助社 48 家。[①] 2007—2015

---

①　本文所涉及的农村资金互助社是按照中国银监会新规则组建并获得金融许可证的正式金融组织。

年，农村小型金融组织机构数量年均增速为104.3%。

表4-1　　　　　　　　　农村小型金融组织发展数量情况　　　　单位：家

年份	村镇银行	小额贷款公司	农村资金互助社	合计
2007	19	7	8	34
2008	91	<500	10	<601
2009	148	1334	16	1498
2010	349	2614	37	3000
2011	635	4282	46	4963
2012	876	6080	48	7004
2013	1071	7839	49	8959
2014	1254	8791	49	10094
2015	1377	8910	48	10335
年均增速（%）	70.8	144.4	25.1	104.3

资料来源：《中国银监会年报（2007—2015）》《中国金融年鉴》（2010—2015年）。

2008年由于政策的鼓励，农村小型金融组织的机构数量出现了爆发式的增长，机构数量扩张了17倍之多，2009—2010年，农村小型金融组织的数量增长速度都超过了100%，这种机构数量的快速增长一直持续到2011年（见图4-2）。此后几年，农村小型金融组织的发展速度逐渐开始下降，到2015年发展速度降至2%（见图4-3），农村小型金融组织开始了缓慢的增长。对比三类农村小型金融组织的发展情况，小额贷款公司的机构数量及增长速度最为明显。此外，村镇银行在2007—2015年中也有较快的发展，年均增速为70.8%，2015年年末的机构数量也明显高于农村资金互助社。相比之下，农村资金互助社的发展则十分缓慢，无论从机构数量或增长速度来看，均处在一个较低的水准。第二，地区分布不均匀，更强调对中西部地区的支持。与传统银行业金融机构的地区分布相比，明显强化了非东部地区的发展。根据《2015年中国区域金融运行报告》，2015年年末银行业金融法人机构占比东部34.8%，中部为24.9%，西部为31.1%，东北为9.2%。截至2015年年底，全国共组建村镇银行1377家，比年初增加了144家，其中62.3%设在中西部地区。西部地区农村资金互助社和小额贷款公司较中东部地区更多，占比分别达到31.3%和35.1%（见表4-2），这在很大程度上与政策倾斜有关。东部地区村镇银行占全国比重最高，达到34.1%，这与村镇银行设立条件限制有关。村镇银行的主发起人或出资人中应至少有1家银行业金融机构，东部地区银行业金融机构较其他地区发达，已成立的村镇银行中七成主发起人为城市商业银行和农村商业银行。

（家）

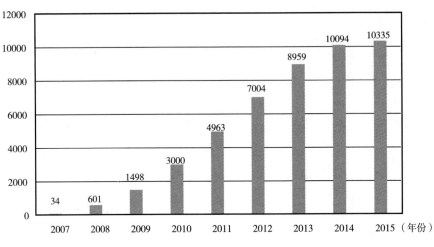

图 4-2　农村小型金融组织数量

资料来源：《中国银监会年报（2007—2015）》《中国金融年鉴》（2010—2015 年）。

（%）

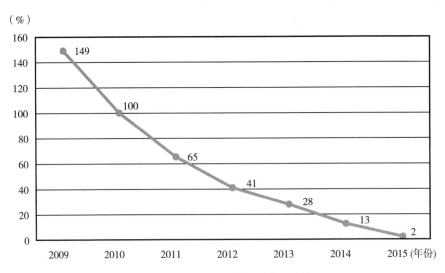

图 4-3　农村小型金融组织发展速度

资料来源：《中国银监会年报（2007—2015）》《中国金融年鉴》（2010—2015 年）。

表4-2   **2015年年末农村小型金融组织地区分布**   单位:%

	东部	中部	西部	东北	全国
村镇银行	34.1	29.2	26.4	10.3	100.0
农村资金互助社	27.1	20.8	31.3	20.8	100.0
小额贷款公司	28.1	20.5	35.1	16.3	100.0

资料来源:《2015年中国区域金融运行报告》。

第三,资产规模迅速增长。由表4-3可以看到,新型农村金融组织(村镇银行、贷款公司和农村资金互助社)资产规模由2007年的7.6亿元逐年增长,截至2015年已达到10060.4亿元,与2007年相比共增长了1323多倍。从负债规模来看,负债规模也由2007年的4.6亿元逐年增长,截至2015年已达到8739.7亿元,与2007年相比共增长了1900倍。从所有者权益规模来看,所有者权益规模从2007年的3.0亿元增长到2015年的1321.7亿元,总共增长了440倍。事实上,在新型农村金融组织中村镇银行的资产规模占据绝对比例。2007年村镇银行资产总额金额为7.3亿元,占新型农村金融组织的比重为96.1%,到了2014年村镇银行资产总额达到7973.0亿元,占新型农村金融组织的比重为99.7%,2015年村镇银行资产总额为10015.0亿元,占新型农村金融组织的比重为99.5%(见表4-4)。由此可见,中国三类新型农村金融组织的发展基本上是村镇银行的发展,而贷款公司和农村资金互助社具有明显的边缘化特点。

表4-3   **新型农村金融组织的财务表项目**①   单位:亿元

年份	资产	负债	所有者权益	税后利润
2007	7.6	4.6	3.0	未盈利
2008	104.0	72.0	33.0	未盈利
2009	378.0	307.0	71.0	1.17
2010	1115.0	934.0	181.0	7.0
1011	2474.0	2072.0	402.0	26.8

---

① 中国银监会统计的新型农村金融组织包括村镇银行、贷款公司和农村资金互助社,由于没有三类新型农村金融组织各自资金情况数据,故表4-3数据只是反映了村镇银行和农村资金互助社的部分资金情况。

续表

年份	资产	负债	所有者权益	税后利润
2012	4358.0	3705.0	653.0	57.8
2013	6365.5	5478.0	886.5	93.6
2014	7997.7	6867.8	1130.0	130.6
2015	10060.4	8739.7	1321.7	139.6

资料来源：《中国银监会年报（2007—2015）》，银监会网站：www.cbrc.gov.cn。

表 4-4　　　　　　　　　　村镇银行的资产情况

年份	村镇银行资产 （亿元）	占新型农村金融 组织的比例（%）
2007	7.3	96.1
2008	101.7	97.8
2009	371.8	98.4
2010	1104.7	99.1
1011	2458.4	99.4
2012	4347.0	99.7
2013	6288.0	98.8
2014	7973.0	99.7
2015	10015.0	99.5

资料来源：《中国银监会年报（2007—2015）》，银监会网站：www.cbrc.gov.cn。

第四，财务绩效不断改善。表 4-3 的数据也显示，新型农村金融组织（村镇银行、贷款公司和农村资金互助社）在 2007 年和 2008 年并没有实现盈利。2009 年起三类金融组织逐渐实现盈利，其税后利润从 2009 年的 1.17 亿元逐年增加，2015 年已达到 139.6 亿元，与 2009 年相比总共增长了 119 倍。

第五，存贷款规模不断增长，支农支小特色显著。包括村镇银行和农村资金互助社在内的新型农村金融组织在数量扩张的同时，其资金来源和使用规模也进一步增大（见表 4-5）。吸收的各类存款余额从 2007 年4.32 亿元增长到 2014 年的 5826 亿元，增长了 1348 倍。各项贷款余额从2007 年的 2.26 亿元增长到 2014 年的 4896 亿元，增长了 2166 倍，每年各项贷款余额中农户贷款和小微企业贷款合计占比均在80%以上。

表 4-5　　　　　　　　　　新型农村金融组织存贷款情况①

年份	存款余额 （亿元）	贷款余额 （亿元）	农户和小企业 贷款占比（%）
2007	4.32	2.26	—
2008	64.6	34.2	96.0
2009	269.0	181.0	86.8
2010	752.7	600.9	86.7
2011	1707.0	1316.0	80.0
2012	3066.0	2347.0	84.0
2013	—	3660.0	90.0
2014	5826.0	4896.0	92.91

资料来源：《中国银监会年报（2007—2014）》。

　　而在村镇银行、贷款公司和农村资金互助社三类新型农村金融组织中，村镇银行存贷款规模的占比达到了99%以上，村镇银行的资金来源和使用规模都在新型农村金融组织中占据着绝对的份额。可以说，三类新型农村金融组织中基本上是村镇银行发挥着金融组织的应有作用。2014年年末村镇银行存款余额为5808亿元，存款余额增加1176亿元，贷款余额为4862亿元，较上年同期增长1234亿元。2015年年末村镇银行存款余额为7480亿元，贷款余额为5880亿元（见表4-6）。截至2016年年末，全国已组建村镇银行1519家，中西部共组建村镇银行980家，占村镇银行总数的64.5%。资产规模已突破万亿元，达到12377亿元；各项贷款余额7021亿元，农户及小微企业贷款合计6526亿元，占各项贷款余额的93%，500万元以下贷款占比80%，户均贷款41万元，支农支小特色显著。

表 4-6　　　　　　　　　　村镇银行的存贷款情况

年份	存款余额 （亿元）	占新型农村金融 组织的比例（%）	贷款余额 （亿元）	占新型农村金融 组织的比例（%）
2012	3055	99.6	2330	99.3
2013	4632	—	3628	99.1
2014	5808	99.7	4862	99.3
2015	7480	—	5880	

资料来源：中国银行业协会。

---

① 中国银监会统计的新型农村金融组织包括村镇银行、贷款公司和农村资金互助社。

　　为了落实中央政府多次要求发展贴近农民和农村需要、由自然人或企业发起的小型金融组织的精神并构建向农村地区适度倾斜的金融监管框架，引导广泛存在的民间金融逐步走上规范发展道路，从 2005 年开始，中国人民银行和中国银监会等部门在中西部五省（自治区），即山西、四川、贵州、陕西和内蒙古各选择一个县（区），正式启动"小额贷款公司"试点工作。由试点的地方政府（或当地人民银行分支机构）牵头，通过招标方式选择投资者，共设立晋源泰、日升隆等 7 家小额贷款公司（见表4-7）。这 7 家小额贷款公司由 1—4 个自然人或私人企业发起设立，注册资本在 1600 万—5000 万元，中国扶贫基金会参与了融丰小额贷款公司的申请设立。此外，试点设立的小额贷款公司得到了亚洲开发银行、德国技术合作公司等国际机构的技术和资金援助。

表 4-7　　　　　2005—2006 年第一批试点小额贷款公司的设立情况

省份	公司名称	发起人数	注册资本（万元）	开业时间
山西	晋源泰小额贷款公司	4	1600	2005 年 12 月 27 日
	日升隆小额贷款公司	3	1700	2005 年 12 月 27 日
四川	全力小额贷款公司	3	2000	2006 年 4 月 10 日
贵州	江口华地小额贷款公司	2	3000	2006 年 8 月 15 日
	信昌小额贷款公司	4	2200	2006 年 9 月 18 日
陕西	大洋小额贷款公司	1	2100	2006 年 9 月 18 日
内蒙古	融丰小额贷款公司	3	5000	2006 年 10 月 10 日

　　资料来源：《中国金融年鉴（2009）》。

　　自 2005 年试点以来，五省（区）的 7 家小额贷款公司整体运行良好，资本净额逐渐扩大，贷款发放余额也不断增加。到 2008 年年末，7 家试点小额贷款公司贷款余额达到 2.57 亿元，比 2006 年末增加 1.69 亿元，比 2007 年末增加 0.60 亿元，三年累计发放贷款 9.13 亿元。在贷款余额不断增长的同时，7 家小额贷款公司从总体上保持了良好的贷款质量，不良贷款率一直保持在 1.00% 以下，而且呈现逐渐下降趋势。2008 年年末，7 家小额贷款公司有 5 家实现盈利，经营利润总额为 3874.95 万元，与年度平均资本净值相比为 17.91%，比 2007 年提高了 7.56 个百分点。

　　试点地区 7 家小额贷款公司良好的运营成就极大地鼓舞了其他地区发展小额贷款公司的积极性，一些地方自发在本地开展了类似的小额贷款公司试点，这也促使中央有关部门尽快出台相关小额贷款公司试点的正式文件。2008 年 5 月，在总结第一批小额贷款公司试点经验的基础上，为了进一步规范小额贷款公司的发展，中国银监会和中国人民银行联合发布《关于小额贷款公司试点的指导意见》（银监发〔2008〕23 号），将 2005年五省（区）小额贷款公司试点扩大到全国，同时对小额贷款公司的性质、设立、资金来源、资金运用、监督管理、终止等政策框架作了进一步的明确规定（见表 4-8）。同时指导意见明确指出，小额贷款公司依法合规经营，没有不良信用记录的，可在股东自愿的基础上，按照《村镇银行组建审批指引》和《村镇银行管理暂行规定》规范改造成村镇银行。这一方面为小额贷款公司开辟了上升的通道，激励其规范健康地发展；另一方面也为民间资本进入正规金融领域，获取银行牌照创造了条件。

表 4-8　　　中国银监会和中国人民银行关于小额贷款的政策框架

项目	内容
性质	小额贷款公司是由自然人、企业法人与其他社会组织投资设立，不吸收公众存款，经营小额贷款业务的有限责任公司或股份有限责任公司
发起人	有限责任公司应有 50 人以下股东出资设立；股份有限责任公司应有 2—200 名发起人，其中须有半数以上的发起人在中国境内有住所
设立	小额贷款公司的组织形式为有限责任公司或股份有限责任公司，其中有限责任公司的注册资本不得低于 500 万元，股份有限责任公司的注册资本不得低于 1000 万元。单一自然人、企业法人、其他社会组织及其关联方持有股份，不得超过小额贷款公司注册资本总额的 10%
资金来源	主要资金来源为股东缴纳的资本金、捐赠资金以及来自不超过两个银行业金融机构的融入资金。小额贷款公司从银行业金融机构获得融入资金的余额不得超过资本净额的 50%，融入资金的利率、期限根据"上海银行间同业拆放利率"自主协商确定
资金运用	坚持"小额、分散"的原则，面向农户和微型企业提供信贷服务；同一借款人的贷款余额不得超过小额贷款公司资本净额的 5%
利率水平	贷款利率上限放开，但不得超过司法部门规定的上限，下限为中国人民银行公布的贷款基准利率的 0.9 倍
监督管理	凡是省级政府能明确一个主管部门（金融办或相关机构）负责对小额贷款的监督管理，并愿意承担小额贷款公司风险处置责任的，方可在本省（区、市）的县域范围内开展组建小额贷款公司试点。申请设立小额贷款公司，经省级主管部门批准后，到当地工商部门申请办理注册手续，并向当地公安机关、银监部门、中国人民银行报送相关资料，接受监督
风险管理	建立审慎规范的资产分类制度和拨备制度，准确进行资产分类，充分计提呆账准备金，确保资产损失准备充足率始终保持在 100% 以上，全面覆盖风险
适用法律	《公司法》《合同法》

资料来源：根据《关于小额贷款试点的指导意见》整理。

在指导意见的政策支持下，由地方人民政府主导，小额贷款公司试点工作在全国各省（自治区、直辖市）陆续展开。与此同时，省（自治区、直辖市）针对小额贷款公司发展中存在的问题，也陆续出台了一系列扶持政策，促使小额贷款公司得到迅速发展，其发展特点主要体现在以下几个方面。

第一，机构数量快速增长。截至 2015 年年末，全国共有小额贷款公司 8910 家，为村镇银行、资金互助社两者数量之和的 7 倍。纵向比较看，截至 2015 年年末，小额贷款公司机构数量从 2009 年的 1334 家增长到 8910 家，5 年时间里增长了 7 倍，机构数量增长速度惊人。

第二，从业人员大幅度增加。伴随着机构数量的增加，小额贷款公司从业人员也出现了大幅度的增加。2015 年年末小额贷款公司从业人员数量达 117344 人，与 2009 年相比增长了 8 倍，可以说，小额贷款公司行业已经成为了中国劳动力就业的一个新渠道。

第三，资金规模成倍增长。小额贷款公司资金来源主要以自有资金（包括实收资本、本年利润和各项准备）为主，其中实收资本从 2009 年年末的 817.2 亿元逐年增加到 2015 年的 8459.29 亿元，5 年间吸收的民间资本规模扩张了 11 倍，实收资本实现了大幅度增长，小额贷款公司已经成为中国民间资本"阳光化"重要的通道。

第四，贷款规模大幅增长。资金实力增长的同时，小额贷款公司的资金投放也在大幅增长。截至 2015 年年末，全国 8910 家小额贷款公司的贷款余额达到 9411.51 亿元，与 2009 年相比增长了 13 倍（见表 4-9），横向相比，小额贷款公司的贷款规模是同期村镇银行贷款规模的 1.6 倍。

表 4-9　　　　　　　　2009—2015 年小额贷款公司发展情况

年份	机构数量（家）	从业人员（人）	实收资本（亿元）	贷款余额（亿元）
2009	1334	14574	817.20	766.41
2010	2614	27884	1780.93	1975.05
2011	4282	47088	3318.70	3914.70
2012	6080	70343	5146.97	5921.38
2013	7839	95136	7133.39	8191.27
2014	8791	109948	8283.06	9420.38
2015	8910	117344	8459.29	9411.51

资料来源：《中国金融年鉴》（2010—2015 年）。

随着贷款规模的快速增长，小额贷款公司贷款增速呈现逐步减缓的态势，但仍明显高于其他金融机构。小额贷款公司贷款结构也表现出自有的特点，从贷款期限看，以短期贷款为主，占比为 98%；从贷款用途来看，以经营性贷款为主，经营性和消费贷款占比分别为96%和4%；从贷款对象来看，以个人贷款为主，其中个人贷款和单位贷款占比分别为62%和37.9%；从信用形式来看，保证贷款、抵质押贷款和信用贷款占比分别为54.%、23.7%和21%。

第五，地区发展不平衡。小额贷款公司在中国发展极为迅速，无论是机构数量、从业人员、实收资本还是贷款余额等都获得了成倍的增长，小额贷款公司从整体规模上来说发展速度是飞跃的，但小额贷款公司发展在中国的地区之间并不平衡。从机构数量的地区分布来看，小额贷款公司主要集中在江苏省（636家）、辽宁省（597家）、河北省（480家）、安徽省（458家）、吉林省（442家）、内蒙古自治区（428家）、广东省（427家）、云南省（390家）、四川省（352家）、甘肃省（350家），合计占全国总数的51.2%（见图4-4）。从贷款余额的地方分布来看，小额贷款公司贷款主要投向沿海发达地区和部分资源型地区，江苏省为11.3%、重庆市为9.0%、浙江省为8.4%、四川省为7.0%、广东省为6.8%、山东省5.1%、安徽省为4.5%、广西壮族自治区为4.4%、湖北省3.7%、辽宁省为3.6%，这十个地区的小额贷款公司贷款余额占全部小额贷款公司贷款余额的比重合计为63.8%（见图4-5）。

（家）

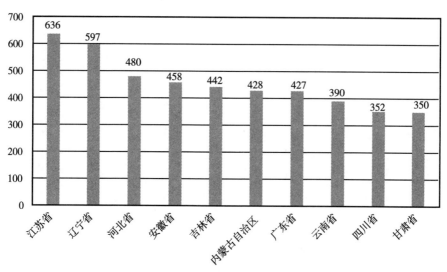

图4-4　全国小额贷款公司数量前十名的地区分布情况

资料来源：《小额贷款公司分地区情况统计表（2015）》，中国人民银行。

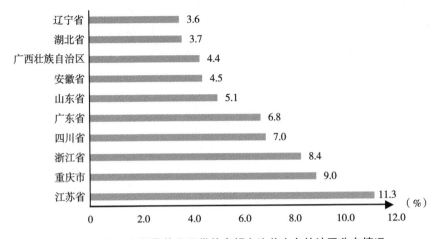

图 4-5　全国小额贷款公司贷款余额占比前十名的地区分布情况

资料来源：《小额贷款公司分地区情况统计表（2015）》，中国人民银行。

　　第六，盈利状况均衡不一。农村地区旺盛的资金需求为小额贷款公司提供了绝佳的发展环境。从已开业小额贷款公司的运行状况看，大多数小额贷款公司业务发展较快，资产规模不断扩大，取得了较好的经营收益。然而，随着金融市场竞争的加剧和经济环境的变化，小额贷款公司账面利润开始缓慢增长甚至近期出现了下降。尽管总体盈利状况不错，却隐藏着经营情况不均衡的问题。2015 年全年，小额贷款公司实现利润 210 亿元，同比少增 222 亿元。有 70% 的小额贷款公司盈利，近 30% 的小额贷款公司亏损。亏损面较高的小额贷款公司主要集中在贵州、内蒙古、山西、黑龙江、安徽、四川和云南等中西部地区。

　　从 2005 年第一批小额贷款公司试点和 2007 年 3 月全国第一家新型农村金融组织设立以来，在短短不到五年时间里，农村小型金融组织从无到有、从少到多，如雨后春笋般蓬勃发展起来，农村小型金融组织已发展成为服务农户和支持小微企业的金融生力军。一是农村小型金融组织发展数量的急速扩张使得农村地区金融机构覆盖率逐步提高，丰富了农村金融服务主体，极大地缓解了农村金融服务需求的短缺问题，激发了农村金融市场的竞争活力，直接或间接地促进了原有农村金融机构主动去改善服务和创新业务，真正从根本上完成服务"三农"的重任。二是农村小型金融组织的资本实力、资金来源和资金运用以及从业人员都获得了成倍的增长，使其金融服务能力显著增强，在"立足县域、支农支小"的服务理念引导下，农村小型金融组织的资金投向了小微企业和"三农"，初步实现了把城市资金引入农村、把农村资金留在农村和激活农村金融市场的目的。三是农村小型金融组织成为民间投资的重要渠道。在股权多元化和股东本土化原则的要求下，政府主管部门积极鼓励各类资本参与投资村镇银行、资金互助社和小额贷款公司，引导调整民间资本持股比例。截至 2013 年年末，已有 4000 余家企业股东和 8000 余名自然人股东投资村镇银行，在 2014 年新增的 162 家村镇银行中，民间资本持股村镇银行比例达 72.6%。四是初步形成了以小额贷款公司、村镇银行为主体，农村资金互助社为补充的多种农村小型金融组织并存的局面。究其发展特点来说，小额贷款公司和村镇银行发展快速，无论是在机构数量，还是在业务规模上增长速度较快，在农村小型金融组织中占据绝对地位，在此次农村金融增量改革中发挥着主导作用。相比之下，农村资金互助社的发展则较为滞后，机构数量不足，业务总量较小，故在此次农村金融增量改革中的作用也比较有限。从总体上来说，农村小型金融组织发展状况良好，已成为扎根县域、支农支小的新生力量，在激活农村金融市场、健全农村金融体系、发展普惠金融和支持农村社会经济发展等方面发挥着重要作用。

第二节　农村小型金融组织的信贷偏离

一　农村小型金融组织的政策定位

发展农村小型金融组织的主要意义在于进一步活跃农村金融市场，解决农业增产、农民增收和农村稳定的问题。为了更好地契合这一目标的实现，监管部门要求农村小型金融组织贷款要遵循"小额、分散"的原则，并积极面向农户和小微型企业提供信贷服务，着力扩大客户数量和服务覆盖面。尽管，几乎所有的农村小型金融组织都表示践行普惠金融政策，"支农、支小"为其宗旨和目标，但其贷款的发放却并非如此。当前农村小型金融组织存在着不同程度的信贷偏离问题，产生这一问题的根本原因在于政策目标定位与商业性经营目标不一致。所谓政策目标可以概括为引导资金流向农村和欠发达地区，改善农村地区金融服务，促进农业、农民和农村经济发展，支持社会主义新农村建设。在相关文件中，具体反映在机构性质和贷款要求两大方面（见表4-10）。

表4-10　　　　　　　　农村小型金融组织政策定位的具体要求

	机构性质	放贷要求
村镇银行	1. 由境内外金融机构、境内非金融机构企业法人、境内自然人出资，在农村地区设立的主要为当地农民、农业和农村经济发展提供金融服务的银行业金融机构 2. 村镇银行是独立的企业法人	1. 在缴足存款准备金后，其可用资金应全部用于当地农村经济建设。村镇银行发放贷款应首先充分满足县域内农户、农业和农村经济发展的需要。确已满足当地农村资金需求的，其富余资金可投放当地其他产业、购买涉农债券或向其他金融机构融资 2. 发放贷款应坚持小额、分散的原则，提高贷款覆盖面，防止贷款过度集中。村镇银行对同一借款人的贷款余额不得超过资本净额的5%；对单一集团企业客户的授信余额不得超过资本净额的10%
农村资金互助社	1. 由乡（镇）、行政村农民和农村小企业自愿入股组成，为社员提供存款、贷款、结算等业务的社区互助性银行业金融机构 2. 农村资金互助社是独立的企业法人	1. 农村资金互助社的资金应主要用于发放社员贷款，满足社员贷款需求后确有富余的可存放其他银行业金融机构，也可购买国债和金融债券 2. 对单一社员的贷款总额不得超过资本净额的15%；对单一农村小企业社员及其关联企业社员、单一农民社员及其在同一户口簿上的其他社员贷款总额不得超过资本净额的20%；对前十大户贷款总额不得超过资本净额的50%
小额贷款公司	1. 小额贷款公司是由自然人、企业法人与其他社会组织投资设立，不吸收公众存款，经营小额贷款业务的有限责任公司或股份有限公司 2. 小额贷款公司是企业法人，有独立的法人财产，享有法人财产权，以全部财产对其债务承担民事责任	1. 小额贷款公司在坚持为农民、农业和农村经济发展服务的原则下自主选择贷款对象。小额贷款公司发放贷款，应坚持"小额、分散"的原则，鼓励小额贷款公司面向农户和微型企业提供信贷服务，着力扩大客户数量和服务覆盖面 2. 同一借款人的贷款余额不得超过小额贷款公司资本净额的5%。在此标准内，可以参考小额贷款公司所在地经济状况和人均GDP水平，制定最高贷款额度限制

资料来源：《村镇银行管理暂行规定》（2007）、《农村资金互助社管理暂行规定》（2007）、《关于小额贷款公司试点的指导意见》（2008）。

从上述相关文件对农村小型金融组织的政策定位可以看出，村镇银行、农村资金互助社和小额贷款公司都是独立的企业法人，其必将以追求利润最大化为经营目标。同时，农业具有脆弱性以及农村经济的波动性和低收益性，而且农户抵押担保资产的缺乏，降低了农村小型金融组织履行政策目标要求的积极性，使之网点设立和信贷投放往往偏离贫困的农村和农户，且更倾向于县域内的小企业和农村大户，即县域内的优质大户。从已开业村镇银行来看，只有先期开业的两家村镇银行——四川仪陇惠民村镇银行、固阳包商惠农村镇银行在开业之初，限于当时的《村镇银行管理暂行规定》，都将总部设立在乡镇一级，但后来都通过开设分行和搬迁总部的方式"回县城"，其他村镇银行大多将其总部设在各地区的行政中心所在地，这些行政中心具有较好的经济基础和金融环境，商贸较为发达。从客观来看，这并不完全符合满足农村金融需求和填补农村地区金融服务空白的政策宗旨。

二　信贷偏离政策定位的三个基本特征

依据国家对农村小型金融组织的政策定位，从农村小型金融组织发展实践来看，其信贷偏离主要体现在三个方面：第一，贷款短期化。由于农业生产经营周期较长，因此对于中长期贷款存在较大需求。根据有关资料统计，2015 年年末，四川省村镇银行短期贷款余额占比达 90%。2016 年，广东省小额贷款公司全年贷款投放以短期贷款为主，6 个月以内的贷款占贷款投放总额的 59.3%，这两大主要农村小型金融组织的短期贷款余额占比均远远高于同期农村信用社短期贷款余额。贷款短期化倾向严重，一方面反映了当前农村小型金融组织的逐利性较强；另一方面也造成了农户长期的资本性融资需要难以得到有效满足，这不利于农村经济持续性增长。第二，贷款大额化。大多数农户由于生产经营规模小往往对资金的需要较小，贷款金额过小会造成农村小型金融组织放贷单位成本偏高。因此，出于经济效率的考虑，农村小型金融组织往往更青睐大额贷款的发放。尽管监管部门对单笔贷款额度上限进行了限制，但目前仍存在着投向集中，单笔贷款金额偏高，大额贷款占比较高等问题。关于小额贷款的单笔贷款额度，按照世界银行或国际通行做法，应不高于本国或本地区人均 GDP（或 GNI）的 2.5 倍，考虑到我国各地区经济发展水平存在巨大差距的现实情况，可以放松这一标准，但应以不超过人均 GDP 的 5 倍为限。2015 年我国人均 GDP 是 49273 元，如果按照世界银行的标准，以 2.5 倍计算的话，小额贷款的单笔贷款额度不能超过 10 万元；如果以 5 倍计算的话，则不能超过 25 万元。而根据《中国村镇银行发展报告（2016）》披露的数据，在提供数据的 91 家村镇银行中有 91.58% 的客户都是农户和小微企业，平均每户贷款余额 65.47 万元。贷款金额分化较大，最高的达到 253 万元，最低的也要 7

万元左右。廖继伟（2010）[①] 对四川省 15 家村镇银行的调查发现，15 家村镇银行贷款余额的 60% 为中小企业贷款，个体农户贷款余额仅占很小部分。王修华等（2013）[②] 对重庆、四川、湖北等地 19 家村镇银行的贷款对象调查数据发现，多数村镇银行把贷款服务对象重心放在县域中小企业身上。这些村镇银行对中小企业贷款余额占总贷款余额的平均比例为 46.1%，最高比例为 87%，而对农户和涉农企业贷款占比平均为 31.8% 和 3.4%。小额贷款公司贷款额度也明显偏高，从 2015 年资本市场上市的 46 家小额贷款公司披露的数据看，这些小额贷款公司单笔贷款额度高于 100 万元的占比在 84.5%—97.6%。2009—2014 年，广东省清远市 8 家小额贷款公司贷款额度大于 50 万元的占比都在 94%—98%。上述数据表明，目前农村小型金融组织的服务对象主要是小微企业、工商个体户和农村大户等收入水平较高的客户群体，而低收入水平群体的贷款需求仍然未能得到较好的满足。这使得农村小型金融组织的服务深度不足，难以体现扶小、扶弱的作用。第三，贷款非农化。从政策的本意来讲，农村小型金融组织贷款应当坚持为农民、农业和农村经济发展服务的社会目标，贷款的投向应主要用于支持农民、农业和农村经济发展。但事实上，资金投向"脱农、弃农"等偏离社会目标的现象普遍存在。王美智（2013）[③] 对天津市辖区内 5 家村镇银行调查发现，这 5 家村镇银行涉农信贷业务占比虽然较大，达到了 77.76%。但贷款脱农化、大额化、短期化现象突出，涉农贷款中的较大部分流向了制造、批发和零售等行业，农林牧渔行业仅占贷款余额的 4.57%，涉农贷款没有充分起到支农作用。从重庆黔江辖区 6 家小额贷款公司抽样的 252 笔贷款中有 177 笔投向房地产和工程建设领域，共 27371 万元，占比 80.8%。[④] 虽然上述调查所取得样本的区域范围、样本量及测算方法均有很大的不同，但从这些数据，可以看出农村小型金融组织的信贷偏离是一个比较突出的现象。

---

① 廖继伟：《村镇银行经营行为趋势与发展方向——基于对四川省村镇银行的实证分析》，《现代经济探讨》2010 年第 12 期。

② 王修华、刘志远、杨刚：《村镇银行运行格局、发展偏差及应对策略》，《湖南大学学报》2013 年第 1 期。

③ 王美智：《村镇银行涉农业务分析及政策建议——以天津市为例》，《金融观察学报》2013 年第 5 期。

④ 汪万明：《对黔江县域小额贷款公司发展现状的调查》，《金融参考》2013 年第 1 期。

第三节　农村小型金融组织的信用制度"瓶颈"

一　农村金融生态环境欠佳

农村小额信贷既是农村小型金融组织的标志特征之一，也是其从事农村金融服务的主要业务。农村小额信贷作为一种以农村低收入群体为服务对象的小额度、持续性、制度化的信贷服务方式，由于特定的服务对象即从事农业或农村经济的个体农户、小微型企业和个体工商户以及无抵押的发放形式，农村小额信贷业务面临着比其他信贷业务更大、更复杂的信用风险。农村小型金融组织尽管肩负着服务农村低收入群体社会责任，但能否实现财务的可持续发展是履行职责的条件之一。财务的可持续发展一方面强调小额信贷资金的充足，另一方面涉及能否有效地管理贷款风险，特别是信用风险的管理。小额信贷的信用风险是指借款人未能履行合同所规定的还款义务而造成经济损失的风险，具体表现为借款人没有按期还本付息而给放贷人造成损失。对于农村小型金融组织来说，从贷出一笔款项开始至这一笔款项被最终完全收回，整个过程都面临着借款人能否及时归还借款的问题。这一问题产生的主要原因在于借贷双方的信息不对称，发放贷款的金融组织无法充分掌握借款人的还款能力和还款意愿等信息，由此出现违约的逆向选择和道德风险。而要解决农村信贷市场上交易双方信息不对称导致的违约风险，构建完善的农村信用制度以及良好的农村金融生态环境是一个不可或缺的环节，这一点对农村小型金融组织显得更为关键和重要。良好的农村金融生态环境能促进农村金融快速平稳发展，从而为农村经济发展、社会进步提供有力的金融支持。可以说，农村小型金融组织的良性发展离不开良好的农村金融生态环境，农村金融生态环境的优劣直接决定着农村小型金融组织完成其使命的效果以及其自身的可持续发展。近些年来，我国农村小型金融组织也不断地创新和完善信用保障制度，引入小组联保等制度试图克服信息不对称带来的逆向选择和道德风险问题，在降低信用风险和成本以及提高还款率方面取得了初步的成果。同时我国也在全国范围内通过信用体系建设，诸如建立农户电子信用档案、开展农户信用评价、开展"信用户、信用村、信用乡（镇）"创建活动等形式着力推进农村金融生态环境建设，但是效果却不明显。从总体上看，农村生态环境欠佳，农村生态环境建设与农村小型金融组织的发展不相适应。

（一）农村经济基础薄弱

近年来，我国采取了一系列支农惠农的重大政策，各地区、各部门切实加强"三农"工作，农村经济迎来了新的发展机遇，但当前农村经济依然是基础薄弱、面临的问题较多。

一是农业发展投入不足，农业发展缺乏后劲。2010 年，国家对"三农"财政支出为 8117.49 亿元，占全国财政总支出的比重只有 9.03%。随后，国家财政逐年加大了对"三农"的支持力度，到 2015 年对"三农"的财政支出达 19276.8 亿元，占全国财政总支出比重不足 11%。2010—2015 年，"三农"支持结构也发生了变化，支持农业的比重逐渐下降，而对农村、农民支持比重不断上升（见表 4-11）。国家财政对"三农"的支出越来越多用于对农村、农民的直接支持，主要涉及教育、社会保障、医疗、节能环保、农林水、住房保障等方面。

表 4-11　　　　2010—2015 年中国财政支持"三农"构成情况

年度	支持"三农"		支持农业		支持农村、农民	
	支出（亿元）	占全国财政总支出比重（%）	占支持"三农"比重（%）	占全国财政总支出比重（%）	占支持"三农"比重（%）	占全国财政总支出比重（%）
2010	8117.49	9.03	49.42	4.46	50.58	4.57
2011	11324.42	10.37	43.74	4.54	56.26	5.83
2012	13624.76	10.82	43.84	4.74	56.16	6.07
2013	15108.75	10.78	42.70	4.60	57.30	6.17
2014	16169.16	10.65	41.60	4.43	58.40	6.22
2015	19276.80	10.96	42.00	4.60	58.00	6.36

资料来源：根据 2010—2015 年全国财政决算数据整理，详见财政部网站。

从表 4-11 可见，2010—2015 年，我国支持"三农"的财政资金中，完全用于农业的资金占比不足 50%，扣除行政性支出后，2015 年的支出总额为 8097.09 亿元，为支持"三农"资金的 42%。考虑到巨大的城乡和工农价格差以及农业现代化发展需要，与世界发达国家相比，我国对农业的财政投入明显不足。再考虑到我国农村地域广阔和农村人口比重较高，"三农"投入在整个财政支出所占比重是偏低的。由于基本设施建设投入不足，农业基础设施薄弱的状况远远没有得到根本改变，抵御自然灾害的能力不强。

二是产业结构不合理，农产品缺乏竞争力。当前我国农村产业结构单一，种养殖业为主的局面依然没有变化；农业生产品种结构单一，品质层次较低；农产品加工业滞后，农产品增值困难；产业化水平低，难以形成规模经营。再加上农业科技发展滞后和人均资源匮乏，农村经济的发展和稳定仍然面临着生产力总体水平不高的窘境。

（二）农村金融法治环境不完善

当前与我国农村金融相关的法律、执法和守法尚不尽如人意，一方面，现行的法律体系中针对农村金融的法律法规较少，缺少诸如《合作金融法》《个人破产法》等专门的法律法规，对农户、农村个体工商户和农村企业等因逃废或悬空银行债务的行为缺乏有效的法律规制。由于缺乏统一明确的法律标准，农村金融债务诉讼案件审判不公、判决后难执行和久拖不决的现象不时出现。金融法律法规缺失导致失信行为的法制弱约束，阻碍了农村金融业务的规范开展。另一方面，一些基层政府部门法制意识不强，存在行政干预法律、以权代法现象。执法部门不能主动介入调查农村贷款欺诈行为、恶意逃债和赖债行为，运用法律手段遏制和制裁金融欺诈和逃债行为的力度远不够，农村金融市场还没有形成尊重和维护金融债权合约，敬畏法律的良好法治环境。

（三）农村信用文化缺失

信用文化是在市场经济条件下，用以支配和调节人与人、人与社会、社会各经济单元之间信用关系和信用行为的一种基本理念和规范。从深层次来看，信用文化、信用意识是一种人生观、价值观，这需要通过教育有意识地培养形成，特别是青少年时期恰是人生观、价值观形成的主要阶段，良好的教育是影响人信用理念和认识度的一个重要因素。由于缺乏受教育机会，目前我国农民信用文化素质不高。根据中国社会科学院社会学研究所 2015 年在全国开展的中国社会状况综合调查数据反映，年龄在18—69 岁的农业户籍人群中，初中以下文化程度的占大多数，比例高达

82.9%，其中未上过学的比例为 15.7%，大专以上学历者比例只有 5.2%。[①] 由此可见，我国农民整体文化程度偏低，一定程度影响其信用理念的形成。随着改革开放的深入和社会主义市场经济的发展，中国农村社会经济发生了深刻的变化，各种社会矛盾和冲突应运而生，诱发了农民价值观、荣辱观及生活态度的嬗变，导致农村传统道德文化的大面积滑坡，农村良好的社会风气不断地弱化。当前农村道德教育处于缺失状态，无论是传统的血缘家族间的道德传承；还是农村基层政权组织的思想教育宣传，其效力都日渐衰弱。传统的道德文化及诚实守信的风俗习惯正在部分或完全地丧失，而与社会主义市场经济相适应的道德文化尚未建立，这极大地制约着农村金融生态的优化。

二 农村小组联保制度有效性下降

对于涉农贷款业务来说，农业生产经营项目面临着比非农生产经营项目更为复杂的风险。在我国农村地区，农业生产经营分散，基础设施不完善，自然灾害多，加上农民生产能力和市场经验欠缺等因素，遭受农业经营项目失败从而影响到贷款回收的概率被大大提高。一般而言，农户和农村小微企业取得贷款后，都是将其投入到相关的农业生产活动中。然而，农业的高风险性使得农户的还款能力具有极大的不确定性，一旦农业生产遭受到自然灾害和市场巨变，农业生产者就可能遭受巨大损失甚至连成本都无法收回。信贷农户在没有相应保障机制的情况下，就会陷入根本无法偿还本息的窘境，最终只能违约导致信用风险产生。同时，农村金融组织面对的是基础设施相对落后和农户居住分散的经营条件，掌握影响农村生产经营项目的信息以及贷后的跟踪管理需要付出更高的成本。因此，农村金融组织为了控制贷款业务的信用风险，采用完善的信用保障制度就成为了关键。抵押担保制度作为金融组织的传统信用保障制度，对于金融组织来说，要求借款人提供抵押担保品是较好的风险控制手段，而对于众多农户、小微型企业和个体工商户业等却无法提供金融组织要求的担保抵押品。在如此条件下，农村小型金融组织向农户和小微企业提供小额信贷服务将面临着成本、心理预期、风险和担保等"瓶颈"制约，而小组联保制度是在微观层面上突破这些"瓶颈"的重要制度。

---

① 中国社会科学院：《社会蓝皮书：2016 年中国社会形势分析与预测》，社会科学文献出版社 2015 年版。

目前，我国几乎所有从事小额信贷业务的农村金融组织都是按照中国银行业监督管理委员会在 2004 年发布的《农村信用合作社农户联保贷款指引》来设计各自的小组联保制度，并在实施过程中逐渐发展完善，运行较为顺利。然而，小组联保制度效果在我国并不理想，小组联保制度作用并没有得到充分的发挥，与一些发展中国家小额信贷的成功相比还有较大差距，近年来部分地区农户联保贷款业务甚至出现了一定程度的萎缩局面。总体看来，我国农户联保贷款虽然名义上有较高的贷款偿还率，但各类小额信贷组织普遍存在着 10%—50% 的拖欠率，[①] 小组联保贷款的还款率得不到保证，小组联保制度的推行效果甚至还不如传统的抵押担保制度，大量资金 "有贷难回" 导致联保贷款引发的诉讼案件近年来呈现上升趋势。据广西扶绥县法院的司法统计数据显示，2014—2015 年受理类型为小额联保贷款的纠纷案件占商事案件数比例由 3.89% 上升到 22.13%，诉讼标的金额也从 276.59 万元上升到 2261.58 万元，而在 2016 年上半年，上述数据骤升，所受理的涉及小额联保贷款案件 271 件，诉讼标的金额 2666.08 万元，超过了 2015 年全年同类案件的总数 (见表 4-12)。可见，小组联保制度的风险控制效果并不如预想那么好。

表 4-12 广西扶绥县人民法院 2014—2016 年受理小额联保贷款合同纠纷案件统计

项目 期间	商事案件数	小额联保贷款纠纷案件		诉讼标的金额
		数量 (件)	比例 (%)	(万元)
2014 年 1—12 月	668	26	3.89	276.59
2015 年 1—12 月	967	214	22.13	2261.58
2016 年 1—6 月	847	271	32.00	2666.08
合计	2482	511	20.59	5204.25

资料来源：广西扶绥县人民法院。

三 农村信用制度构建滞后

信用制度是农村小型金融组织生存与发展的基础，其核心作用在于通过形成规范的行为规则和秩序，有效解决因信息不对称产生的逆向选择和

[①] 杨峰：《我国农户联保贷款的制度缺陷与优化》，《农村经济》2011 年第 10 期。

道德风险，降低交易成本，减少信用风险。由于农村资金需求呈现出的小额性、分散性、数量多和不易监督等特点，相对于各种企业而言，广大而分散的农户信息对农村金融组织几乎是不透明的，有关其个人信用状况等硬信息的搜寻渠道严重缺乏。可以说严重的信息不对称以及农业生产经营的高风险性使得农村小额信贷市场效率低下，交易成本大大高于城市工商信贷市场，再加上担保、保险缺失，贷款利率还无法完全实现市场价格发现和风险管理功能，也就无法补偿其交易成本和交易风险。在没有特别政策支持和制度约束时，面对巨大的市场风险和信用风险，农村小型金融组织偏离扶小扶弱的制度设计初衷便不可避免地发生。因此，建设完善的信用制度，充分发挥其评价功能，挖掘其价值发现和信用工具创造功能，有效降低交易成本和风险，增加小额信贷领域对农村金融组织吸引力显得尤为重要。

当前，我国农村信用缺乏严重，农村小额信贷市场信用缺失的现象不能忽视，集中表现为农户对农村小型金融组织的借贷发生率和偿还率普遍不高，已经严重威胁到农村小型金融组织的可持续发展。农村小额信贷交易中的信用缺失，固然有道德缺失等多方面的原因，但关键还在于农村小型金融组织的信用制度建设不合理、不健全。应当看到，现在农村小额信贷市场表现出的是信用缺失，实质上是制度缺失，缺失一种能有效缓解信贷交易主体之间信息不对称问题的信息披露和共享制度，也缺少能有效监督和约束信贷交易主体信用行为的信用奖惩激励制度。中国人民银行牵头建立的企业和个人信用信息基础数据库虽然开始涉足农村，但信息的采集范围较狭窄，尤其关于农户的信息更是不完整。就是如此的信用信息系统，农村小型金融组织基本被排除在外。2008 年 4 月 24 日，中国人民银行、中国银监会《关于村镇银行、贷款公司、农村资金互助社、小额贷款公司有关政策的通知》（银发〔2008〕137 号）中明确了"具备条件的四类机构可以按照规定申请加入企业和个人信用信息基础数据库。根据'先建立制度、先报送数据、后开通查询用户'的原则，四类机构接入企业和个人信用信息基础数据库的，应按照中国人民银行的有关规定制定相应的管理制度和操作规程，定期报送相关数据并合规查询和使用查询结果，接受中国人民银行的监督管理"。然而，在实际操作中，村镇银行、农村资金互助社和小额贷款公司加入征信系统仍有很大的阻力。与此同时，在不少地区，农村信用社、邮政储蓄银行、农业银行等农村金融机构尽管也建立了为自己信贷服务的农户信用信息管理系统，各自承担着对农户信用信息的收集成本，但这些管理系统基本上是封闭运行，开放度很低，规模普遍也偏小。事实上农户的信用信息还处于极端分散和相互屏蔽的状态，各个机构部门信用信息数据未能得到有效的整合与共享。至于有关农村信用的奖惩与激励机制、法律和法规制度更是不完善。近些年来，一些地区采取了对信用户、信用村、信用乡镇优先贷款、放宽额度、降低利率、简化手续等激励措施，对不守信农户、村、镇则采取列入"黑名单"、不再发放贷款等制裁，这些措施从实际效果来看起到一定的激励约束作用。但要看到现有的激励约束机制仅仅局限于农村金融组织对农户的放贷过程中，而未能在更广泛的领域体现，故农村信用激励约束机制的激励和惩戒力有限。目前我国尚未建立社会征信体系方面的完善法律框架和系列法律，更缺乏专门针对农村信用制度建设方面的规章制度，农村信用主体缺乏统一的行为标准。法律规定的缺位使得监督管理部门在惩戒失信行为的时候无法可依、无章可循，执法中存在执法不严、违法不究的现象，法律保障的缺失已经成为制约农村小型金融组织信用制度建设的一个突出问题。

第四节　农村小型金融组织的持续发展约束

一　资金规模不足，资金来源渠道有限

资金是信贷组织生存的血液，也是开拓贷款等其他业务的基础，具备一定的资金规模是其发展和盈利的一个重要条件。对于农村小型金融组织而言，尽管准入门槛的降低使得大量金融组织得以进入农村金融市场，但由此带来了资金规模不足的问题。农村小型金融组织由于制度约束和经营环境限制，资金来源不畅，筹资渠道狭窄。因此，农村小型金融组织自运行以来，资金短缺问题一直困扰制约着其发展。

村镇银行作为银行类金融机构，吸收存款是其主要的筹资渠道。首先，在农村小型金融组织中，村镇银行的资金来源相对较多。2015年年末，全国村镇银行各项存款7480亿元，比年初增长了28.8%，存款余额增速也一直快于银行类金融机构平均水平。然而由于农村地区受地域自然

条件和经济发展程度等限制，居民收入水平不高，农民和乡镇企业闲置资金有限，这使得村镇银行吸收存款能力受到较大制约。其次，村镇银行成立时间短，声誉和品牌形象尚未形成，农村居民对其缺乏了解，与大型商业银行、邮政储蓄银行、农村信用社相比，农村居民对村镇银行的认知度低。村镇银行的资产规模虽较其他两类小型金融组织相对较大，但与农业银行等传统金融机构相比，则显得薄弱。2015 年年末，全国村镇银行资产规模首次突破万亿元，达到 10015 亿元，资产总额在银行业金融机构的占比也只有 1%，这势必增加社会对其抵御风险能力的担忧。因此，农村居民对村镇银行的信任度低，不愿意把钱存入村镇银行。最后，村镇银行网点少，缺乏现代化的技术手段，难以吸引绝大多数农村居民。部分居民将钱存到村镇银行，其初衷主要是为了获得村镇银行的优惠贷款。而与吸储困难形成鲜明对比的是，农村地区资金需求极大。存款者少，而贷款者多，进一步加剧了村镇银行的资金短缺问题。数据显示，2015 年村镇银行整体存贷比为 78.6%，超过监管部门规定的 75% 上限，说明大多数村镇银行的存贷比已经超过监管部门规定的上限。考虑到村镇银行继续经营需要满足 75% 的存贷比监管上限，那么，如果无法吸收足够的存款，村镇银行的贷款业务将无法开展。

而对于农村资金互助社而言，其资金来源于互助社社员存款、社会捐赠资金和向其他银行业金融机构融入资金。从目前的情况来看，除了吸收社员存款，接受社会捐赠资金是有限和不确定的，向其他银行业金融机构融入资金由于缺乏担保和抵押品也很困难。而吸收社员存款方面，农村资金互助社属于封闭经营，存、贷款业务仅限于社员，其经营范围内的居民较少，且当地农民与小企业加入农村资金互助社的初衷是为了获得贷款，自身并没有多少存款，因此实际存款量比较小。如由中国银监会批准的全国首家农村资金互助社——吉林省梨树县闫家村百信农村资金互助社于 2007 年 3 月 9 日挂牌成立，经过几年的经营发展，截至 2011 年 6 月底，社员人数由创立初期的 32 人，增加到 135 人；股金由创立初期的 10.18 万元，增加到 16.47 万元，有存款 2 笔，存款额 20.3 万元，同业拆借资金 2 笔共 20 万元，政策扶持 4000 元。从上述数字可以看出，百信农村资金互助社股金和社员存款增长缓慢，能够同业拆借到资金也是有特殊支持的因素，政策扶持资金也只是一次性的。总体看来，资金来源不足，导致服务能力受到限制。又如，青海省第一家由中国银监会批准成立的农村资金互助社——青海省乐都县雨润镇兴乐农村资金互助社于 2006 年 3 月 28 日正式开业，由于经营方式不灵活、服务范围狭小、经营支出额度大，资金来源补充困难等原因，运营初期一直处于亏损状态。到了 2007 年 5 月月底，兴乐农村资金互助社存款余额仅 12.68 万元，各项贷款余额却达到 42.63 万元，存贷比高达 336%，超过规定指标 256 个百分点。在资金来源不足的情况下，超比例发放贷款，兴乐农村资金互助社存在严重的支付风险。基于审慎监管原则，2007 年 6 月 1 日青海省银监局暂停了兴乐农村资金互助社贷款业务。虽然在政府有关部门引导和自身努力下，兴乐农村资金互助社于 2008 年年末首次实现扭亏为盈，但资金不足一直困扰着其进一步的发展。

对于小额贷款公司而言，由于法律定位不明确，不能吸收公众存款，因此，小额贷款公司面临的最大困难之一是资金来源极不通畅。在"只贷不存"的制度框架下，主要资金来源为股东缴纳的资本金和银行业金融机构的融入资金，而这两种融资渠道却受到了极大限制。一方面，小额贷款公司从单一大股东处获取资金支持受到限制。小贷行业发展较为成熟地区基本上都在《关于小额贷款公司试点的指导意见》（银监会〔2008〕23 号）的规定（单一自然人、企业法人、其他社会组织及其关联方持有的股份，不得超过小额贷款公司注册资本总额的 10%）基础上放宽限制，但目前仅有广东对小额贷款公司的股东持股比例不设限制，完全放开。另一方面，银行渠道融资困难重重。首先，小额贷款公司业务单一、风险大、利润低，商业银行向小额贷款公司的贷款额度有限。特别是近年来经济增长减缓的大环境影响下，不少商业银行将小额贷款公司定义为高风险行业，纷纷远离小额贷款公司。其次，按照《关于小额贷款公司试点的指导意见》，小额贷款公司从银行业金融机构获得融入资金的余额不得超过资本净额的 50%，且不能向超过两个银行业金融机构贷款。这进一步压缩了小额贷款公司的融资空间。根据 2015 年年末的数据，小额贷款公司自有资金（包括实收资本、本年利润和各项准备）新增 526 亿元，占资金来源增加额的 93.1%，外源性融资（从其他金融机构融入资金、中长期借款和应付及暂收款）全年新增 39 亿元，占资金来源增加额的 6.9%。由此可见，小额贷款公司的资金来源中绝大部分是自有资金，从其他金融机构融入资金难度较大。严格的融资约束加上中小微企业旺盛的资金需求，使得很多小额贷款公司往往面临着较为严重的贷款供给不足的问题。

二　服务功能不足，业务产品单一

存、贷、汇是银行类金融组织的基本服务功能，尽管 2008 年中国人民银行和中国银监会联合发布的指导意见中明确规定，符合条件的村镇银行可以按照中国人民银行的有关规定申请加入大小额支付系统和电子对账系统，但这一文件并没有明确符合什么样的条件才能加入的具体标准。村镇银行难以达到中央银行对银行业金融机构进入其支付结算系统设置的标准，大部分村镇银行无法进入中央银行的支付结算系统、电子对账系统、银行卡跨行支付系统和同城票据交换系统等，进而导致村镇银行面临汇兑业务、人民币票据凭证等现代化的结算功能缺失和资金清算系统不完备等问题。同时，村镇银行的账户系统、信贷管理系统不能与人民银行正常联网，不具备开具票据、发行银行卡等基本功能。目前村镇银行只能将业务集中在传统的储蓄存款、小额信贷、质押贷款和票据转贴现业务上，中间业务如理财业务、代理代收等都没有开展，而网上银行、电话银行、手机银行等新兴业务更是无从谈起。此外，村镇银行还缺乏必要的基础设施如完善的信用评级系统、信贷追踪系统、风险管理体系等。如果村镇银行的支付结算功能长期缺失以及基础设施得不到改善，将大大影响到村镇银行的用户体验，不但削弱村镇银行对客户的吸引力，已有的老客户也会流失，甚至出现资源枯竭的可能，极不利于村镇银行发展。

对于小额贷款公司而言，尽管相关规定允许其从事贷款、中间业务、资产租赁、信用担保等业务，但受资金及人才限制，目前小额贷款公司业务十分有限，在经营的品种上，只能经营单一的小额信贷业务，贷款依然采取担保、抵押的形式，不能办理资产转让、票据贴现、委托贷款等业务，业务的局限性决定了小额贷款公司的服务能力有限。而且，小额贷款的贷款业务也受监管限制较多。《关于小额贷款公司试点的指导意见》指出，同一借款人的贷款余额不得超过小额贷款公司资本净额的 5%。然而，《商业银行风险监管核心指标》（2005 年）规定：单一客户贷款集中度不得高于 10%。可见，目前小额贷款公司的贷款集中度比商业银行低一半，意味着与商业银行比，小额贷款公司的资金运用受到了更为严格的管制。小额贷款公司需要遵守单一借款人贷款余额限制的规定，每一次贷款必须满足限额的规定，无法按照自行预期或计划情况发放过多贷款，这也削弱了小额贷款公司的自主经营能力。

三 经营理念滞后，服务手段不足

农村小型金融组织由于成立时间不长，经营经验相对较少，在农村金融市场上，面对着分散的农民和小额信贷需求，农村小型金融组织在服务"三农"方面经营理念没有多大突破，服务手段还存在较大不足。

农村小型金融组织在国内是新生事物，没有现成的模式可供使用。因此在现实中，农村小型金融组织的经营管理一定程度上照搬了大中型商业银行的经营管理方法。村镇银行的经营模式深受主发起行的影响，目前大多数村镇银行均由主发起行控股，接受主发起行总部的直接管理，各项业务管理系统几乎都是在主发起行的指导甚至是直接参与和帮助下建立起来的，人力资源开发和技术支持等方面也基本上依托主发起行开展。[1] 利用主发起行制度村镇银行可以避免因村镇银行操作经验不足导致的风险，但发起行制度确实制约了村镇银行的独立健康发展。由此主发起行的经营理念自然会随着主要管理者和人员培训移植到村镇银行，其服务手段也在很大程度上依赖于主发起行，最终的结果是村镇银行的经营理念和服务手段与主发起行趋同，原本所期望的决策流程短、经营机制灵活的优势无从发挥，信贷模式难以适应"三农"金融需求季节性强、需求面广、分布散和数额小的特点。事实上，一些主发起行的经营重点不在农村，并不具备提供农村小额信贷服务的能力和技术，这不利于村镇银行服务农户和农村小型企业。农村资金互助社在业务开展和经营管理方面基本上沿袭了农村信用社的模式，这样做虽然对农村资金互助社初期的业务经营能够起到一定的借鉴作用，但从长远角度看，会禁锢农村资金互助社的发展，难以发挥其规模小和运营方式灵活的特点。小额贷款公司的业务本来就十分有限，发放贷款依然采取传统担保、抵押的形式。由于没有掌握诸如"无担保、无抵押"、联保贷款、农户信用评级贷款等国际上成熟的小额信贷专业技术，许多小额贷款公司并不具备为农户和小微企业提供金融服务的能力。

四 内部控制不健全，人员素质相对较低

金融业本属于高风险行业，而农村小型金融组织不仅面临着一般金融

---

[1] 杜晓山主编：《中国村镇银行发展报告（2016）》，中国社会科学出版社2016年版。

组织所面临的风险，还要应对因自身特性和经营环境所带来的特殊风险，诸如资本金规模小致使其抗风险能力弱；农业弱质性、信用制度缺位、信用担保制度欠缺致使其信用风险尤其突出；经营的地域性也使其受当地经济影响更为直接，投资主体限制和存款保险制度缺位更易诱发流动性风险和公众信任风险，从业人员的素质限制致使其业务操作风险加大等等。①这些都要求农村小型金融组织一是具有更为健全的内控机制；二是具有较高专业技能和丰富执业经验的人才队伍，但当下农村小型金融组织都远未满足要求。

村镇银行基本借用或沿用主发起银行的内部控制制度，依靠主发起银行的技术经验建立起与其业务性质、规模及复杂程度相适应的内部控制制度。相对于小额贷款公司和农村资金互助社，村镇银行有着更加完善的公司治理结构和内部控制机制，经营管理更加规范，风险管理能力更强。就村镇银行的人员配置而言，大多村镇银行除董事长、行长等少数几人由出资参股银行金融机构选派，其他均在当地招聘，简单培训便予以上岗，人员素质相对较低，由其两三人组成的部门难免会使内控制度流于形式，增加操作风险。

一些小额贷款公司管理层和第一大股东的平均持股比例比较多，一股独大现象较为严重。因此，小额贷款公司的内部治理缺乏有效的制衡机制，特别是缺乏监督机制，容易引发内部人控制问题。目前，小额贷款公司存在着内部控制机制不健全、资本金管理不规范、财务电算化程度低、没有建立完善的客户档案、账表记录内容不翔实等问题。特别是公司管理者金融知识水平偏低，信贷风险意识淡薄。相比于大中型金融机构而言，小额贷款公司规模小、利润薄、待遇低，又普遍分布在县域地区，因此很难吸引到优秀金融人才，员工专业技能和素质普遍较低，对金融风险的把握和控制缺乏有效的方法。

农村资金互助社的内部治理缺乏有效的制衡机制，管理上缺乏民主性，运作上缺乏公开性，农村互助社还不能实现"民有"和"民管"状态，内部控制不规范主要表现为：一是社员民主管理流于形式，内部人控制较为严重，少数人或主要领导说了算，规章制度没有起到应有的作用；二是财务管理制度不严格，信贷管理制度不完善；三是部分农村资金互助

---

① 柴瑞娟：《村镇银行发展研究》，《理论探索》2012 年第 4 期。

社存在着来自村委会或乡镇政府的干预，使得农村资金互助社的信贷决策权和自主管理权未能得到保障。农村资金互助社的管理人员和从业人员、社员基本都是农民或者来自农村，相对于其他金融机构来说，缺乏系统的金融专业知识和对金融风险的认识，人员素质有很大差距，导致管理水平较低，金融知识和专业技能跟不上业务发展的需要。

第五节　农村小型金融组织的制度约束问题

一　发起人制度导致相关利益主体动力不足

村镇银行的发起行要求是一个争议较大的问题，依据《村镇银行管理暂行规定》的要求，村镇银行最大股东或唯一股东必须是银行业金融机构，且持股不低于村镇银行股本总额的 20%，① 单个自然股东及关联方持股比例不得超过村镇银行股本总额的 10%，单一非银行金融机构或单一非金融机构企业法人及其关联方持股比例不得超过村镇银行股本总额的 10%。主发起人被限制为银行业金融机构的制度安排，可以使得村镇银行引进和利用主发起行的控制机制和产品服务手段，较快地提升村镇银行的专业化运作水平和社会信誉度，促进村镇银行健康快速地发展，但同时发起人制度的弊端也逐渐暴露。一方面，如果发起行没有积极性，村镇银行就难以成立。现实中，因无银行愿充作发起人而致使村镇银行无法设立的情形并不鲜见。大中型银行一般对设立村镇银行的动力不足，其主要源于两个原因，一是投资回报周期长、盈利能力有限，不如扩张分支行、网点见效快、效益高；二是要承担经营不善将损害母银行声誉和品牌的风险。另一方面，现有的产权结构安排对包括民间资本在内的其他投资者过于谨慎，事实上隐性地将民间资本排除在外。虽然民间资本可以参与新设立的村镇银行，但在银行为唯一主发起人、其他单个主体及其关联方持股比例不得超过 10% 等规定下，民间资本股东的话语权太小，抑制了民间资本参与村镇银行的兴趣，从而限制了村镇银行的资金来源。此外，截至2015 年年末，我国已有 8910 多家小额贷款公司，这些贷款公司转型愿望比较强烈，但中国银监会发布的《小额贷款公司改制设立村镇银行暂行

① 根据 2012 年 5 月中国银监会发布的《关于鼓励和引导民间资本进入银行业的实施意见》，目前已将村镇银行主发起行的最低持股比例由 20% 降低到 15%。

规定》指出："小额贷款公司改制为村镇银行必须有银行业金融机构作为主发起人"。这一规定意味着小额贷款公司要把自己的控制权转让给银行，因而挫伤了小额贷款公司改制的积极性。

二　小额贷款公司制度设计引致的发展困境

《关于小额贷款公司试点的指导意见》中明确规定："小额贷款公司是由自然人、企业法人与其他社会组织投资设立，不吸收公众存款，经营小额贷款业务的有限责任公司或股份有限公司。"因此，小额贷款公司只是股份有限公司或者有限责任公司，而不是商业银行，故不适用于《商业银行法》。可贷款业务本质上属于一种金融行为，小额贷款公司从事金融业务，所以不同于一般的有限责任公司，故不能完全适用《公司法》，但又必须根据《公司法》的规定在工商管理部门注册登记，并受工商管理部门的日常监管。这种身份上的困惑带来了一系列问题：首先，监管易形式化。《指导意见》规定，省级政府应明确一个主管部门（金融办或相关机构）负责对小额贷款公司的监督管理，并承担小额贷款公司风险处置责任，但未赋予中国银监会和中国人民银行相应的监管职能。从全国各地发展的实践看，对小额贷款公司筹建阶段的监管，主要由当地政府组成的管理办公室履行对小额贷款公司的市场监管职责；但各地区成立的政府部门联席管理办公室不具有行政主体资格，对小额贷款公司的监管易形式化。小额贷款公司正式运营后，大部分地区都将监管任务交给县级人民银行，小额贷款公司定时向县级人行报送资料，但中国人民银行只负责贷款利率和资金流向的监测工作，并参照有关规定对小额贷款公司的违规行为进行处罚。而只依靠地方政府部门来履行监管职责，往往缺乏相应的专业能力，将导致监管流于形式。给小额贷款公司的健康发展埋下隐患。其次，融资成本偏高。小额贷款公司从法律地位上讲不完全属于金融机构，因此无法享受银行业2%—3%的同业拆借优惠利率，使得从商业银行融资成本偏高，因而小额贷款公司也不愿从商业银行融资。最后，税负比较重。按照《指导意见》规定，小额贷款公司在当地税务部门办理税务登记，并依法缴纳各类税费。因此，虽然经营贷款金融业务，但小额贷款公司的税赋没有按金融机构的利差来征收，而是按工商企业标准来缴纳。目前，小额贷款公司需要上缴的主体税种有5.56%的营业税及附加、25%的企业所得税。此外，小额贷款公司还需承担城市维护建设税、房产税、印花税等税种以及相关部门规定的坏账准备金，税负比较重。这对于仅靠贷款利息收入盈利的小额贷款公司来说，严重限制了其可持续发展。

在"只贷不存"的制度框架下，小额贷款公司资金的主要来源为股东缴纳的资本金、捐赠资金，以及来自不超过两个银行业金融机构的融入资金，《指导意见》的资金来源规定使得小额贷款公司运营资本获取困难。中小企业和"三农"经济的融资需求旺盛，很多小额贷款公司成立两三个月后就把全部注册资金贷出去了。在地方政府需承担小额贷款公司风险处置责任的条件下，大部分省市设定小额贷款公司注册资本上限不超过2亿元（欠发达县域1亿元）。注册资本上限的规定，制约了小额贷款公司通过内源融资筹集资金。政策规定小额贷款公司可以从不超过两个银行业金融机构的融入资金且融入资金的余额不得超过资本净额的50%。在上述规定下，小额贷款公司借以获取资金支持的可选银行数量较少，外源融资渠道受到限制。

在单一借款人贷款余额限制的规定下，小额贷款公司需要满足每次贷款的限额规定，无法按照自行预期或计划情况发放过多的贷款，经营自主性较弱。在利率方面，2015年8月6日最高人民法院《关于审理民间借贷案件适用法律若干问题的规定》对贷款利率设置了24%和36%两条红线。然而，有些借款人在有短期融资需求时愿意接受较高利率以缓解短期资金压力，但受此规定，小额贷款公司无法根据市场需求，设计相应的产品以及确定对应产品的价格。各地区也有不同的利率限制，其中广东和重庆对贷款利率上限要求为浮动制，不得超过中国人民银行公布的同期同档次贷款基准利率的4倍。[①] 业务经营监管限制过多一方面会产生道德风险和逆向选择，使小额贷款偏离扶助农户和小微企业的方向；另一方面也大大压缩了小额贷款公司的盈利空间，直接导致当前小额贷款公司的经营困境。

三 监管政策约束了农村资金互助社的发展

资金互助组织的出现给农村地区的经济发展提供了极大的便利，为金融相对落后地区农民提供互助性的金融服务创造了可能。经过近10年的发展，在中国农村地区已形成了形式多样、数量众多的资金互助组织。目

---

① 《小额贷款公司发展现状、困境及展望》，搜狐财经，2017年6月6日。

前在中国农村地区的资金互助组织实际上分为两类：一类是在《农村资金互助社管理暂行规定》出台后，由中国银监会批准组建并拿到金融许可证的正规资金互助社——农村资金互助社。另一类是在农村正规金融供给不足的条件下，由各地政府部门批准农民自发成立的非正规资金互助社——包括贫困村村级发展互助资金、农民资金互助合作社、专业合作社内的资金互助部等。这些上万家的资金互助组织对解决农民贷款难、存款难起到了积极作用。但限于目前政策和法律障碍，这些资金互助组织并没有得到银监会的认可，尚未拿到金融许可证。

正规资金互助社的监管主体明确为中国银监会，根据相关监管的法律、法规，中国银监会制定《农村资金互助社管理暂行规定》（2007 年第 7 号）、《农村资金互助社示范章程》以及《中国银监会农村中小金融机构行政许可事项实施办法》（2014 年第 4 号）对经银行业监督管理机构批准的农村资金互助社进行监管，并制定具体的风险管理规范。从监管角度出发，全国大范围地批准注册非正规资金互助社显然超出了监管部门的监管能力范围，基于监管安全的考虑，银监会不得不严格控制审批数量。按照《新型农村金融机构 2009—2011 年工作安排》，银监会计划三年内在全国增设 161 家农村资金互助社（不包括 2008 年前已经成立的 10 家），但实际上最终经银监会批准的机构仅为 49 家，还不到计划数的 1/3，并且银监会已于 2012 年暂缓审批农村资金互助社牌照。

农村资金互助社属于小型金融组织，主要是为了弥补经济不发达地区的金融空白，是典型的草根金融。但中国银监会的监管规定主要参照银行业的标准，忽视了农村资金互助社自身的特性，而且过高的监管要求也使得不发达地区经济和筹备环境均难以达到《农村资金互助社管理暂行规定》有关要求。就注册资本金来讲，暂行规定要求，在乡（镇）和村设立的农村资金互助社，其注册资本金分别不得低于 30 万元、10 万元，注册资本应为实缴资本。这一要求对于不发达农村地区农民自发成立的农户之间的资金互助社来说，筹集 10 万元资金入股，存在一定的难度。就管理人员任职资格来讲，暂行规定要求，农村资金互助社理事、经理应具备高中或中专及以上学历，上岗前应通过相应的从业资格考试。对于农村地区，尤其是广大不发达地区，村级能够满足上述条件的人员少之又少。实际上，农村资金互助社在很大程度上是互助社的管理，需要有丰富的实践经验，能够与农民打交道，有一定的学历并不能保证具备管理农民互助合作组织的能力。就营业场所等设施来讲，根据有关文献资料，不发达乡村地区目前还基本没有符合暂行规定要求的营业场所、安全防范设施和与业务有关的其他设施。如要建立相关设施，经匡算，成本一般不会少于 50 万元，① 而这对于小规模的农村资金互助社来说，很难满足这样的条件。暂行规定要求，农村资金互助社应资本充足率不得低于 8%；对单一社员的贷款总额不超过资本净额的 15%。而在同一时期，中国人民银行对农村信用社资本充足率规定为不低于 4%。农村资金互助社无论在经营规模还是资金规模上都远小于农村信用社，但对两者的风险监管来讲，却是实施低标准优惠强者，如果单纯为了满足资本充足率而使原本有限的资金闲置起来，这将让农村资金互助社面临着更大的资金短缺压力。

第六节　农村小型金融组织的政策约束

众所周知，农村金融是农村社会经济发展的核心之一，中国政府高度重视，并一直致力于解决农村金融供给不足和竞争不充分的问题。中国银行业监督管理委员会于 2006 年 12 月 20 日发布了《关于调整放宽农村地区银行业金融机构准入政策　更好支持社会主义新农村建设的若干意见》，提出按照商业可持续原则，适度调整和放宽农村地区银行业金融机构准入政策，降低准入门槛，强化监督约束，加大政策支持，促进农村地区形成投资多元、种类多样、覆盖全面、治理灵活、服务高效的银行业金融服务体系，以增加农村金融供给，更好地满足农村广大中小企业和农户的金融需求，推动"三农"问题顺利地解决。作为我国农村金融体系改革的一项重要举措，意见得到了广泛的认可和响应，各级政府相关部门为此也出台了一系列的扶持政策，包括财税收优惠政策、支农再贷款政策、利率政策、加入中国人民银行支付结算系统等政策。但是，在具体执行过程中这些政策往往难以落实，农村小型金融组织应该享受到的优惠政策因种种原因实际上没有到位。

一　财税支持政策缺位

财税优惠政策和支农再贷款政策对农村小型金融组织的发展起到了积

---

① 邱子建、李继山：《农村合作资金互助社——合作与互补》，《中国农村信用合作》2007 年第 5 期。

极的促进作用，但是这些政策措施因多种原因往往落实不到位。对于村镇银行和农村资金互助社而言，一是财政补贴期限短和范围有限。2014年3月11日财政部发布的《农村金融机构定向费用补贴资金管理办法》（财金〔2014〕12号）第七条规定，对于符合下列条件的村镇银行和农村资金互助社等新型农村金融机构，中央财政按其当年贷款平均余额的2%予以补贴：①当年贷款平均余额同比增长；②年均存贷比高于50%（含）；③当年涉农贷款和小微企业贷款平均余额占全部贷款平均余额的比例高于70%（含）；④财政部门规定的其他条件。第九条规定东、中、西部地区农村金融机构可享受补贴政策期限，分别为自该机构开业当年（含）起的3年、4年、5年内。如果农村金融机构开业时间晚于当年的6月30日，补贴政策的期限从开业次年起开始算起。另外，第十条还规定了一些不能获得财政补贴的情况。按照此办法意味着村镇银行和农村资金互助社自开业起在满足一定的条件下能享受的财政补贴也就是3—5年，过后便不能再获得财政补贴。从政策环境来讲，这对村镇银行和农村资金互助社是不公平的。既然解决"三农"和小微企业融资难是一个长期化的过程，只要"三农"和小微企业融资难问题存在，只要"三农"和小微企业贷款高风险状况没有改变，只要村镇银行和农村资金互助社社会责任的约束没有解除，那么财政补贴政策就不应该取消。同时，大量的农村资金互助社很难满足设定的条件，基本上无法享受财政补贴。二是财政账户的开立受到歧视。近年来，财政部在对账户进行清理过程中，地方政府陆续将村镇银行的财政专户撤销，原因是村镇银行不在财政专户准入名单内，这是对村镇银行的一种身份歧视。三是税收优惠因多种限制难以惠及。目前大部分村镇银行使用其控股银行的核算系统，受技术功能不完善的影响，难以达到利息收入分类核算，与之相关的税收优惠也就难以实现。同时受管理水平影响，贷款五级分类的准确性将直接影响专项准备的计提和税前扣除政策的有效落实。国家对村镇银行和农村资金互助社在税收方面有一些优惠政策，但是规定比较零散，优惠政策既有期限的安排也有限制性规定。按财政部《关于延续并完善支持农村金融发展有关税收政策的通知》（财税〔2014〕102号）的规定，只有单笔且该户贷款余额总额在10万元以下的农户小额贷款才适用免征营业税、按90%计入所得税应纳税额政策，但从村镇银行发放贷款额度情况来看，10万元以下农户贷款占比较少，这使税收优惠政策效应不明显。同时该项税收政策规定的执行时间是

2014年1月1日至2016年12月31日，这对于农村小型金融组织来说享受优惠的时间有些短和范围小。四是地方财政补贴不能及时足额到位。一些地方政府对村镇银行和农村资金互助社承诺提供的一次性开办费和风险补助金、免收注册登记费等财政奖补资金往往不能及时足额到位。

尽管《国务院关于鼓励和引导民间投资健康发展的若干意见》明确规定，对于小额贷款公司涉及"三农"的贷款给予千分之二的财政补贴，但政策规定比较宽泛，并没有进行细化和强制规定，在实际操作过程中往往难以落实，加之补贴额度太低，不足以激励小额贷款公司从事"三农"贷款业务。小额贷款公司尽管从事的是信贷业务，但受限于其工商企业法人的身份定位，小额贷款公司需要根据国税函发〔1995〕156号文件相关规定缴纳5.55%的营业税及其附加，按照《企业所得税法》缴纳25%的企业所得税，而大多数村镇银行在这两项都享受相应的优惠政策予以减免。此外，小额贷款公司还需承担城市维护建设税、房产税、印花税等税种以及相关部门规定的坏账准备金，股东和员工则要根据《个人所得税法》缴纳相应的个人所得税。相较于金融机构而言，小额贷款公司也未享受到国家对从事小微企业贷款、农户贷款等而采取的财税优惠政策。

二　货币金融政策效应有限

货币政策中支农再贷款政策对补充村镇银行的资金和增加对"三农"和"小微"的金融服务有较好的促进作用，但是存在与客户资金周转期限错配、办理手续烦琐、利率限制过低等问题。同时，村镇银行很难提供支小再贷款要求的担保品。所以，很少有村镇银行申请使用支小再贷款。虽然农村资金互助社被界定为社区互助性银行业金融机构，但其事实上却享受不到一般金融机构的类似待遇和优惠税收减免政策。中国人民银行中设有支农支小再贷款，理论上可用于农村资金互助社的资金融入，但目前还没有与之相对应的具体政策设计，导致农村资金互助社从中国人民银行融资困难。

2008年4月24日，中国人民银行、中国银监会《关于村镇银行、贷款公司、农村资金互助社、小额贷款公司有关政策的通知》（银发〔2008〕137号）中明确了"具备条件的四类可以按照中国人民银行有关规定加入人民币银行结算账户管理系统和联网核查公民身份信息系统。符合条件的村镇银行可以按照中国人民银行的有关规定申请加入大额支付系统、小额支付系统和支票影像交换系统"。但在具体操作中，关于村镇银行加入大小额支付系统的有关规定过于笼统，到底符合什么样的条件才能加入没有具体公开的标准。多数村镇银行仍未获得开立存款准备金账户和国内结算行号，致使其无法实现在央行开户提现和同业结算，不具备开具票据、银行汇兑、发银行卡等基本功能。

由于不被承认为金融机构，小额贷款公司在发生横向业务联系、开展同业协作时处处受阻。比如小额贷款公司难以获得联网核查公民身份信息系统的服务，无法接入人民银行征信系统来掌握客户在其他金融机构的贷款情况、信用等级等详细资料，增加了信贷风险。在办理抵押登记手续时，无法获得抵押登记部门给予金融机构的差别待遇，增加了经营成本。

三　差异化监管政策不足

农村小型金融组织作为新生机构，在人力、物力、财力等各方面与其他金融机构均有着天壤之别，且具有特殊的风险性质和客户群体，简单地将农村小型金融组织与其他金融机构用同一个标准进行监管是不合适的，实施差异化监管既是促使农村小型金融组织可持续发展、使其自愿服务于"三农"的重要路径，也是提高监管效率的必然选择。当前村镇银行差别化监管思想在市场准入、治理结构、监管评级等方面都有所体现，但在现行的各项监管过程中差异化监管还不到位。如2011年中国人民银行实施信贷规模调控，对每家金融机构"合意信贷规模"的分配没有考虑到村镇银行与大型银行的不同特点：大型银行资产涉及产业多、区域广、创新力强，"合意信贷规模"的内部腾挪余地较大；但地方性、社区性的村镇银行"合意信贷规模"调整的空间几乎不存在。面对农村地区虽然旺盛的信贷需求，一些村镇银行即使可贷资金充足，也无法放贷。为提高金融机构"支农支小"的积极性，2013年7月国务院《关于金融支持经济结构调整和转型升级的指导意见》提出提高小微企业不良贷款容忍度。村镇银行提高小微企业不良贷款容忍度，不良贷款增加会影响监管评级，若没有进一步针对小微企业不良贷款差别化监管的配套措施，提高不良贷款容忍度难以落到实处。

对于农村资金互助社而言，监管部门采取了几乎与大型商业银行相类似的审批程序和标准，对其组建设立和业务经营实施繁杂、严格的审批与监管，如要求具有固定的营业场所及安保措施，并建立标准会计制度、存款准备金制度、呆账准备金制度等。这固然有利于防止农村金融风险的发生，但不可避免地加大农村资金互助社的组建成本和运营成本，影响财务的可持续性。

　　上述种种问题是农村小型金融组织在快速发展过程中出现的较为普遍性问题，虽在不同类型的农村小型金融组织中表现出的重点有所不同，但它们给农村小型金融组织的可持续发展带来的挑战却是共同的。正确认识这些问题，将有利于我们提出解决问题的对策，指明中国农村小型金融组织未来发展的道路。

第五章

农村小型金融组织服务农户的调查分析

农村金融是现代农村经济的核心，农业现代化、农村社会经济的发展和农民收入的提高需要强有力的金融服务与支持。然而，金融资源的配置在中国却很不平衡，在广大农村地区特别是在西部不发达农村地区，农村金融资源短缺问题依然突出，一方面农村金融机构覆盖网点、信贷资源和从业人员严重不足，农民特别是偏远农村地区农民能够获得金融服务十分有限。另一方面，农村资金外流严重，现有农村金融机构单纯以利益最大化和风险最小化为追求目标，经营行为逐渐远离农业和农村市场，农民和农村地区大量存在的小微企业难以获得正规金融机构的金融支持，农村金融资源尤其是信贷资源短缺已经成为了中国农村经济发展的"瓶颈"。

党的十七届三中全会和 2010 年中央一号文件当中，都把改革农村金融提到了相当的战略高度，明确提出在农村地区大力发展提供小额信贷和微型金融服务的小型金融组织，促进农村地区信贷资源供给的增加，解决农户和农村地区小微企业融资难问题，切实改善农村金融资源短缺问题。经过监管当局和各级政府的大力推动，各种所有制、各种形式的农村小型金融组织如村镇银行、小额贷款公司和农村资金互助社等获得了快速发展。从这几年各地区农村小型金融组织发展情况来看，这些小型金融组织在一定程度上弥补了正规金融机构农村服务缺位的不足，在减缓贫困、解决一般农户和贫困农户贷款难、促进小微型企业发展方面发挥着重要的作用。然而，值得关注的是，农村小型金融组织在实际经营过程中的放贷行为与政府发展农村小型金融组织的初衷出现了偏离，说明仅有政策设计以及新组织体系的建立，并不能解决农村小型金融组织发展目标与现实冲突的困境，农村小型金融组织服务农村中低收入农户、小微型企业缺乏积极性，农村金融服务质量难以提升的状况依然存在。为了更全面了解农村小型金融组织的放贷行为，了解广大农户的真实融资偏好，发现并分析农村小型金融组织发展中存在的问题，我们组织人员对全国农村小型金融组织服务状况以及农户金融服务需求进行了入户调查。

第一节　农村调查设计及调查结果

一　调查方法与范围

从 2012 年 12 月至 2013 年 12 月，项目组成员赴四川（成都、彭州、自贡、广安、遂宁、南充等）、重庆（永川、北碚等）、武陵山区（重庆市酉阳县、秀山县，贵州省松桃县，湖南省吉首市、花垣县）、陕西（西安、商洛）、甘肃（天水）、新疆（吐鲁番、哈密和阿克苏等）等地农村调研，调查的主要方式为问卷填写，并选择适当的农户进行访谈，同时先后与上述地方的村镇银行、小额贷款公司等小型金融组织进行座谈，同时动员重庆师范大学、陕西师范大学、重庆财经职业学院等在校大学生利用寒假回乡探亲期间入户调查，收集调查问卷 1303 份，其中有效问卷 1260份；农户入户调查问卷收集情况见表 5-1。

表 5-1　　　　　　　　　调查问卷收集来源与分类统计

区域	省区（市）	收集问卷（份）	有效问卷（份）
华北	北京、天津、河北、山东、山西、内蒙古	38	31
西北	陕西、甘肃、宁夏、青海、新疆	130	127
华东	上海、江苏、浙江	7	5
中部	河南、安徽、湖南、湖北、江西	8	6
西南	四川、重庆、贵州、云南、西藏	1120	1091
合计（份）		1303	1260

此次农村调查范围 87%的农户来自西南地区，10%农户为西北地区，还有少量华东、华北以及中部的农户。农户调查问卷内容包括家庭基本情况、收支状况、贷款情况、金融状况、借款用途、生产经营中遇到的问题、对新型金融机构的了解与评价。此次调查事项分别有 41 个子项，35个问答题。调查问卷部分内容见附录。

二　农户家庭基本情况

在所调查的 1260 户农户中，被调查者中男性 1072 人，女性 188 人，年龄结构中 16—30 岁的占 4.2%，31—45 岁的占 44.6%，46—65 岁的占 45.1%，65 岁以上的占 6.1%。16—65 岁累计占 93.9%，说明调查农户年龄分布比较均匀，主要集中在 65 岁以下。被调查者教育程度主要在初中、小学及以下，占总调查人数的 75.8%，高中、大专及以上水平人数很少，仅占 24.3%，农户文化水平偏低。所调查农户中四口之家最多，所占比例为 35%，五口之家和三口之家分别占 22% 和 20%，六口之家占 14%，剩下的占 9%，平均每户家庭人口 4.37 人。从表 5-2 可以看出，每户家庭成员在家务农和在外务工情况，每户家庭中在家务农不超过 2 人占到了 83.4%，而 3—5 人只有 16.6%。每户家庭中在外务工不超过 2 人占了绝大多数为 87.58%，而在 3—5 人只有 12.42%。可见每户家庭中在家务农与外出打工人数分布集中在 0—2 人/户，这表明绝大部分农村家庭中只有少数成员在家务农或在外打工，家庭成员都在家务农或在外务工的家庭毕竟是少数。由此可以判断，从事种植和养殖业以及外出打工为农村家庭的主要收入来源。

表 5-2　　　　　　　　　　在家务农及外出情况

在家务农人数	所占比例（%）	在外务工人数	所占比例（%）
0	21.0	0	23.6
1	18.4	1	28.2
2	44.4	2	35.8
3	9.6	3	9.1
4	5.8	4	2.6
5	1.2	5	0.7

在所调查农户 2012—2013 年家庭年均收入情况中，有 116 户不到 3000 元，占 10.6%，3000—5000 元占 11.2%，5000—10000 元占 32.9%，10000—12000 元占 11.6%，12000—15000 元占 9.9%，15000—25000 元占 14.0%，25000—35000 元占 5.8%，35000—50000 元占 1.8%，50000—60000 元占 1.3%，60000 元以上只有 10 户，占 0.9%（见表 5-3）。其中，年均收入在 5000—10000 元的农户数达 359 户，占比接近三分之一，所调

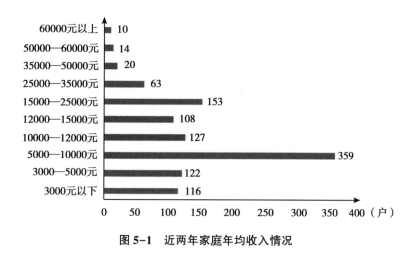

图 5-1　近两年家庭年均收入情况

查农户两年平均收入为 11196.9 元（见图 5-1）。从表 5-3 可以发现：一是由于外出务工，调查农户经济状况有所改善。二是农户之间收入水平差距较大，有 66.3% 的农户家庭年均收入低于全部调查农户的平均收入 11196.9 元，这与家庭年龄结构和受教育程度相关。青壮年人口居多且教育程度较高的家庭收入来源较广、收入水平较高，而以老少人口为主且家庭成员教育程度较低的家庭，多依靠传统的种养殖业为主要收入来源，收入水平偏低。据统计，样本农户有 54.7% 的农户人年均收入水平低于当年全国水平，[①] 收入水平仍然较低。

表 5-3　　　　　　　　　　近两年家庭年均收入分布情况

收入分组	分布（%）	累计分布（%）	中位数	均值
3000 元以下	10.6	10.6	2000.0	1925.5
3000—5000 元	11.2	21.8	3750.0	3642.8
5000—10000 元	32.9	54.7	6666.7	6609.2
10000—12000 元	11.6	66.3	10000.0	10208.2
12000—15000 元	9.9	76.2	12500.0	12871.0
15000—25000 元	14.0	90.2	17500.0	18259.0
25000—35000 元	5.8	96.0	26666.7	28285.7

---

① 据《中国统计年鉴》显示，全国 2012 年农村平均每人年收入 7917 元，2013 年农村平均每人年收入 8896 元。

续表

收入分组	分布（%）	累计 分布（%）	中位数	均值
35000—50000 元	1.8	97.8	40000.0	39108.3
50000—60000 元	1.3	99.1	50000.0	50476.2
60000 元以上	0.9	100.0	66666.7	83500.0

三　样本农户金融状况

在所调查农户中回答了近两年以来存款情况，其中在中国农业银行、农村信用社、村镇银行等金融组织有存款的农户比例为 64.5%，没有存款的比例为 35.5%。有相当多的农户没有回答金融组织存款项目，也许对"露富"存在戒心。同时，没有存款的农户比例也不低，说明有相当数量的农户"无钱可存"或缺乏存钱习惯。调查结果显示，对于农户存钱的主要目的排名顺序来说，准备子女教育排在第一位，应急（个人事件或自然灾害）排在第二位，建房等投资需要排在第三位，婚丧嫁娶和应付养老分别排在第四位和第五位，耐用消费品等进一步提高生活品质的消费被排在最后一位。子女教育、应急和建房仍是农户们关注的重要方面，分别有 56.5%、30.6% 和 16.3% 的农户将其列在存款目的的第一位（见表5-4）。农户金融活动仍停留在"存、汇、兑"初级阶段，金融资产投资十分有限。所调查农户的金融行为以存款与借款为主，而对其他金融产品知之甚少。究其原因，一是由于农户收入偏低，闲置资金太少，对投资理财动力不足。二是农户文化程度偏低，对金融产品理解困难。三是适合农民投资的金融产品供给太少。

表 5-4		农户存款的主要目的					单位:%
	第1位	第2位	第3位	第4位	第5位	第6位	平均排名
子女教育	56.5	20.5	8.5	6.4	3.7	4.5	1.9
应急（个人事件或自然灾害）	30.6	18.7	17.5	14.4	12.7	6.1	2.8
建房和其他投资需要	16.3	27.7	22.3	13.1	11.6	9.1	3.0
婚丧嫁娶	8.0	16.6	17.8	19.2	26.0	12.6	3.8
应付养老	8.8	11.5	18.5	22.2	15.2	23.8	3.9
购买耐用消费品	4.2	8.0	14.5	17.1	21.5	34.7	4.5

在所调查农户中有 632 户回答了近两年以来申请贷款情况，其中 306 户有一次以上的贷款申请，申请贷款率为 48.4%，表明农户有较为强烈的贷款意愿（见表 5-5）。但仍存在 51.6% 农户由于收入水平偏低，贷款意识淡薄等因素而没有申请贷款，这些农户与农村金融组织联系较少，生产经营能力低下，金融知识匮乏。在回答是否近两年以来获得贷款的 579 户农户中，实际获得贷款一次以上的农户数为 258 户，占观察样本农户的比例为 44.6%（见表 5-6）。可见，从上述结构看来，实际没有获得贷款的农户比例占到一半以上，大多数农户贷款需求没有被满足，尽管有 23.7% 的农户还是能够得到第一次贷款，但大部分农户实际获得贷款存在一定难度，农民贷款难的状况依然没有得到大的改变，这与农户自身的经济条件、信用抵押状况和金融组织信贷评估机制等因素有关。

表 5-5　　　　　　　　　　　农户申请借贷情况

申请次数	观察样本[a]	户数（户）	所占比例（%）	累计分布（%）
0	632	326	51.6	100.0
1	632	150	23.7	48.4
2	632	102	16.1	24.7
3	632	34	5.4	8.6
4	632	12	1.9	3.2
5	632	8	1.3	1.3

注：a，此处观察样本为调查问卷中实际填写本书户数。

表 5-6　　　　　　　　　　　农户实际获得贷款情况

获得次数	观察样本[a]	户数（户）	所占比例（%）	累计分布（%）
0	579	321	55.4	100.0
1	579	177	30.6	44.6
2	579	52	9.0	14.0
3	579	20	3.5	5.0
4	579	9	1.5	1.5

注：a，此处观察样本为调查问卷中实际填写本书户数。

第二节　金融组织行为与农户融资偏好

一　金融组织对农户提供金融服务状况

（一）金融组织距离客户情况

所调查农村地区金融组织离农户家有多远的结果显示，最近的金融组织离居住地 1 公里以内的农户占总人数的 29.8%，1—3 公里的农户占 24.7%，3—5 公里的农户占 16.1%，5 公里以外的农户占 29.42%（见图 5-2）。金融组织离居住地 1 公里以内的农户近三分之一，说明经过多年努力，有相当多的农村金融空白点得到消除，为农民提供了更为方便的金融服务。但统计结果也表明仍有 45.5% 的金融组织离农户居住地 3 公里以上，农户办理金融业务存在一些不方便，消除农村金融空白点的工作还有很远的道路要走。

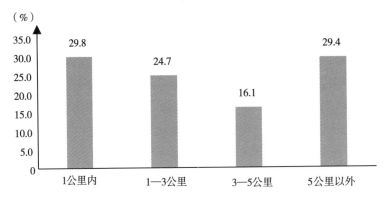

图 5-2　金融组织距离农户情况

（二）金融组织服务农户的便利程度

从调查金融组织服务农户的便利程度的统计结果分析，认为存取款很方便和比较方便的农户占比为 73.5%（见图 5-3），说明农村金融组织提供的存取款服务还是满足了大多数农户的需求。但仍有近三分之一的农户认为不太方便和很不方便，对这一部分农户的金融需求应给予重视。至于问到当前中国农业银行、信用社和村镇银行等金融组织存取款不方便，主要困难和问题是什么（限选三项）时，有 653 户次认为服务网点少，495 户次认为距离太远，420 户次认为没有私人借贷方便，393 户次认为服务态度不好，386户次认为存款利息太低（见图5-4）。而对于农业银行和信用社贷款服务的便利程度，认为贷款很不方便的农户占比达到了15%，不太方便的农户占比高达35.9%，两者合计达50.9%。可见，超过一半的农户认为从农业银行和信用社贷款很不方便和不太方便。认为比较方便的农户为39.2%，很方便的农户只有9.9%（见图5-5）。说明当前农村金融组织的贷款服务还不能满足多数农户的需求，农村贷款难依然较突出，农村金融组织为农户提供贷款便利性方面还有很大的改进空间。

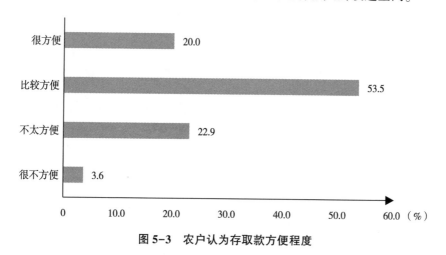

图5-3　农户认为存取款方便程度

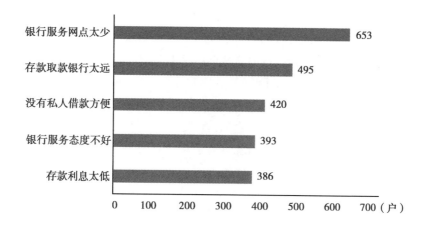

图5-4　农户认为存取款不方便的原因

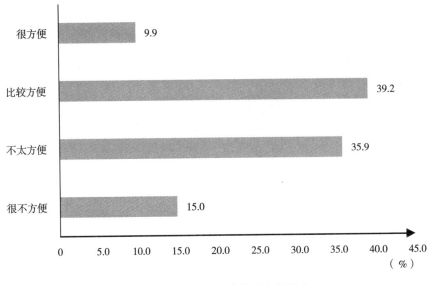

图 5-5　农户认为当前贷款方便程度

（三）金融组织对农户提供贷款服务的广度

在所调查农户近两年金融组织提供贷款服务情况，实际参与答题的农户有 632 户，其中没有申请贷款的农户占 51.6%，有 1 次申请的占 23.7%，有 2 次申请的占 16.1%，有 3 次申请的占 5.4%，4 次申请的有 1.9%，5 次申请的有 1.3%（见表 5-5）。而从金融组织实际获得贷款的情况则为，获得 1 次贷款的农户有 177 户，2 次的 52 户，3 次的 20 户，4 次有 9 户，没有获得贷款的有 321 户，占比达 55.4%（见表 5-6）。从以上数据可以看出，没有申请贷款的农户占到 51.6%，申请贷款却实际没有获得贷款的农户占 55.4%，说明一半以上的农户贷款需求无法得到满足，农户实际获得贷款存在一些难度。尽管农村金融这几年获得较快的发展，出现了许多新型的农村金融组织，但农村金融组织对农户提供贷款服务的广度依然有待提高。

调查发现，有 71.6% 的农户当前没有借款或贷款需求，只有 28.4% 的农户当前有借款或贷款需求（见图 5-6）。这可以从农户在生产经营中遇到问题的回答中找到原因。生产经营中是否遇到困难，68% 的农户选择有困难，有 58% 的农户选择缺少项目，73% 的农户认为缺少资金，64% 的农户选择缺少技术，55% 的农户选择缺少发展思路，56% 的农户认为没有市场。正是生产经营存在的上述种种问题以及烦琐的贷款过程，使得农户

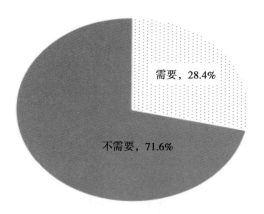

图 5-6 农户当前想借款或贷款

对获得金融组织贷款信心不足（见表 5-7）。

表 5-7	农户生产经营中遇到问题	单位:%
	肯定回答	否定回答
生产经营中是否遇到困难	68	24
是否缺少项目	58	35
是否缺少资金	73	23
是否缺少技术	64	30
缺少思路	55	36
没有市场	56	35

（四）金融组织对农户提供贷款服务的深度

结合贷款面及贷款额度来考察金融组织对农户提供贷款服务的深度。在回答是否近两年以来获得贷款的 579 户农户中，发生贷款的户数共记 258 户，占观察样本农户的比例为 44.6%。其中贷款额度在 1 万元以下的农户占总贷款户数 12%，1 万—5 万元占 4%，5 万—10 万元占 24%，10 万—15 万元占 36%，15 万—20 万元占 20%，20 万以上占 4%（见图 5-7）。由此可以看出，在调查贷款农户中有 60% 的农户贷款额度在 5 万—15 万元。这主要由于越来越多的农民外出经商打工，人们对运输车辆、施工设备等固定资产投资以及流动资金需求量增加。此外，由于近年来农村地区出现的规模种养殖业、农家乐等旅游业的兴起，推动了农户购置大棚、农机以及修建旅游设施的需求。同时，相当多农村地区贷款建房日益普遍，而此方面的支出颇高，引致农户所需贷款金额增高。

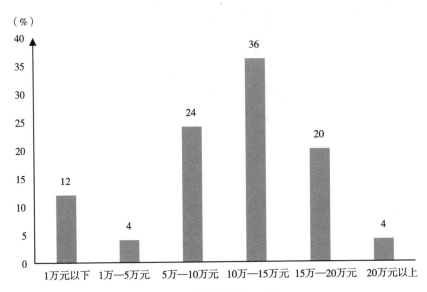

图 5-7　农户贷款额度分布

二　农户的融资偏好

(一) 农户存款的金融组织选择

对于钱往哪里存的问题，调查结果表明，农户选择金融组织存款考虑的重点首先是该组织比较可靠，有 48.3% 的农户将它放在第一位，安全可靠是农户最为关心的因素。其次是离家或工作地点较近和比较容易提取现金，把距离和提现的便利程度放在考虑是否存款第一位因素的农户有 39.9% 和 23.5%。再次是该组织的存款利息较高，有 15.0% 的农户将利息的高低作为决定存款的首要因素。最后是该组织能提供贷款，5.0% 的农户决定是否存款首要看该金融组织能否提供贷款 (见表 5-8)。从中能够得出，农户存款大多青睐于安全性强，资金稳定性高，办理业务方便的金融组织。结合前述农户对农村金融组织期望和便利程度的评价，现有的农村金融组织在便民服务上还有待提高。

表 5-8　　　　　　　农户选择存款金融组织考虑的重点因素排名　　　　单位:%

	第1位	第2位	第3位	第4位	第5位	平均排名
该组织比较可靠	48.3	24.4	18.9	7.1	1.2	1.88
离家或工作地点较近	39.9	19.1	14.7	15.1	11.3	2.39
比较容易提取现金	23.5	30.8	28.6	12.4	4.7	2.44
该组织利息较高	15.0	14.7	18.4	32.2	20.8	3.31
该组织能提供贷款	5.0	10.5	10.4	21.6	52.6	4.06

(二) 农户的融资偏好

从中国农村金融市场现实以及农民的传统习惯，农户融资渠道的选择一般有两种：一种是正规金融组织贷款，包括中国农业银行、农村商业银行、农村信用社、村镇银行和农村资金互助社等农村金融组织贷款；另一种是私人借贷，包括向亲戚朋友借款、民间高利借贷等。基于上述，选取填写此项问题的1197户农户作为研究对象。在回答"如果要借款和贷款，您准备从哪里借款?"问题时，有59.3%农户偏好于从金融组织申请贷款，39.9%农户偏向亲戚朋友借款，0.8%农户会选择民间借高利贷。(见图5-8) 其中51%农户更倾向于农村信用社，35.9%农户选择农业银行，选择从村镇银行和农村资金互助社贷款的农户分别只有8.0%和5.1%(见图5-9)。通过分析调查问卷可知，大多数农户偏向金融组织贷款，其中选择信用社贷款的农户比例最多，选择农业银行贷款的农户比例其次，而选择村镇银行和农村资金互助社贷款的农户很少。相当多的农户融资更偏向从亲戚朋友处借款，说明"关系借贷"依然是农户较为普遍的

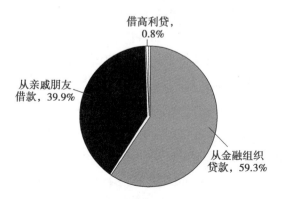

图 5-8　农户融资偏好分布

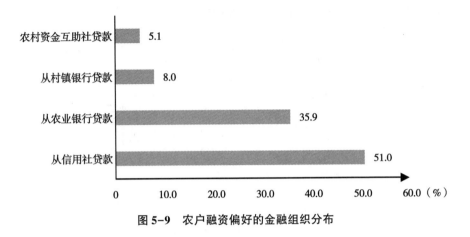

图 5-9　农户融资偏好的金融组织分布

借贷方式。高息借贷在中国被法律明文禁止，愿意借高利贷的农户也只是极少数，但在农村地区高息借贷活动依然存在。有 21.1% 农户认为他们周围有地下或私人的高息存款或放贷，有 15.4% 农户认为没有，63.5% 农户不知道。只有极少数农户选择高息借贷也许是大多数农户并不知道周围还有地下的或私人的高息放贷，是否还有其他原因还有待考证。

从以上调查分析中，我们获得了农户融资偏好的选择次序，农户融资偏好的选择行为是众多因素影响的结果。要清楚地界定出农户融资偏好的影响因素也许是困难的，但依然可以从农户贷款时最看重的因素中发现影响农户融资偏好的一些因素。在所调查农户中，有 39% 的农户选择融资渠道时则要考虑不同渠道贷款的利率高低，有 35.8% 的农户选择时在乎能否贷到款，有 18.6% 的农户选择时要看贷款的便利程度，有 4.6% 农户更看重贷款偿还期限的长短，有 2.0% 的农户认为实际可获得贷款的额度很重要。因此，影响农户融资偏好选择的首要因素为贷款利率高低和贷款可得性。这是由于多数农户生产经营环境条件的局限，收入水平不高，申请贷款时非常顾忌利息的高低给自身带来还款成本变动的压力。此外金融组织出于控制经营风险的考虑，对于缺少抵押担保的农户经常拒贷，因此这两项因素合计比例可达到 74.8%。

（三）农户贷款用途

农户贷款用途多样且分布不均，主要集中于传统生活用途方面。在对农户的调查发现，有 60.6% 的农户 1—5 次以上贷款用在建房置业、子女教育和婚丧婚嫁等生活用途方面，其中，1 次和 2 次贷款用在生活用途方

面的农户比例分别达到 43.2% 和 11.6%，多次贷款用在生活用途方面的
农户比例最高。有 52.3% 农户 1—5 次以上的贷款用在资金周转方面，以
解决临时应急性资金短缺之需。其中 1 次和 2 次贷款用在资金周转方面的
农户比例分别为 36.4% 和 9.9%。反观只有 38.7% 的农户多次将贷款用于
农业生产包括种养殖业、设施农业（大棚）、购置农业机械等方面，多次
将贷款用在工商业包括运输、购置出租车客车、承包工程、个体工商业、
建库房等方面的农户比例也只有 32.1%（见表 5-9）。

　　这表明，大多数农户意识观念依然落后，创业意识和投资意识较差，
获取贷款仍然滞留于满足传统生活用途方面以及临时应急性资金的需要。
但是，随着农村经济的发展，也出现了一批规模化农业生产的农户，在种
养殖业、设施农业大棚和农业机械等方面的贷款用途在增加。除了用于常
规的农业生产性信贷外，用于工商业的贷款也出现较大增长，在客货运
输、承包工程、商贸流通和仓储等方面贷款用途是主要的增长点。

表 5-9　　　　　　　　　**农户贷款用途分布**　　　　　　单位：%

贷款次数	资金周转（临时应急性资金）	农业生产［包括种养殖业、设施农业（大棚）、购置农业机械等］	工商业（包括运输、购置出租车客车、承包工程、个体工商业、建库房等）	生活用途（包括买房、教育、结婚等）
0	47.7	61.3	67.9	39.4
1	36.4	25.5	23.3	43.2
2	9.9	8.9	5.3	11.6
3	3.9	3.8	2.2	3.1
4	1.1	0.1	0.9	2.1
5	1.1	0.4	0.4	0.7

（四）农户还款选择

　　一直以来人们习惯性地以为农村信用环境差是农村借贷难的重要因素
之一，农民信用意识淡薄阻碍着金融组织为农民发放贷款的积极性。然
而，通过对农户的调查发现，现实的情况并非如此。在回答"如果您从
金融机构贷了款，到期还款时您准备怎么做？"问题时，75.0% 的农户认
为贷款到期应该有钱积极还，有 15.5% 的农户认为即使没钱也要设法还
上，而有钱先拖着的农户比例为 5.7%，有钱也不想还的农户比例为
2.2%，没钱就不还的农户只有 1.6%（见图 5-10）。

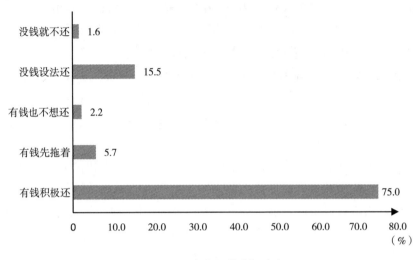

图 5-10　农户还款选择分布

可见，绝大多数农户还是能够遵守信用承诺，保证到期偿还贷款。促使大多数农户按期偿还贷款直接理由是，如果不还金融组织的贷款，72.7%的农户担心以后从金融组织贷不上款，24.1%的农户担心村里人不信任（见图5-11）。当同时借了私人的钱和金融组织的钱，是先还私人的还是先还金融组织的钱。55.5%的农户选择先还金融组织的钱，28.7%的农户选择同时还（见图5-12）。

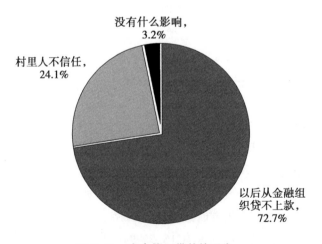

图 5-11　农户偿还贷款的理由

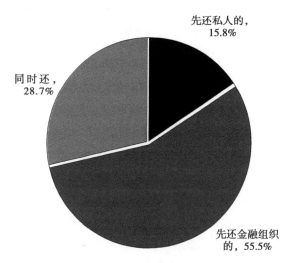

图 5-12　农户偿还贷款的顺序

　　从上述的分析结果可以看出，大多数农户具有诚信意识，借款都能到期按时归还，即便是有困难也想办法先归还金融组织贷款，农户们也很重视自己与金融组织之间的信用关系。

三　农户收入对获贷几率及贷款用途的影响

　　为了更深入地分析农户家庭年均收入水平变动对农户融资行为的影响，依据所调查农户家庭人均收入水平，将填写有效收入的 1092 户农户分为十组。其分组情况如下：2000 元以下为第 1 组，农户数量为 103 户，该组农户人均收入中位数为 1125.00 元，组内农户人均收入为 1158.62元。2000—8000 元为第 2 组，农户数量为 473 户，该组农户人均收入中位数为 5000.00 元，组内农户人均收入为 5223.68 元。8000—14000 元为第 3 组，农户数量为 261 户，该组农户人均中位数收入为 10000.00 元，组内农户人均收入为 10907.58 元。14000—20000 元为第 4 组，农户数量为 119 户，该组农户人均收入中位数为 16666.67 元，组内农户人均收入为 17476.77 元。20000—26000 元为第 5 组，农户数量为 39 户，该组农户人均收入中位数为 25000.00 元，组内农户人均收入为 24008.55 元。26000—32000 元为第 6 组，农户数量为 23 户，该组农户人均收入中位数为 30000.00 元，组内农户人均收入为 28550.72 元。32000—38000 元为第 7 组，农户数量为 18 户，该组农户人均收入中位数为 33333.33 元，组内农户人均收入为 34787.04 元。38000—44000 元为第 8 组,农户数量为 11 户,该组农户人均收入中位数为 40000.00 元,组内农户人均收入为 40242.42 元。44000—50000 元为第 9 组,农户数量为 13 户,该组农户人均收入中位数为 50000.00 元,组内农户人均收入为 49615.38 元。50000 元以上为第 10 组,农户数量为 16 户,该组农户人均收入中位数为 70833.33 元,组内农户人均收入为 97048.61 元。

(一)农户人均收入水平与获贷几率的关系

从以往经验和理论推断可知,金融组织更愿意向收入较高,信誉较好,具有担保抵押品的农户发放贷款。农户收入水平越高,偿还贷款能力就越强,违约的可能性也就越低,从金融组织获得贷款的几率就越大。反之,农户收入水平越低,其偿还贷款的能力就越差,从金融组织获得贷款的几率也就越小。由此可以认为农户收入与获贷几率之间存在某种相关性。依据调查农户分组的人均收入和贷款数据所表现出来两者的相关性(见图 5-13),不难发现不同收入水平的农户从金融组织获得贷款的几率存在较大差异。人均收入水平在 10000 元以下的农户(图中第 1 组、第 2 组、第 3 组农户),近两年来约 46.1%—49.8% 的农户发生过借贷行为,但这些农户主要是从亲戚朋友处借款,从金融组织获得贷款农户占贷款农户的比例均没有超过 40%。反观人均收入水平在 10000 元以上的几组农户(图中从第 4 组到第 10 组),各组中有 38%—78% 的农户有过借款行为,

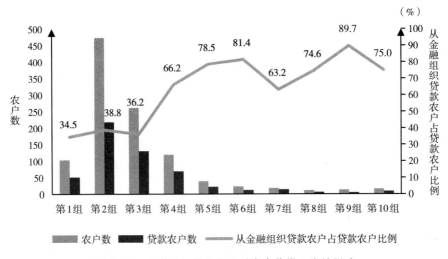

图 5-13 农户人均收入水平对农户获贷几率的影响

但从金融组织获得贷款农户占贷款户数的比例在65%—90%。通过分析各组数据，可以得出农户人均收入水平越高，农户从金融机构获得贷款的几率大大提高的结论，这与前述分析的农村金融组织选择贷款人群行为相一致。

（二）农户人均收入水平对贷款用途的影响

从农户家庭调查走访中可发现，人均收入水平较低的农户其贷款用途比较单一，而人均收入水平较高的农户其贷款用途则更加多样化，这不仅体现在临时应急性资金周转以及购房、教育和婚丧嫁娶等传统生活用途方面，更多地表现在养殖业、设施农业等农业生产以及运输、购置出租车客车、承包工程等工业商业用途方面。这些现象是否具有一定的规律，我们通过农户家庭调查所得数据，加以统计分析来进行验证。图5-14为农户收入水平对贷款用途的影响统计分析图，从中可以看出资金周转是当地农户贷款主要投入方向，其各组比例在20%—37%，并且曲线较为平缓。意味着不同收入水平农户都有此项贷款需要，也从侧面反映出农户相当一部分的贷款是为了解决临时应急资金周转。反之，工商业用途则体现出较强的收入阶层性，不难发现人均收入在8000—14000元以下的农户（图中第1、第2、第3组），对工商业用途贷款比例在13%—17.6%，而一旦人均收入水平跨过8000—14000元进入高收入群体（图中第4组至第10组），工商业用途贷款比例迅速提升，从22.9%上升至38.9%。需求层次理论就指出，低层次的需求得以满足才会转向更高层次，农户贷款用途变化也是如此。通过大力发展农村经济，提升农户收入水平，使得农户从仅为生活用途的贷款需求向更高的贷款需求转变，从事工商业生产增加其收入水平，进而可以摆脱由于收入低下而失去改善贫穷机会的困境。图5-14中生活用途也表现出一定的收入阶层性，但与工商业用途趋势相反，人均收入在8000—14000元以下的农户（见图5-14中第1组、第2组、第3组），对购房、教育和婚丧嫁娶等贷款的需求在26.5%—34.3%，而人均收入在8000—14000元以上的农户（见图5-14中第4组至第10组）则对这些需求逐渐下降。可见低收入群体在生活用途方面的贷款需求比例较大，这些贷款被用于改善生活条件（购房）、提升家庭人力资本（小孩教育）和农户社会资本（婚丧嫁娶），这些无形资本对农户再生产和增强自身在社区中的被信任程度起到关键性作用（费孝通，2001；Dasgupta，1988），如此收益虽小但确定性更高。高收入群体在工商业用途方面的贷款需求比例较大，这些贷款被用于收益高但不确定性也高的工商业生产性领域，高收入群体愿意承受与高收益相匹配的高风险。不同收入群体对贷款用途的选择行为，实际上表明农户的理性算计和理性选择。从图 5-14 中也发现，不同组间对农业生产的贷款投入的比例较为平稳，可见不同收入农户有约三分之一的贷款投放于农业生产方面。只不过低收入农户的贷款资金主要用于种植和养殖业，而高收入农户的贷款资金主要用来购置一些农机设备以及大棚等规模农业设施。

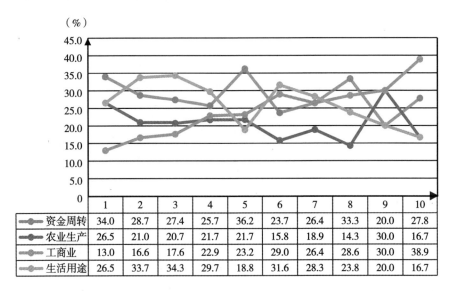

图 5-14 农户人均收入水平对农户贷款
用途的影响

从以上分析可知，农户收入水平的高低依然是影响农户获得贷款几率和贷款用途的主要因素，而农户人均收入 8000—14000 元是一个分界点。低于此点的农户归为低收入农户群体，高于此点的农户归为高收入农户群体，两类农户在贷款获得几率和贷款用途方面呈现出多方的差异性。提升农村金融组织服务水平，解决农户贷款难、金融组织贷款投放难等一系列问题，不仅需要金融组织的改革与转变，还需要提升农户自身经济实力。因此，应加大低收入水平农户的政策支持和扶植力度，帮助其发展增收的生产项目，促使低收入农户贷款需求迈向更高层次，以改善农村金融中供需不均衡的矛盾。

第三节　农户对小型金融组织的认知程度

根据农户融资偏好可知,大多数农户偏向金融组织贷款,其中选择信用社贷款的农户比例最多,选择农业银行贷款的农户比例其次,而选择村镇银行和农村资金互助社贷款的农户很少。说明传统的农村金融机构在农户心中地位依然十分重要,以村镇银行为代表的农村小型金融组织还没有获得广大农户的认同。农村小型金融组织是为了解决农村金融发展落后,广大农民特别是中低收入农民难以获得金融服务这一现实问题而出现,农村小型金融组织的服务方向应该是广大中低收入农户和小微型企业,但现实的发展情况是农村小型金融组织偏离服务方向,同时广大农户在贷款时却很少选择村镇银行、小额公司和农民资金互助社等小型金融组织。这些背离现象固然与农村小型金融组织追求自身利益而不愿意深耕农村金融有关,也与农户对小型金融组织认知程度不够有很大关系。

一　农户对小型金融组织的认识

为了解农户对目前农村小型金融组织的认知程度,在调查问卷中针对村镇银行、小额贷款公司和农村资金互助合作社设计了农户对小型金融组织的认知程度评价选项。从调查结果来看,有74.0%的农户不知道村镇银行、小额贷款公司和农村资金互助社,知道的农户只有26.0%(见图5-15)。可见,农村小型金融组织作为新型机构的出现,在普及农村金融和深耕农村金融市场方面做得远远不够。在问及农户是否对这些小型金融组织信任时,有13.3%的农户信任,47.8%的农户比较信任,不信任农户比例有38.9%(见图5-16),大多数农户还是信任农村小型金融组织的。其中不信任的主要原因依次是:57.3%的农户认为是不熟悉,21.7%的农户认为是风险高,有15.2%的农户认为规模小,5.8%的农户认为是贷款少(见图5-17)。农户不信任小型金融组织的首要原因就是不熟悉,表明农村小型金融组织还需要更加努力地在农村进行普及宣传业务。调查也发现,大多农户认为发展村镇银行、小额贷款公司和农村资金互助社等小型金融组织很有必要,尽管其有风险。

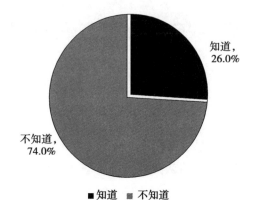

图 5-15　农户是否认知小型金融组织

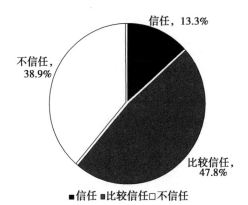

图 5-16　农户是否信任小型金融组织

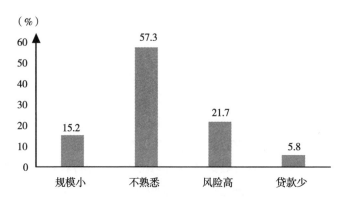

图 5-17　农户不信任小型金融组织的原因

综上所述,村镇银行、小额贷款公司和农村资金互助社等小型金融组织在农村还是有很大的发展潜力。农村小型金融组织应加大宣传力度,多深入农村中为农户进行服务,方便农户办理存贷款业务,创新手段切实解决农户金融服务困难,那么农村小型金融组织是能够得到农户认可的,其自身也会得到很大的发展。

二　农户对小型金融组织的评价

(一) 农户偏好亲戚朋友借贷原因

从调查结果知道,有 39.9% 的农户偏向亲戚朋友借贷。对于农户如此偏好亲戚朋友借贷的原因:30.5% 的农户认为借贷手续简单方便,25.5% 的农户认为利息低,20.3% 的农户认为贷款数量够,12.5% 的农户是因为不需要抵押财产,11.2% 认为从金融机构贷不到 (见图 5-18)。

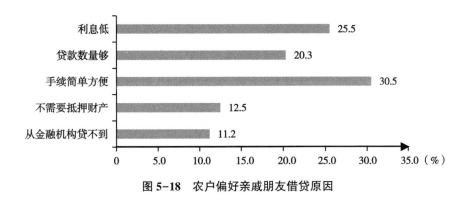

图 5-18　农户偏好亲戚朋友借贷原因

从中不难发现,一方面,正是因为亲戚朋友借贷手续简单,办理十分方便,一般农户对一些小额贷款需求如婚丧、子女教育以及临时性资金周转,农户会寻求亲戚朋友的资金来解决,只有一些迫不得已的生产性大额贷款需求才会向当地农村金融组织借贷。另一方面,亲戚朋友借贷利息水平低,借贷成本较小,不需要抵押担保,没有像金融组织所设门槛条件,故吸引一些农户的借贷诉求。因此,如何改变目前农村小型金融组织的小额信贷产品贷不出,不被广大农户普遍接受的局面,并创新小额信贷服务方式,降低贷款成本,正是农村小型金融组织当前亟须解决的问题。

（二）农户对小型金融组织的评价

为了解农户对小型金融组织提供金融服务的满意状况，问卷针对农村金融组织办理借款手续、借款额度、服务态度、工作人员有吃回扣、有不公平现象等内容对农户展开调查。结果显示，对于借款额度是否合适，有56.0%农户认为合适，肯定回答多于否定回答。对于借款手续是否简单，有61.3%的农户认为不简单，否定回答多于肯定回答。对于服务态度是否满意，肯定回答略多于否定回答。对于工作人员是否有吃回扣，否定回答略多于肯定回答。而对于是否有不公平现象，有60.1%的农户认为有，肯定回答超过否定回答（见表5-10）。

表5-10　　　　　　　　　农户对小型金融组织评价　　　　　　单位：%

内容	肯定回答	否定回答
借款额度是否合适	56.0	39.1
借款手续是否简单	34.6	61.3
服务态度是否满意	49.5	45.0
工作人员是否有吃回扣	44.4	48.7
是否有不公平现象	60.1	33.4

上述统计数据说明大多数农户虽对农村小型金融组织服务基本上是满意的，但仍存在较大的改进空间。对此做以下分析：第一，经过多年的监管政策引导和内部管理的改进，农村小型金融组织的金融服务水平已有所提升，服务态度和工作人员廉洁方面满意度有所提高。特别是贷款额度改善幅度较大，基本能够满足普通农户的贷款金额需要。第二，农村小型金融组织贷款管理方式仍照搬传统金融机构贷款管理方式，贷款管理制度和审批程序僵化，贷款审批手续复杂，不能依照农户贷款需求的不同创新贷款管理方式，致使部分急需用钱的农户或农村小型企业转向民间借贷。第三，农村小型金融组织虽在不断强化内部控制机制，但是仍存在工作人员吃回扣的金融"寻租"现象，选择贷款对象不够公平，关系贷款较为普遍。

为了深入了解农户对农村小型金融组织贷款潜在症结的看法，调查问卷设计如下问题："如果您认为向村镇银行等小型金融组织贷款困难，主要困难和原因是什么？"在所调查的1260户农户中，对该项目回馈信息有1118户，其中，30.5%农户选择"手续太复杂，不方便"，25.5%农户选择"贷款利息比较高，受不了"，20.3%农户选择"放款数量太少，不够

用"，12.5%农户选择"没有抵押的财产，贷不了"，11.2%农户选择
"没有关系，贷不到"（见图5-19）。

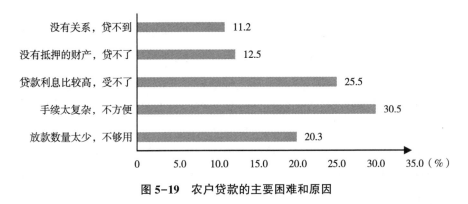

图5-19　农户贷款的主要困难和原因

　　结合前文数据可知，农户从村镇银行等小型金融组织难以获得贷款的
主要原因依然是贷款手续的复杂和抵押担保的缺失，而利息水平太高和额
度太小是农户向小型金融组织贷款所面临的主要困难。这或许是由于当地
农户从事规模种养殖和工商活动的增加，农户对贷款的规模数量也在增
加，农村小型金融组织发放的小额贷款难以满足一些农户新增加的贷款需
求。并且大多数农户因生产技术与效率的限制，其经营收益不会太高，较
高的贷款利息成本确实是农户较为沉重的负担。这也从另外一个角度说
明，农村小型金融组织加快改革经营方式、创新业务产品和降低贷款利率
的紧迫性。

三　农户对小型金融组织信用保障制度的认知

　　从前述的调查统计分析以及历史的实践经验告诉我们，大多数农户特
别是低收入农户既没有足够的资产作为银行服务的担保抵押品，也不能提
供可信的资信报告和完整的信用记录。在这种情况下，农村小型金融组织
赖以成功的关键就是通过整合农户的经济资源和社会资源创新信用保障机
制。因此，信用保障机制的完善与否是农村小型金融组织是否愿意为农户
提供贷款服务的重要因素。中国农村小型金融组织主流的信用保障创新模
式包括小组联保制度、动态激励制度、不同形式的担保替代安排，此外还
存在许多辅助性的非核心制度安排，如小组联保制度中的"定期召开小
组中心会议"和乡村信用环境制度建设等。所有这些富有特色的制度特
征，使得农村小型金融组织在农村金融市场可持续的发展成为可能。为了

深入了解农户对这些信用保障制度的认知程度以及信用保障制度实施过程中存在的问题，我们从抵押资产替代品如农民房产和土地承包经营权、小组联保制度实施和乡村信用建设等方面进行了调查。

(一) 农户对抵押资产替代品的认知

在所调查农户中，为了贷款是否应该允许自己承包的土地来抵押？有43.0%的农户认为应该，但也有57.0%的农户认为不应该（见图5-20）。虽然以土地承包经营权作为贷款抵押品的替代，确实能解决一些农户缺乏抵押品而导致的贷款难问题，但毕竟土地是中国广大农民最后的保障。在农村还没有完善的社会保障体系的情况下，让农户将自己最后的保障拿来抵押贷款，相当多的农户还是有顾虑的。所以，完善农村社会保障体系也是构建农村信用保证体系的一环。

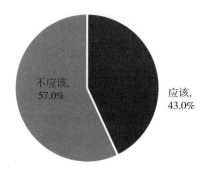

不应该，57.0%
应该，43.0%

图5-20　农户对承包土地抵押的认知

在问及为了贷款是否应该允许用自己房屋抵押时，有50.6%的农户认为应该，49.4%的农户认为不应该，赞同自己房屋抵押获取贷款的农户数超过了反对农户（见图5-21）。可见，越来越多的农户认识到了自住房屋所具有的资产价值，愿意将自己房屋作为抵押品而获取所需贷款资金。农户对自己房屋抵押的重新认识，将有利于农村小型金融组织在更大范围为农户开展抵押贷款服务。

(二) 农户对小组联保制度的认知

小组联保就是利用制度设计形成有效的筛选机制和监督机制，降低农户贷款过程中高额的交易成本和信息成本。针对农户数量众多及其分散的特性，小组联保制度成立联保小组、小组中心等组织，并定期举行中心会

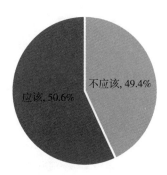

图 5-21　农户对自己房屋抵押的认知

议；针对信息不对称问题，小组联保制度通过成员筛选确保小组成员内的信息较为充分，并将监督的职责内在化，节省监督成本，解决小型金融组织的委托代理问题。如此制度要有效发挥作用，需要农户积极参与和严格实施。然而在所调查农户中发现，只有 11.3% 的农户参加过农户联保小组，42.7% 的农户没有参加过农户联保小组，甚至有 45.9% 的农户不知道农户联保小组（见图 5-22）。

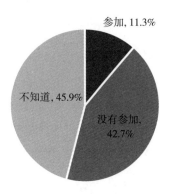

图 5-22　农户参加过联保小组

当问及农户是自己选择参加农户联保小组，还是村干部指定时，调查农户中有 42.7% 的农户是自己选择参加联保小组，57.3% 的农户是村干部指定参加联保小组，超过一半的农户被指定联保小组（见图 5-23）。而没有自愿选择的小组联保，很难保证农户们能为共同的利益相互监督。

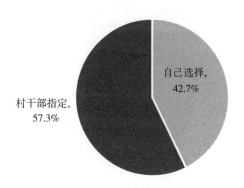

图 5-23 农户参加联保小组的选择

    如果是自己选择联保小组成员，农户会选择什么样的人参加联保小组？在所调查农户中，有 43.3% 的农户选择有信誉的人，有 21.9% 的农户选择亲戚为合作对象，选择朋友的农户有 13.7%，而选择同村人的农户只有 7.9%（见图 5-24）。可见，多数农户还是以信誉而不是身份作为选择合作伙伴的首要条件，选择顺序与农户人际关系的紧密程度相一致。

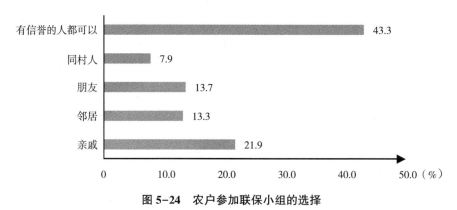

图 5-24 农户参加联保小组的选择

    定期开会见面对于了解合作伙伴的情况，交流生产经营信息和监督其履行责任是十分有用的。在问及农户参加的联保小组是否经常开会相互见面，有 7.7% 的农户回答经常开会见面，有 45.6% 的农户回答有时开会，合计开过会的农户比例超过一半，但仍有高达 46.7% 的农户回答没有开过会（见表 5-11）。可见，有相当多的联保小组成员之间缺乏沟通交流，疏于日常的监督。

表5-11　　　　　　　　　　**农户对联保小组的评价**　　　　　单位:%

参加的农户联保小组经常开会相互见面吗	比例	通过参加农户联保小组向金融机构贷款更容易吗	比例	通过农户联保小组担保获得小型金融机构的贷款，您能按时归还吗	比例
经常开会	7.7	更容易	32.9	能	79.4
有时开会	45.6	没变化	49.8	不能	20.6
没有开过会	46.7	不容易	17.2	—	—

　　通过参加农户联保小组农户是否从农村小型金融组织贷款更容易，有32.9%的农户认为更容易，有49.8%的农户认为没有变化，也有17.2%的农户认为不容易。因此，小组联保制度在一定程度还是缓解了农户贷款难的问题，但也有近半数的农户认为贷款难依然没有变化。从上述的分析我们也能看到，有相当多的联保小组制度流于形式，没有很好地发挥监督制约作用，农村小型金融组织疑虑小组联保制度的有效性是可以想象的。但对于通过联保小组担保获得小型金融组织贷款的农户来说，小组联保制度的有效性还是获得了农户的较高认可。有79.4%农户能够归还小组联保的贷款，只有20.6%的农户认为不能。

　　对于什么原因能促使大多数农户偿还联保小组担保的贷款这一问题，调查分析可知，有61.3%的农户认为，如果还不上贷款，他们与小组其他成员的人际信任关系会遭到破坏，无法继续与其交往。有28.8%的农户认为会失去面子，有10.0%的农户认为将在村里无法待下去（见表5-12）。可见，大多数农户看重的是基于联保小组关系网络中的人际信任。建立在人际信任关系之上的共有态度、价值观以及行为规则是一种社会资本，一旦农户们认识到联保小组中的社会资本存在，便会激励他们追求或保护联保小组成员身份，因为这一身份可以带来情感和价值意义。

表5-12　　　　　　　　**促使农户偿还贷款的原因**

如果还不上钱，您认为会给您造成什么影响	比例（%）
失去面子	28.8
担心无法继续和人交往	61.3
在村里不能待	10.0

（三）农户对农村信用活动的认知

农村信用体系建设对于树立借款人诚实守信意识、降低贷前调查成本、提高贷款发放效率、优化农村小型金融组织的经营环境具有重要作用。从21世纪初以来，一些地区在当地政府的主导下开展了以农户信息共享与农户信用评级为基础的农村信用体系建设，通过开展信用户、信用村、信用乡镇创建活动，在一定程度上改善了当地农村的信用环境。但从所调查农户的访谈以及统计资料的分析中发现，农村信用环境建设还任重道远。在问及村里是否在搞信用村建设活动，调查农户中有59.5%的农户竟然没有听说过，23.6%的农户说没有，只有17.0%农户说是有。可见，信用体系建设活动还远没有深入到农村基层。在问及村的信用建设活动是谁来主持时，有45.1%的农户回答是政府主持，34.4%的农户回答是银行主持，也有20.6%的农户回答是村民自己主持。事实上，在一些农村信用创建活动搞得好的地方，往往是地方政府强力推动，各金融组织主导，农户积极参与共同建设。从表5-13可知，有49.2%的农户认为，在被评为信用户后贷款更容易了。可见，信用创建活动在促进农户贷款难问题解决方面还是有效果的，各地方应该更加深入农村基层进行推进。

表 5-13		农户对农村信用活动的认知			单位:%
有没有搞信用村建设活动	比例	村的信用建设活动是谁来主持	比例	如果您家被评为信用户，您觉得以后贷款更方便了吗	比例
有	17.0	政府主持	45.1	更容易	49.2
没有	23.6	银行主持	34.4	没变化	42.0
没有听说过	59.5	村民自己主持	20.6	不容易	8.8

第四节　农户借贷行为与融资偏好的实证分析

一　统计数据描述

在所调查农户中有632户回答了近两年以来向正规金融机构申请贷款情况，其中306户有一次以上的贷款申请，申请贷款率为48.4%，表明农户有较为强烈的借贷行为。但仍存在51.6%农户由于收入水平偏低，贷款意识淡薄等因素而没有申请贷款，这些农户与农村金融组织联系较少，生产经营能力低下，金融知识匮乏。在回答是否近两年以来获得贷款的579户农户中，实际获得贷款一次以上的农户数为258户，占观察样本农户的比例为44.6%。可见，从上述结构看来，实际没有获得贷款的农户比例占到一半以上，大多数农户贷款需求没有被满足，尽管有 23.7% 的农户还是能够得到第一次贷款，但大部分农户实际获得贷款存在一定难度，农民贷款难的状况依然没有得到大的改变，这与农户自身的经济条件、信用抵押状况和金融机构信贷评估机制等因素有关。为了更深入地分析农户家庭年均收入水平变动对农户借贷行为的影响，依据所调查农户家庭年均收入水平，将填写有效收入的 1076 户农户分为十组。其分组情况如表 5-14 所示。

表 5-14　　　　　　　　　　农户家庭年均收入分组情况

组数	按农户年均收入分组（元）	组内户数（户）	组内中位数（元）	组内户均收入（元）
第 1 组	2000 以下	103	1125.00	1158.62
第 2 组	2000—8000	473	5000.00	5223.68
第 3 组	8000—14000	261	10000.00	10907.58
第 4 组	14000—20000	119	16666.67	17476.77
第 5 组	20000—26000	39	25000.00	24008.55
第 6 组	26000—32000	23	30000.00	28550.72
第 7 组	32000—38000	18	33333.33	34787.04
第 8 组	38000—44000	11	40000.00	40242.42
第 9 组	44000—50000	13	50000.00	49615.38
第 10 组	50000 以上	16	70833.33	97048.61

从以往经验和理论推断可知，正规金融机构更愿意向收入较高、信誉较好、具有担保抵押品的农户发放贷款。农户收入水平越高，偿还贷款能力就越强，违约的可能性也就越低，正规金融机构向其发放贷款的可能性就越大。反之，农户收入水平越低，其偿还贷款的能力就越差，正规金融机构向其发放贷款的可能性也就越小。由此可以认为农户收入与获贷几率之间存在某种相关性。依据调查农户分组的年均收入和贷款数据所表现出来两者的相关性（见图 5-13），不难发现不同收入水平的农户从正规金融机构获得贷款的几率存在较大差异。年均收入水平在 10000 元以下的农户（图 5-13 中第 1 组、第 2 组、第 3 组农户），近两年来约 46.1%—49.8% 的农户发生过借贷行为，但这些农户主要是从亲戚朋友处借款，从金融机构获得贷款农户占贷款农户的比例均没有超过 40%。反观年均收入水平

在 10000 元以上的几组农户（图 5-13 中从第 4 组到第 10 组），各组中有 38%—78%的农户有过借贷行为，但从金融机构获得贷款农户占贷款户数的比例在 65%—90%。通过分析各组数据，可以得出农户收入水平越高，农户更愿意借贷，而且其从正规金融机构获得贷款的几率也大为提高，这与农村金融机构选择贷款人群行为相一致。

从中国农村金融市场现实以及农民的传统习惯可知，农户的融资来源一般可分为两种：一是从正规金融机构获得贷款，包括向农村信用社、中国农业银行、村镇银行和农村资金互助社等金融机构贷款；二是向民间借贷，包括向亲戚朋友借款或者借民间高利贷等。基于上述判断，选取填写此项问题的 1197 户农户作为研究对象。在回答"如果要借款和贷款，您准备从哪里借款？"问题时，分别有 59.3%、39.9%、0.8%的农户偏好于金融机构申请贷款、亲戚朋友借款、民间高利贷，选择向金融机构申请贷款的农户中：有 51%农户更倾向农村信用社，35.9%农户选择农业银行，选择从村镇银行和农村资金互助社贷款的农户分别只有 8%和 5.1%。通过分析调查问卷可知，大多数农户倾向从正规金融机构贷款，其中选择信用社贷款的农户比例最多，选择农业银行贷款的农户比例其次，而选择村镇银行和农村资金互助社贷款的农户很少。在民间借贷中，相当多的农户融资更偏向从亲戚朋友处借款，说明"关系借贷"依然是农户较为普遍的借贷方式。高息借贷在中国被法律所明文禁止，愿意借高利贷的农户也只是极少数，但在农村地区高息借贷活动依然存在。问卷调查显示，有 21.1%农户认为他们周围有地下或私人的高息存款或放贷，有 15.4%农户认为没有，63.5%农户不知道。只有极少数农户选择高息借贷也许是大多数农户并不知道周围还有地下的或私人的高息放贷，是否还有其他原因还有待考证。

从以上调查分析，获得了农户融资偏好的选择次序，农户融资偏好的选择行为是众多因素影响的结果。要清楚地界定出农户融资偏好的影响因素也许是困难的，但我们依然可以从农户借贷时最看重的因素中发现影响农户融资偏好的一些因素来。在所有向正规金融机构贷款的农户中，有 35.8%的农户选择融资渠道时在乎能否获得贷款，39.0%的农户会关注贷款利率的高低，18.6%的农户在意借贷过程的方便程度，4.6%更考虑还款期限的长短，2%的农户看重实际可以获得贷款的额度。从上述调查结果发现，农户融资偏好的选择首先考虑的是利率高低与贷款可得性因素。

这是由于多数农户生产经营环境条件的局限，收入水平不高，申请贷款时非常顾忌利息的高低给自身带来还款成本变动的压力。此外金融机构出于控制经营风险的考虑，对于缺少抵押担保的农户经常拒贷，因此这两项因素合计比例可达到74.8%。

二　计量检验分析

统计描述只是直观地反映了农户金融机构借贷行为和融资偏好与单个影响因素之间的关系，忽略了众多影响因素的共同作用。为此，我们进一步进行多因素的计量检验分析。将农户借贷行为定义二值变量 y，农户发生借贷行为时变量 y 的数值为1，无借贷行为时变量 y 的数值是0。考虑到农户借贷行为变量的离散属性，本文采用 Probit 模型来估计农户贷款行为的影响因素。估计模型如式（5.1）所示。

$$P(y_i = 1 \mid x_i) = f(B) \tag{5.1}$$

其中，$f(\cdot)$ 是标准累积正态分布函数。

$$B = X\beta + \mu \tag{5.2}$$

式（5.2）中，B 为农户借贷行为变量观察值为1和0的列向量，X 为解释变量的观察值矩阵，β 为估计参数，μ 为随机误差矩阵。

表 5-15　　　　　　　　　　　　农户贷款行为的影响因素

解释变量	估计系数	标准差	z-统计量	概率
受教育程度	0.109**	0.051	2.133	0.032
年龄	0.0008	0.063	0.013	0.989
在家务农人数	0.043	0.034	1.254	0.209
外出打工人数	-0.012	0.039	-0.305	0.759
家庭年均收入	0.001**	0.934	9.327	0.043
家庭年均支出	0.002***	0.571	2.752	0.005

注：计量分析中对自变量的赋值原则为：受教育程度：小学学历＝1、初中学历＝2、高中学历＝3、大专及以上＝4；年龄：16—30岁＝1、31—45岁＝2、46—65岁＝3、65岁以上＝4。估计系数上的 ***、**、* 分别代表相应变量在1%、5%、10%的置信水平上显著。

从估计结果来看，农户受教育程度、家庭年均收入和家庭年均支出对农户金融机构借贷行为有正向影响。农户受教育程度越高，从事较高收益生产的意识和能力就越高，农户也就越有可能进行借贷。农户家庭年均收入和支出增加表明农户对资金运用在增加，农户借贷意愿增强，其进行借贷的可能性就会增大，而年龄、在家务农人数和在外打工人数对农户借贷行为影响不显著。

为分析农户融资偏好的影响因素，设农户融资偏好变量为 Y，Y 表示从农村信用社、农业银行、村镇银行和农村资金互助社等农村正规金融机构获得的贷款数，当贷款数为 0 时，取值为 0，当合计贷款数大于 0 时，取实际贷款数额。本文采用 Tobit 模型来估计农户融资偏好的影响因素。估计模型如式（5.3）所示。

$$B^* = X\beta + \mu \qquad\qquad (5.3)$$

其中，X 为解释变量的观察值矩阵。

表 5-16   农户融资偏好的影响因素

解释变量	估计系数	标准差	z-统计量	概率
利率高低	0. 122 **	0. 047	2. 574	0. 010
贷款可得性	0. 115 **	0. 051	2. 244	0. 024
贷款便利程度	0. 084 ***	0. 016	5. 124	0
实际可获得贷款额度	0. 208 ***	0. 051	4. 052	0. 0001

注：计量分析中对自变量的赋值原则为：利率高低，认为利率高=0，利率低=1；贷款可得性，认为不可得=0，可得=1；贷款便利程度，不方便=1，尚可=2，比较方便=3，非常方便=4；实际可获得贷款额度，额度不合适=0，额度合适=1。估计系数上的 *** 、 ** 、 * 分别代表相应变量在1%、5%、10%的置信水平上显著。

从估计结果来看，利率高低、贷款可得性、贷款便利程度和实际可获得贷款额度都对农户从正规金融机构获得贷款数有正向影响，农户向金融机构申请贷款时关注利率高低和是否贷款可得这一调查结果得到进一步佐证。

三　实证结论

调查数据的实证显示，农户家庭年均收入直接影响到农户的借贷行为，家庭年均收入水平越高的农户，其更愿意借贷，而且其从金融机构获得贷款的几率也大为提高。通过分析调查问卷可知，大多数农户偏向金融机构贷款，其中选择信用社贷款的农户比例最多，选择农业银行贷款的农户比例其次，而选择村镇银行和农村资金互助社贷款的农户很少。在民间借贷中，相当多的农户融资更偏向从亲戚朋友处借款，说明"关系借贷"依然是农户较为普遍的借贷方式。农户向金融机构贷款时，首先考虑的因素是贷款的利息高低与贷款可得性，这是由于多数农户生产经营环境条件的局限，收入水平不高，申请贷款时非常顾忌利息的高低给自身带来还款成本变动的压力。

以上从金融组织行为与农户融资偏好，以及农户对小型金融组织的认知程度等几个方面认识了农村小型金融组织的服务状况，从统计分析结果以及对政府部门、农村小型金融组织和农户的调查过程中，我们进一步证实了农村小型金融组织存在的问题。

（一）信贷偏离现象突出

从反映贷款服务的广度指标来看，获得贷款的农户主要集中在中高收入农户。样本农户中只有48.4%的农户申请了贷款，而在申请贷款农户中实际获得贷款的农户比例为44.64%，说明样本农户中只有21.5%的农户从农村金融组织实际获得了贷款。而且从农户人均收入与贷款数据所表现出来两者的相关性可以发现，从农村金融组织获得贷款的高收入农户比例在65%—90%。而从农户融资偏好的选择来看，选择从村镇银行和农村资金互助社贷款的农户合计只有13.1%。有74%的农户还不知道村镇银行、小额贷款公司和农村资金互助社，这些指标数据表明农村小型金融组织并未以广大农户为服务主体，贷款服务正在偏离中低收入农户。从反映贷款服务的深度指标来看，即使不考虑样本农户首次贷款时间，无论是首次获得的贷款额度，还是目前贷款额度，贷款额度大额化趋势严重。其中贷款额度在1万元以下的农户占总贷款户数12%，1万—5万元占4%，5万—10万元占24%，10万—15万元占36%，15万—20万元占20%，20万元以上占4%。由此可以看出，5万元以上额度贷款比例高达82%，说明农村小型金融组织提供的贷款服务正在偏离以小额贷款为主的初衷。而且从贷款用途和投向来看，用于工商业的贷款也出现较大增长，在客货运输、承包工程、商贸流通和仓储等方面贷款用途成为主要的增长点，这表明农村小型金融组织信贷服务脱农化倾向严重。

（二）经营理念滞后，服务手段不足

通过分析调查问卷可知，大多数农户偏向金融组织贷款，其中选择信用社贷款的农户比例最多，选择农业银行贷款的农户比例其次，而选择村镇银行和农村资金互助社贷款的农户很少。从调查和统计资料分析中发现，农户对农村小型金融组织的经营活动评价并不高。有61.3%的农户认为借款手续复杂，有45%的农户对农村小型金融组织的服务不满意，有44.4%的农户认为借贷过程中农村小型金融组织工作人员有吃回扣的金融"寻租"现象，有60.1%的农户认为金融组织借贷活动中熟人借贷、关系借贷尤为盛行。

（三）小组联保制度没有发挥有效作用

从统计分析状况发现，农户参与联保小组活动积极性低，只有11.3%的农户参加过农户联保小组，42.7%的农户没有参加过农户联保小组，甚至有45.9%的农户不知道农户联保小组。农户参与联保小组自愿性差，调查农户中有42.7%的农户是自己选择参加联保小组，57.3%的农户是村干部指定参加联保小组，超过一半的农户被强制指定联保小组。而没有自愿选择的小组联保，很难保证农户们能为共同的利益相互监督。联保小组的各种规章制度没有严格实施。定期开会见面对于了解合作伙伴的情况，交流生产经营信息和监督其履行责任是十分有用的。在问及农户参加的联保小组是否经常开会相互见面，有7.7%的农户回答经常开会见面，有45.6%的农户回答有时开会，合计开过会的农户比例超过一半，但仍有高达46.7%的农户回答没有开过会。可见，有相当多的联保小组成员之间缺乏沟通交流，疏于日常的监督。从上述的分析也能看到，有相当多的联保小组制度流于形式，没有很好地发挥监督制约作用。

（四）农村信用制度建设滞后

从所调查农户的访谈以及统计资料的分析中发现，农村信用制度建设滞后于农村金融发展的进程。统计调查发现，农户中有59.5%的农户竟然没有听说过村里在搞信用村建设活动，23.6%的农户回答村里没有搞信用村建设活动，只有17%农户回答村里在搞信用村建设活动。可见，信用制度建设活动还远没有深入农村基层，广大农户还没有被纳入信用体系建设之内，这也可以从众多没有抵押资产品的农户难以获得农村金融组织贷款的现象中得到印证。

第六章

农村小型金融组织发展的调查分析

第一节　村镇银行发展的调查

一　四川省村镇银行的发展

四川在地理位置上，北靠甘肃和陕西，南连云南和贵州，西依西藏和青海，东接重庆，地处中国西南和西北两大区的结合部。全省面积 48.5 万平方公里，是仅次于新疆、西藏、内蒙古和青海的中国第 5 大省区。全省人口 8300 多万，在全国仅次于河南和山东，居第 3 位。四川是自然资源大省，也是中国西部省区经济实力最强的省份。2015 年全省实现地区生产总值（GDP）30103.1 亿元，按可比价格计算，比上年增长 7.9%；全年完成全社会固定资产投资 25973.7 亿元，比上年增长 10.2%；实现地方收入 3329.1 亿元，比上年增长 7.9%；农村居民人均可支配收入 10247 元，比上年增长 9.6%；年末金融机构人民币各项存款余额 59184.8 亿元，比上年末增长 10.1%；各项贷款余额 38011.8 亿元，增长 12.2%，四川省经济金融呈现总体平稳、稳中有进的运行态势。

尽管四川经济总量位居全国第八，西部第一，但人均地区生产总值 36980.79 元，低于全国平均水平，经济发展不足、发展水平不高以及区域不平衡问题仍然存在。四川省是多山的省份之一，山地、高原和丘陵约占全省土地面积的 97.46%。全省除四川盆地底部的成都平原和丘陵外，大部分地区岭谷高差均在 500 米以上。由于历史和自然的原因，四川行政区划的设置呈现着明显的东密西疏的特点，以成都为中心的成都经济区与边缘地区发展差距显著。在成都经济区、川南经济区、川东北经济区、攀西经济区和川西北经济区五大经济区中，成都经济区经济总量是川南和川东北经济区的 3.7 倍和 3.9 倍，是攀西和川西北经济区的 8.6 倍和 48.7

倍。其中成都经济区的成都市、德阳市人均 GDP 分别为 74862.42 元和
45716.32 元，在四川省各地市人均 GDP 排名中位列前三，而在东北经济
区的巴中市人均 GDP 最低，仅为 15091.06 元。全省区域经济发展差距较
大，呈现出成都经济区首位作用过强、其他经济区弱化的特点。正是这一
独大的局面导致了金融资源、技术资源和人力资源不断地集聚于成都经济
区，进一步加剧了其他经济区域特别是不发达县域金融资源的紧缺。四川
因地形地貌复杂，农业基础依然薄弱，城乡经济差距较大，全省有近半数
县域属于贫困地区，农村贫困发生率约 11.4%，部分群众生活仍然比较
困难，四川是全国 6 个脱贫攻坚任务最重的省份之一。总体来说，四川经
济发展呈现人口多、底子薄、不平衡和不发达的特点，在中国区域经济发
展中具有一定的典型性。为了尽快缩小区域间和城乡间发展平均水平差
距，推动脱贫攻坚任务的完成，促进本省区域经济的协调发展，四川省积
极探索金融供给方的组织创新，充分考虑农村经济发展的不平衡性和差异
性，支持培育竞争性农村金融市场，推动设立村镇银行、农村资金互助
社、小额贷款公司等新型农村金融机构，并把国定贫困县及欠发达地区、
地震重灾区、农业大县作为设立村镇银行的优先地区。

    村镇银行等三类新型农村金融组织在中国一些地区开始试点的初衷就
是解决经济不发达地区农村金融服务严重短缺的问题，新型农村金融组织
被定位服务于农村中低收入阶层和小微企业。经过多年的试点，四川省新
型农村金融组织在试点地区取得了较好的成就和经验。自 2007 年 3 月 1
日，中国第一家村镇银行——仪陇惠民村镇银行在南充市仪陇县金城镇开
业以来，四川作为全国新型农村金融机构改革试点首批六个省之一，在发
展新型农村金融组织方面进行了开创性的探索，呈现出蓬勃发展的态势。
四川村镇银行数量在全国位居首位。从中国银监会四川省银监局披露的数
据获知，截至 2015 年 12 月末，四川省共组建村镇银行 48 家，已有 34 家
村镇银行设置了分支机构，共设立 179 个机构网点，主要分布在四川 18
个市（州）的 63 个县（市、区）域一级，又集中于成都经济区等经济较
发达地区，大部分村镇银行位于县城，真正进入乡镇的较少。各村镇银行
产权结构多元化但适度集中，绝大多数村镇银行由异地金融机构发起设
立，其中以城市商业银行、农村商业（合作）银行为主。2007—2014 年，
四川村镇银行累计发放各项贷款余额 818.62 亿元，其中农户贷款 6.96 万
户，贷款余额 312.45 亿元；小微企业贷款 1.45 万户，贷款余额 444.36

亿元，农户和小微企业贷款余额合计占比达 92.70%。2015 年全省村镇银行积极履行"支农支小"的宗旨，全年对 2.4 万户农户予以授信，发放贷款余额达 151.95 亿元，发放小微企业贷款余额亦同比再增 13.59 亿元，达 114.47 亿元。截至 2015 年年末，四川村镇银行资产规模为 375.63 亿元、负债规模为 335.04 亿元、所有者权益 40.58 亿元，实现净利润 5.7 亿元，占四川省银行机构净利润的 0.6%。几年来，四川省村镇银行公司治理架构不断完善，"三会一层"履职和风险意识持续增强，服务"三农"和小微企业观念不断强化，内部控制和风险管理水平不断提高，资产质量整体较好。总之，村镇银行已经在四川扎根、发芽，成为服务"三农"和支持小微企业、助力精准扶贫、推进普惠金融发展的一支新生力量。

二　四川省村镇银行的样本调查

作为典型的农业大省和村镇银行发展数量最多的地区，四川省既有全国第一家村镇银行，也有全国首家中外合资村镇银行，四川省村镇银行发展应该具有一定的代表性。考虑到村镇银行所在地域、注册资本和控股股东性质，我们选择了四川省具有代表性的 9 家村镇银行作为样本，这些样本银行开业经营时间连续 3 年之久，具有一定的持续经营能力。样本数据部分通过问卷调查获得，部分数据引用肖诗顺、刘珍等研究项目数据，[①]也有部分数据来源于中国村镇银行门户网站。由于部分内容涉及被调研村镇银行商业机密，本书将上述村镇银行用样本序号 1、2、3、4、5、6、7、8、9 表示（见表 6-1）。

表 6-1　　　　　　　　　　样本村镇银行的基本情况

样本序号	所在地区	发起银行	主发起人持股比例（%）	注册资本（万元）	是否有分支机构	开业时间
1	达州	江苏江阴农村商业银行	53	2000	是	2008 年
2	自贡	成都农商银行	70	12000	是	2010 年
3	雅安	成都银行	61	5000	否	2011 年
4	遂宁	哈尔滨银行	75	8000	是	2010 年
5	达州	重庆农村商业银行	51	10000	否	2010 年
6	乐山	乐山市商业银行	51	5000	是	2010 年

---

①　肖诗顺、刘珍：四川省社会科学重点研究基地项目"四川省新型农村金融组织发展与政策研究"（SC13E096），2013 年。

样本序号	所在地区	发起银行	主发起人持股比例（%）	注册资本（万元）	是否有分支机构	开业时间
7	广安	恒丰银行	40	20000	否	2013 年
8	南充	南充市商业银行	50	200	是	2007 年
9	遂宁	中国银行	90	3000	是	2013 年

资料来源：中国村镇银行门户（www.chinavbf.com）。

从表 6-1 中数据可以发现，9 家村镇银行大多以外地商业银行作为主发起行设立，注册资本为 200 万元到 2 亿元不等，平均为 7244.4 万元。发起行 1 家为全国性股份制银行，5 家为城市商业银行，3 家为农村商业（合作）银行。主发起行持股比例最低为 40%，最高为 90%，平均为 60.11%，总体上主发起行有绝对控股地位。与传统涉农金融机构相比，股权适度集中的制度安排，避免了以往农村信用社股权分散的弊端，而股权结构的变化又最终使得村镇银行的内部治理结构和激励约束机制与原来的农村信用社迥然不同。

表 6-2   样本村镇银行规模状况

指标\样本	网点数量（个）	从业人员数量（人）	ATM 机台数（台）	存款余额（万元）	贷款余额（万元）	涉农贷款占比（%）
1	3	30	2	20126.00	16200.00	78.7
2	8	143	6	160500.98	86310.42	90.3
3	1	30	1	23393.42	17031.90	73.5
4	4	57	1	23221.65	33628.06	77.5
5	1	15	0	9368.00	38227.00	99.4
6	6	124	6	116072.00	46765.60	95.2
7	1	28	0	99527.44	106036.57	88.9
8	8	217	7	173305.99	98602.00	98.4
9	1	45	0	5521.00	2999.70	66.7

资料来源：引用四川省《新型农村金融组织发展与政策研究》课题组资料，并进行整理。

截至 2015 年 9 月的报表数据，9 家村镇银行营业网点数量从 1 到 8 不等，平均网点数量 3.7 个；从业人员数量最多为 217 人，最少为 15 人，平均从业人员数量为 76.6 人；ATM 机台数最多有 7 台，也有三家村镇银行没有 ATM 机，平均 ATM 机台数 2.6 台（见表 6-2）。由此可见，这 9 家村镇银行金融服务的基础硬件设施差距较大。从存贷款规模来看，9 家村镇银行中存款余额最高值为 17.33 亿元，最低的仅为 9368 万元，平均为 7.01 亿元；贷款余额最高值为 10.6 亿元，最低的仅为 2999.7 万元，平均为 4.95 亿元，存贷款规模分化较为严重。从贷款比例来看，2010—2013 年，四川省村镇银行涉农贷款逐年增加，涉农贷款占比均保持在 80% 以上。截至 2015 年 9 月，这 9 家村镇银行涉农贷款占比最高为 99.4%，最低为 66.71%，平均涉农贷款占比为 85.4%，整体上涉农贷款占比保持在较高水平。9 家村镇银行农户贷款余额共计 23.5 亿元，农村小企业贷款余额共计 10.62 亿元，两者合计占贷款余额的 72%，较年初提高了 2 个百分点。这些村镇银行结合当地实际情况，推出了农地林权抵押贷款、妇女创业贷款、"公司+农户"联保贷款、农户信用消费贷款、农村产品质押贷款等涉农信贷业务，一定程度上缓解了农村中小企业和农户资金不足问题。

表 6-3　　　　　　　　样本村镇银行运营绩效状况

样本序号	核心资本充足率（%）	净息差（%）	资产收益率（ROA）（%）	净资产收益率（ROE）（%）	不良贷款率（%）
1	23.06	4.93	3.15	20.26	2.1
2	15.46	3.20	0.75	13.14	0.3
3	28.02	3.16	1.34	12.66	0
4	32.10	5.20	2.41	11.56	0
5	30.05	5.62	4.72	14.31	1.3
6	11.51	3.24	0.93	18.41	0.3
7	26.65	4.22	2.63	14.70	0.3
8	20.00	5.17	3.20	31.78	0.1
9	38.32	6.50	-4.30	-10.24	0

资料来源：引用四川省《新型农村金融组织发展与政策研究》课题组资料，并进行整理。

从运营的业绩状况来看，被调查的 9 家村镇银行核心资本充足率最高为 38.32%，最低为 11.51%，平均核心资本充足率为 25%，均高于审慎监管标准。较高的资本充足率一方面说明发起行实力雄厚，注册资本金普遍较高，提高了银行抵御风险的能力，有利于吸引客户；另一方面也表明这 9 家村镇银行资产运营较为谨慎，银行管理层更多地考虑了风险监管要求，村镇银行的信贷投放较为被动。从表 6-3 可以看出，村镇银行的净息差水平普遍较高，其中 9 家村镇银行中净息差最高的为 6.5%，净息差最低为 3.16%，两者差距高达一倍多。我国大型商业银行的净息差平均水平为 2.5%，城市商业银行和股份制商业银行的净息差为 3%—5%。而这 9 家村镇银行平均净息差为 4.5%，在整个银行业处于较高水平，这表明村镇银行的盈利能力还是较强的。从资产收益率（ROA）和净资产收益率（ROE）水平来看，9 家村镇银行资产收益率的平均水平为 1.65%，低于四川省银行业金融机构资产收益率的平均值 2.15%；净资产收益率平均水平为 14.06%，低于四川省银行业金融机构净资产收益率的平均值 15.2%。按照银行业内部审慎监管资产收益率水平为 1%，净资产收益率水平为 12% 的要求，这 9 家村镇银行整体的营利性表现较好。然而，从资产收益率（ROA）和净资产收益率（ROE）波动水平较大来看，9 家村镇银行资产收益率最高达 4.72%，资产收益率最低是 -4.30%，中间相差 9.02 个百分点。净资产收益率最高达 31.78%，净资产收益率最低为 -10.24%，中间相差 42.02 个百分点。这反映出 9 家村镇银行之间的经营绩效水平差别较大。除新成立不到一年的 1 家村镇银行还处于亏损状态外，其余 8 家村镇银行都实现盈利，但盈利状态差距较大。9 家村镇银行平均不良贷款率仅为 0.49%，其中 3 家不良贷款率为 0，不良贷款率整体保持在较低水平。总之，这 9 家村镇银行经过多年的发展已经具备了一定的经营规模，在缓解当地农村中小企业和农户资金不足，服务"三农"方面发挥着较好的作用。从整体来说，9 家村镇银行经营状况较好，具有一定的可持续发展潜力，但村镇银行之间经营状况分化较为严重。

三　样本村镇银行存在的问题

(一) 信贷投向偏离现象明显

调查发现，处于开办期的村镇银行，无论是在管理人员的理念还是业务拓展实践中，政策设定目标的导向作用均能得到较好的体现，各村镇银行均努力开展"三农"信贷工作。但从村镇银行实际经营的结果看，各村镇银行的信贷投向不同程度地偏离政策目标。我们知道，村镇银行实现财务可持续是根本，只有实现了财务可持续，才有可能实现村镇银行可持续经营。财务可持续的前提是必须具有相当的业务规模，作为村镇银行来说，就是要具有相当的信贷规模，所以信贷规模快速扩张将是发展初期村镇银行经营行为的一个基本特征。村镇银行的规模取向导致与其他银行业金融机构业务的同质化，初步显现的政策目标导向作用也受到影响。

从表6-4中数据来看，这些村镇银行第一大客户贷款比例都没有超过我国商业银行法规定单一客户贷款比例不得超过10%的监管要求。但据调查的9家村镇银行前十大客户共计90家客户名单里，其中贸易类公司21家，占比为23.3%，平均贷款余额为1125万元；制造类公司19家，占比21.1%，平均贷款余额为1017万元；建材、建筑类公司18家，占比20%，平均贷款余额为1366万元；其他类公司8家，占比8.9%，平均贷款余额为625万元；而农林渔牧类贷款24家，占比为26.7%，平均贷款余额为718万元。这说明9家村镇银行发放贷款的前十大客户中，很多企业根本就没有从事与农业相关的业务，并不符合涉农贷款的标准，而是以涉农名义申请流动资金贷款。事实上，从四川省金融监管部门发布的数据了解到，2013—2015年四川省村镇银行短期贷款余额占比一直维持在90%左右，企业贷款余额占比一直在65%上下。

表6-4　　　　　　　　　　　样本村镇银行信贷服务状况

样本序号	业务产品（个）	信贷人员占比（%）	第一大客户贷款比率（%）	涉农贷款占比（%）
1	6	27	3.1	78.7
2	3	33	1.1	90.3
3	4	23	4.7	73.5
4	7	30	3.0	77.5
5	5	33	0.5	99.4
6	5	21	5.1	95.2
7	13	46	0.9	88.9
8	10	9	0.5	98.4
9	24	33	0.9	66.7

资料来源：引用四川省《新型农村金融组织发展与政策研究》课题组资料，并进行整理。

2015年，四川省人均GDP为36980.79元，低于全国平均水平，如果以5倍计算的话，小额贷款的单笔贷款额度不能超过19万元，近三年来9家村镇银行的农户平均贷款余额为36.28万元，显示贷款大额化严重。据被调查村镇银行反映，涉农信贷客户分散，数量多，单笔金额低，成本高；单纯的农户种植投入成本大，见效慢，风险大，且缺乏有效的抵押物；农业抵御自然灾害的能力比较弱，一旦农户遭受自然灾害难以收回成本，易造成银行不良贷款。村镇银行为了减少信贷成本、降低信贷风险及追求资金收益率，贷款主要投向于非农项目，而远离了"三农"。从调查的过程中了解到，9家村镇银行业务开展以个体工商户和中小型企业为重点，贷款业务集中于城镇周边。由于监管力度不强，一些村镇银行在财务数据统计中，将非涉农企业的流动资金贷款计入涉农贷款，将部分从事个体经营的农户由个体工商户转为农户，造成涉农贷款数据与事实不符的现象。

（二）资金规模小，吸收存款难度大

村镇银行作为一个新生银行成立时间较短，受制于自身资金实力难以开展大规模的企业形象宣传，还未被社会各界广泛接受和认同，社会公信力不高。调研访谈中，村镇银行网点附近居民并不了解村镇银行，居民更多倾向于将资金存放在大型商业银行或农村信用社，造成村镇银行吸收存款难度大。许多涉及财政性及政府的资金，包括许多涉农的财政资金，还按照以前的文件规定只存放在大型商业银行，未能使村镇银行得到平等对待，村镇银行存款拓展范围受到一定的限制，制约着村镇银行资金规模的发展壮大，村镇银行管理人员也普遍反映由于社会认知困惑导致存款规模上不去是经营中的一大难题。同时村镇银行营业网点数量不足和支付结算手段不完善加剧了吸收存款难问题，调研村镇银行中有4家只有1个营业网点，且3家没有加入中国银联系统，客户存取款不得不在营业网点来办理，降低了客户业务办理的便捷性和效率性。

从表6-5发现，9家村镇银行中2015年9月存款余额最高值为17.33亿元，最低的仅为9368.00万元，平均仅为7.01亿元，其中有4家村镇银行的存贷比超75%的监管线，有1家村镇银行存贷比接近75%。存贷比居高不下说明部分村镇银行存款资源紧张，资金自求平衡能力较差，过度依赖主发起行解决信贷资金缺口和流动性问题。事实上，四川省金融机构近年来的存款增长速度总体呈现下降趋势，2013年增速为15.9%，2014年增速为12.1%，到了2015年6月末增速仅为7.6%，存款增速的下滑进一步加剧了各金融机构争夺存款的竞争，这给村镇银行吸纳存款带来更大的压力。

表6-5　　　　　　　　　　　样本村镇银行存贷比状况

指标 样本	存款余额 （万元）	贷款余额 （万元）	存贷比 （%）
1	20126.00	16200.00	80

续表

指标 样本	存款余额 （万元）	贷款余额 （万元）	存贷比 （%）
2	160500.98	86310.42	54
3	23393.42	17031.9	73
4	23221.65	33628.06	145
5	9368.00	38227.00	408
6	116072.00	46765.60	40
7	99527.44	106036.57	107
8	173305.99	98602.00	57
9	5521.00	2999.70	54

资料来源：引用四川省《新型农村金融组织发展与政策研究》课题组资料，并进行整理。

（三）服务功能不足，业务种类相对单一

从调研中发现，9家村镇银行中只有两家直接加入中国人民银行跨行支付系统，而四川省大部分村镇银行还没有以直连方式加入中央银行的支付结算系统、电子对账系统、银行卡跨行支付系统和同城票据交换系统，未设置金融机构联行行号，使清算、汇兑等业务无法直接办理，只能间接通过主发起行或其他银行代理，导致支付环节增多、结算速度减慢，企业不愿意存款到村镇银行；同时，大部分村镇银行的业务处理系统都是基于简单联结的内部网络，导致代收代付、信用卡及网上银行等业务难以办理，在一定程度上影响业务正常开展。就已开展的业务情况来看，村镇银行不能复制发起行的业务，每项新业务开办都需要进行申请，而且要按金融法人机构的要求来审批，流程化处理，所以发展缓慢。从表6-4发现，9家村镇银行提供了业务产品数量由3—24个不等，这些业务产品基本上还是储蓄存款、小额信贷、质押贷款和票据转贴现等传统银行业务和产品，对农户生活用品、房屋建设等消费类贷款实践较少，对电子银行、代理保险、兑付、承销、个人理财等中间业务开发较少，未能为客户提供多元化的金融服务产品。

（四）金融创新不足，信用风险管理能力不强

村镇银行创新不足不仅表现在产品创新不足，还体现在信贷管理方面的创新不足。从贷款方式看，9家村镇银行主要发展抵押、保证类贷款业务，采用传统的抵押、保证等方式控制信贷风险。2015年9月，这9家

村镇银行信用贷款余额占贷款总量的 0.8%；担保类贷款余额占贷款总量的 99.92%，其中，抵押贷款余额占贷款总量的 62.71%，保证贷款余额占贷款总量的 36.48%。这 9 家村镇银行都暂未发放小组联保贷款，仅有两家发放过农村土地承包经营权抵押贷款，贷款余额均为 50 万元，说明四川省村镇银行对信用保障方式的探索不够。而且，受到近些年经济发展状况变化的影响，村镇银行的信用风险管理压力增大，虽然目前大部分小微企业经营情况正常，未见明显风险隐患，但小微企业经营者素质相对较低，财务不健全，管理不规范，再加上信息不对称，透明度较低，因此信用风险的管理难度和压力进一步增大。

（五）人员结构不合理，内部控制存在隐患

村镇银行要生存要发展，必须要有具备专业技能和丰富执业经验的人才。这 9 家村镇银行成立初期，在主发起行的大力支持和帮助下，从高管人员到部门中层干部都是由主发起行委派，且核心业务系统、信贷管理系统等信息化系统都采用与主发起行相同的系统，因此，经营方式、内部管理制度和风险控制方法基本沿袭了主发起行。主发起行一般都经营历史较长，管理团队实力强，管理制度较为细化完善，而这些村镇银行成立时间不长，人员队伍素质、内部管理措施与商业银行相比存在较大差异。调研的 9 家村镇银行从业人员共计有 689 人，各家从业人员数量从 15—217 人不等，但从事信贷业务的人员占比最多的为 46%，最少的只有 9%。而且从业人员中具有研究生以上学历者占比不到 1%，本科学历者占比为 40%，大专及以下学历者占比为 59%。可见村镇银行人员结构和人才层次结构需要大力改善。由于当前农村金融环境欠佳，加上生活环境和物质条件的影响，难以引进高层次的营销人员及专业人员，基层人才短缺的状况一直困扰着 9 家村镇银行的发展。在 2015 年 9 家村镇银行通过社会和学校招聘的本科及以上学历人才共计 90 人中，85 人被三家规模较大的村镇银行所录用，占整个招聘人数总额的 94.4%，四家规模小的村镇银行没有招录到一人，这将不利于小规模、刚起步的村镇银行持久发展。同时，我们也了解，村镇银行一般设置客户经理部、综合业务部、营业部、财务部四个部门。由于规模小，部门及人员精减，虽然内部管理较为灵活，但无法像商业银行一样部门及岗位职责明确，这 9 家村镇银行兼岗现象较为严重，容易导致权责不清和操作风险。

（六）财政扶持政策亟待改进，地方政府的支持力度较弱

村镇银行自成立伊始，就肩负着完善农村金融服务、支持农村经济发展的重大社会责任。为此，政府有关部门出台了许多财政扶持政策支持村镇银行的发展。根据调查了解，四川省村镇银行能获得财政补贴来自三个方面。一是《农村金融机构定向费用补贴资金管理办法》（财金〔2014〕12号）文件规定"对西部基础金融服务薄弱地区的银行业金融机构（网点），财政部门按其当年贷款余额的2%给予补贴。西部地区农村金融机构可享受5年的补贴政策"，简称"定向补贴"。从实地调研情况看，这9家村镇银行中有4家没有获得该项补贴，原因是开业时间已经超过5年，而其余5家均获得了该项补贴，获得该项补贴的村镇银行平均补贴额为379.682万元，占其营业净利润的20.5%。二是《财政县域金融机构涉农贷款增量奖励资金管理办法》（财金〔2009〕）文件规定"财政部门对县域金融上年涉农贷款平均余额同比增长超过15%的部分，按2%的比例给予奖励"，简称"涉农增量补贴"。获得该项补贴最高的村镇银行获得补贴额为181.17万元，占其净利润的9.4%。三是《四川省财政促进金融支持发展专项资金管理办法》（成银营办发〔2015〕）文件规定对向"三农、小微企业、战略性新兴产业项目、重点文化企业等发放贷款的金融机构，按每年贷款平均余额增量的一定比例奖励，小微企业贷款奖励比例为0.3%，战略性新兴产业项目和重点文化企业贷款奖励比例为0.15%"。从调研的9家村镇银行实际获得的该项补贴情况看，9家村镇银行获得该项补贴的平均补贴额为73.33万元，占其净利润的4.0%。这些财政补贴及税收优惠合计占获得补贴村镇银行营业利润的平均比例达43.78%，甚至有一家村镇银行的占比高达84.56%。可见，村镇银行的利润很大程度上依赖补贴及税收优惠。但财政补贴政策范围依然存在遗漏，在调查的9家村镇银行中有3家村镇银行三年内没有获得任何补贴。在村镇银行设立之初，地方政府为了鼓励新设金融机构，往往给予一定的鼓励和支持政策，如村镇银行所在地政府承诺给予行政性存款支持，推荐有信誉、有实力的单位、企业开户，并鼓励支持优质企业与村镇银行建立信用关系等。但由于政策条件和现实原因，上述支持措施往往并未落实到位。

第二节　小额贷款公司发展的调查

一　广东省小额贷款公司的发展

广东省地处中国大陆最南部。东邻福建，北接江西、湖南，西连广西，南临南海，珠江口东西两侧分别与中国香港、中国澳门特别行政区接壤，西南部雷州半岛隔琼州海峡与海南省相望，划分为珠三角、粤东、粤西和粤北四个区域。全省面积为 17.977 万平方公里，人口 1.09 亿，是中国人口最多，社会、文化最开放的省份。广东省已成为中国第一经济大省，2015 年全省实现地区生产总值（GDP）72812.55 亿元，比上年增长 8.0%，经济总量占全国的 1/8，人均 GDP 达到 67503 元；全年固定资产投资 30031.20 亿元，比上年增长 15.8%；实现地方财政收入 9364.76 亿元，增长 12.0%；农民人均纯收入 1.34 万元，比上年增长 9.1%；年末全省银行业金融机构本外币各项存款余额 160388.22 亿元，比上年末增长 11.6%；各项贷款余额 95661.12 亿元，增长 12.3%，广东省经济金融稳步较快地发展。

尽管广东省已成为中国经济规模最大，经济综合竞争力、金融实力最强省份，但全省内部发展极不平衡，全国最富的地方在广东，最穷的地方也在广东。珠三角地区生产总值、财政收入占全省近 80%，而幅员辽阔的粤东、粤西、粤北欠发达地区仅占 20%。50 个山区县土地面积占全省的 66%，人口约占 41%，人均 GDP 比全省平均水平低 53%，比珠三角地区低 80%。粤东西北地区人均 GDP 甚至低于全国平均水平，而珠三角地区人均 GDP 早已突破 1 万美元。区域发展不平衡一直以来是广东省社会经济发展的最大短板所在，"三农"问题以及农村融资难题在这里依然普遍存在。和其他农村地区一样，广东省农村地区一方面大量资金外流，经常性存款转移到城市；另一方面农业生产资金短缺和农民融资困难，大量弱势农村社会群体被排斥在传统金融服务体系以外，农村金融供给不足的问题突出。在试点地区标志性小额信贷实践为解决农村金融矛盾提供的有益启示激励下，按照中国银监会、中国人民银行《关于小额贷款公司试点的指导意见》和广东省政府《关于开展小额贷款公司试点工作的实施意见》，2009 年 3 月，广东省首批 21 家小额贷款公司设立资格获得核准，大部分于同年 4 月陆续开业。在政府部门积极、稳妥的推动下，广东省小额贷款公司行业实现健康较快发展，为缓解"三农"和小微企业融资难作出了积极贡献。

截至 2015 年年末，2015 年广东省（不含深圳，下同）小额贷款公司共有 378 家，注册资本约 511.4 亿元，平均每家注册资本 1.4 亿元。新增小额贷款公司 26 家，增幅 7.4%。从机构地区分布及资本类型情况看，省级小额贷款公司有 4 家，注册资本共 17.5 亿元，平均每家注册资本 4.4亿元；珠三角地区 214 家，注册资本约 369 亿元，平均每家 1.7 亿元。省级和珠三角地区小额贷款公司家数合计占比为 57.68%，注册资本合计占比为 75.56%。而粤东地区小额贷款公司 56 家，注册资本约 55.7 亿元，平均每家 9947 万元；粤西地区有 35 家，注册资本约 24.1 亿元，平均每家 6862 万元；粤北地区有 69 家，注册资本共 45.2 亿元，平均每家 6558万元。粤东、粤西和粤北三个地区小额贷款公司家数合计占比为42.32%，注册资本合计占比为 24.44%（见表 6-6）。可见，广东省小额贷款公司虽规模继续增大，但发展地区分布不平衡，一半以上的小额贷款公司集中在珠三角发展地区。地区间小额贷款公司注册资本规模相差较大，发达地区平均每家公司的注册资本是不发达地区的 1.7—2.6 倍。从注册资本构成情况看，广东省小额贷款公司资本构成以民营资本为主，占比超过 90%，民营资本依然是小额贷款公司的投资主力军。其中，国有控股 36 家，民营控股 341 家，外资控股 1 家。

表 6-6　　　　　　广东省小额贷款公司注册资本区域分布情况

地区	家数（家）	占比（%）	注册资本（万元）	占比（%）	平均注册资本（万元）
省级	4	1.07	175000	3.42	43750.0
珠三角地区	214	56.61	3689650	72.14	17241.4
粤东地区	56	14.81	557040	10.89	9947.1
粤西地区	35	9.26	240168	4.70	6861.9
粤北地区	69	18.25	452480	8.85	6557.7
全省合计	378	100.00	5114338	100.00	13530.0

资料来源：《2015 年广东省小额贷款公司发展和监管情况报告》。

广东省小额贷款公司业务类型以自有资金放贷为主，部分发展成效优异的小额贷款公司经批准开展了小额再贷款、票据质押贷款、委托贷款、融资咨询等创新业务。小额贷款公司大多以县域作为经营地域，服务对象以"三农"和小微企业为主。贷款投放绝大部分用于支持自然人、小型企业和个体工商户发展,累计投放占贷款总额的 98.5%。累计投放农业贷款 75.4 亿元,占比 14.1%;其中,累计投放农户贷款 9279 笔,金额 76.7 亿元,占贷款总额的 14.3%。2014 年年末,广东省小额贷款公司贷款余额 508.4 亿元,同比增长 40.2%;2015 年年末,广东省小额贷款公司贷款余额 477.5 亿元,同比下降 6.1%,贷款余额首次出现下降。这是因中国宏观经济形势下滑,广东省小额贷款公司普遍收紧放贷的缘故。2014 年,全省小额贷款公司净利润 19.8 亿元,同比增长 35.2%;2015 年,净利润下降到 14 亿元,比上年下降 29.3%。2011—2014 年,广东省小额贷款公司不良贷款率一直控制在 1% 以下。2015 年受宏观经济形势不断趋紧的影响,不良贷款率上升到 2.8%(见表 6-7)。但从总体上说,广东省小额贷款公司仍处于风险可控、稳健发展态势。

表 6-7　　　　　　　　广东省小额贷款公司资产质量情况

	2011 年	2012 年	2013 年	2014 年	2015 年
不良贷款余额(万元)	6280	7856	20266	32280	133658
不良贷款率(%)	0.46	0.36	0.56	0.63	2.80

资料来源:《2015 年广东省小额贷款公司发展和监管情况报告》。

二　广东省小额贷款公司的样本调查

广东省是小额贷款公司发展较快和较好的地区之一,其拥有的小额贷款公司在机构数量、从业人员和贷款余额方面均进入了全国前十名之列。清远市位于广东省中北部,属于粤北区域,其总面积 1.92 万平方公里,总人口 409 万,其中农业人口占总人口的 72.5%,是典型的以农业为主的地级市,也是广东省少数民族主要聚居地,"三农"问题以及农村融资难题在这里依然普遍存在。清远市为了加快农村社会经济的发展,促进区域城乡协调发展,将发展小额贷款公司等农村新型金融组织作为解决农村欠发达地区金融产品供给不足、金融服务缺乏等问题的重要手段之一,采取了一系列强有力的政策措施大力推动小额贷款公司的发展。地处发达省份中的落后区域,清远市小额贷款公司发展既有发达地区资金雄厚、金融技术知识先进的有利条件,也有落后区域生产能力低、金融环境差等不利因素。因此,清远市小额贷款公司的发展在一定意义上具有典型性。我们选择清远市具有代表性的 9 家小额贷款公司作为调查样本，这些样本公司开业经营时间连续 5 年之久，具有一定的持续经营能力。样本数据部分通过问卷调查获得，部分数据来源于中国人民银行广东分行清远支行。由于部分内容涉及被调研小额贷款公司商业机密，本书将上述小额贷款公司用样本序号 1、2、3、4、5、6、7、8、9 表示（见表 6-8）。

表 6-8　　　　　　　　　　　　样本小额贷款公司基本情况

样本序号	开业时间（年份）	从业人员数（个）	注册资本（万元）	前 5 大股东情况				
				1	2	3	4	5
				股东主业	持股比例（%）	持股比例（%）	持股比例（%）	持股比例（%）	持股比例（%）
1	2009	10	4000	稀有材料	6	5	5	5	5
2	2009	20	6000	铜材	30	20	20	20	10
3	2009	21	3000	玩具	11	10	10	10	10
4	2009	16	3000	建工	20	10	10	10	10
5	2010	8	6000	运输	30	10	10	10	10
6	2010	8	20000	危险品运输	20	10	10	10	10
7	2011	12	5000	房地产开发	20	10	10	10	10
8	2012	14	3000	油漆工具制品	20	18	10	10	10
9	2012	9	3000	水电	30	20	20	20	10

资料来源：中国人民银行广东分行清远支行。

从实地调查了解到，9 家小额贷款公司均由企业法人和自然人发起组建，注册资本从 3000 万元到 2 亿元不等，平均为 5889 万元。公司都设有股东大会，选举产生了董事会，负责公司的日常管理、经营、决策，并选举产生了监事会，董事会聘任总经理，9 家小额贷款公司具备公司治理的基本结构形式。从业人员数量最多为 21 人，最少为 8 人，平均从业人员数量为 13.1 人，平均年龄在 25 岁左右，主要设有业务部、行管部、财务部等部门，基本上满足初期运营管理需要。9 家小额贷款公司第一大股东主要从事于材料、玩具、建筑工程、房地产开发、运输、水电等行业，持股比例从 6%—30% 不等。每家小额贷款公司前 5 大股东持股比例相差不大，可见 9 家小额贷款公司的股权较为分散。股权分散的制度安排，尽管避免了一股独大、缺乏制衡的弊端，但过于分散的股权结构和过低的持股比例也限制了第一大股东扩大规模的积极性，况且在其他自然人股东股权比例大体相同的情况下，小额贷款公司内部治理中的"搭便车"现象不可避免。

经过 5 年的发展，9 家小额贷款公司贷款规模持续增长，为缓解"三农"和小微企业融资难做出了积极贡献。累计发放贷款从 2009 年的 19176.7 万元增加到 2014 年的 24181.4 万元；累计收回贷款从 2009 年的 3670.7 万元增加到 2014 年的 40708.3 万元；贷款余额从 2009 年的 15506 万元增加到 2014 年的 34559 万元，9 家小额贷款公司对农户贷款占比一直在 20.4%—47.1% 变化，五年间平均为 31% 左右。贷款余额增长速度经历了 2009—2011 年的高速增长之后，从 2012 年起逐年回落，到 2014 年出现了负增长（见表 6-9、图 6-1）。

表 6-9　　　　　　　　　　样本小额贷款公司贷款发放情况

年份	累计发放贷款（万元）	累计收回贷款（万元）	贷款余额（万元）	农户贷款占比（%）
2009	19176.7	3670.7	15506	47.1
2010	27378.7	21899.4	25176	24.0
2011	72700.8	43877.3	53365	20.4
2012	62252	55330	60287	32.1
2013	70526	66938	63875	36.0
2014	24181.4	40708.3	34559	26.5

资料来源：中国人民银行广东分行清远支行。

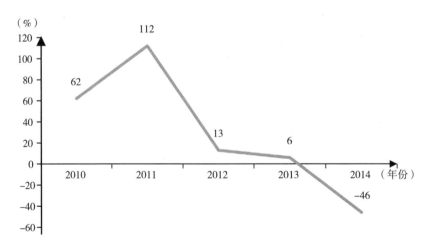

图 6-1　样本小额贷款公司贷款增长速度

资料来源：中国人民银行广东分行清远支行。

从运营状况来看，在贷款投放规模不断扩大的同时，9 家小额贷款公

司的营业收入也在增长，从 2009 年的 461. 19 万元增长到 2012 年的
6419. 94 万元，但从 2013 年后开始下滑，到 2014 年营业收入下降到
4599. 52 万元。从营业收入的构成来看，这些小额贷款公司的营业收入基
本来自利息净收入，由于 2013 年、2014 年贷款规模的下降（见图 6-1），
因此使得这 9 家小额贷款公司营业收入下降，利润总额也随之变化，从
2009 年的 13. 22 万元增长到 2012 年的 2944. 95 万元，然后开始下滑到
2014 年的 1177. 78 万元（见表 6-10）。

表 6-10　　　　　　　　样本小额贷款公司营业收入和利润情况

年份	营业收入（万元）	利润总额（万元）
2009	461. 19	13. 22
2010	2029. 42	231. 04
2011	3933. 29	1205. 70
2012	6419. 94	2944. 95
2013	6213. 72	2362. 59
2014	4599. 52	1177. 78

资料来源：中国人民银行广东分行清远支行。

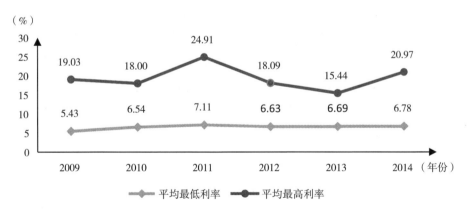

图 6-2　样本小额贷款公司贷款利率变化情况

资料来源：中国人民银行广东分行清远支行。

样本中 9 家小额贷款公司 2009—2014 年加权平均最高贷款利率水平
基本控制在 15. 44%—24. 91%，加权最低贷款利率水平基本控制在
5. 43%—7. 11%（见图 6-2）。小额贷款公司的加权平均最高利率和最低
利率均在银监会《关于小额贷款公司试点的指导意见》设定的范围波动，

贷款利率水平保持着较为平稳的状态，对民间借贷利率产生着积极的示范效应。

总体来看，9家小额贷款公司行业实现了健康较快发展，行业规模不断壮大，2014年9家小额贷款公司注册资本达到5.3亿元，累计发放贷款金额24181.4万元，私人资本成为小额贷款公司的投资主力，疏导了社会存在的大量民间资本投资压力。2009—2014年，9家小额贷款公司贷款投放规模稳步增长，年均增长29.5%，对实体经济的服务能力不断增强，缓解了小微企业和农民融资难问题。另外，2009—2014年，9家小额贷款公司经营状况良好，五年间平均利润为1322.5万元，贷款利率水平基本控制在设定的范围内波动。良好的盈利状况和合理的贷款利率水平极大地增强了农村金融市场的竞争水平，激发了农村金融的创新活力。

三　样本小额贷款公司存在的问题

（一）信贷偏离问题突出

小额贷款初衷是向被传统金融组织排斥在外的中低收入群体和小微企业提供小额度的贷款服务，其基本特征是贷款对象范围特定，贷款额度较小，贷款方式以无抵押和无担保的信用贷款为主，这是小额信贷组织有别于传统金融组织的重要方面，也是政府鼓励其发展的重要意义所在。但通过调查发现，这9家小额贷款公司贷款投放基本以大额度为主，2009—2014年，大于50万元以上金额的贷款占比均在93.8%以上，金额在10万—50万元的贷款比例为2.1%—6.0%，而小于等于10万元的贷款比例大部分年份近乎为零（见表6-11），说明这些小额贷款公司贷款投放的大额化现象突出。

表6-11　　　　　　　　样本小额贷款公司贷款额度分布情况

年份	大于50万元占比（%）	大于10万元且小于等于50万元占比（%）	小于等于10万元占比（%）
2009	97.7%	2.1%	0.2%
2010	95.0%	4.4%	0.5%
2011	97.2%	2.5%	0.3%
2012	96.9%	2.9%	0.2%
2013	97.3%	2.5%	0.1%

年份	大于 50 万元 占比（%）	大于 10 万元且小于等于 50 万元占比（%）	小于等于 10 万元 占比（%）
2014	93.8%	6.0%	0.2%

资料来源：中国人民银行广东分行清远支行。

　　小额贷款公司的经营宗旨是为农民、农业、农村经济以及小微型企业发展服务。但从小额贷款公司实际经营的结果看，各小额贷款公司信贷投向很大程度上偏离了政策目标。以私人资本主导的小额贷款公司本质上是商业性的小额贷款组织，并严格按照《公司法》有关规定设立和运作，小额贷款公司的可持续性发展既是监管当局要求的，也是小额贷款公司追求的目标，那么小额贷款公司降低成本与风险，获取利润就是小额贷款公司实现目标，保证其生存发展的重要条件。因此，小额贷款公司具有追逐利润而远离风险的动机。尽管政策法规明确要求小额贷款公司的贷款对象仅限于农户、个体经营者和小微型企业，业务运作坚持立足农村、服务"三农"，以改善农村金融服务为目的，但却无法约束小额贷款公司为了自身的生存发展追逐高利润的天然冲动，从而改变原来的贷款对象、信贷方式或产品造成诱致性的信贷偏离。

　　从表 6-12 中数据来看，这 9 家小额贷款公司的贷款发放主要以个人贷款为主。2009 年个人贷款占总贷款余额的比例达到 98.1%，2011 年一度下降到 72.9%，2012 年逐渐回升，到了 2014 年个人贷款占总贷款余额的比例上升到了 91.8%。企业贷款占总贷款余额的比例在 2%—23% 变化。在发放的个人贷款中农户贷款占比 2009 年为 48.0%，2010 年下降到了 24.6%，此后尽管有所上升但没有恢复到 2009 年的 48.0%，而且到了 2014 年又下降到了 28.8%。从中可以看出，9 家小额贷款公司的贷款绝大部分投向了城市个人，农户从中获得的贷款比例还不到个人贷款的一半，甚至一些年份还不到个人贷款的三分之一。从发放的企业贷款构成来看，在 2009 年、2010 年农村企业贷款占比为 100%，但到了 2011 年小额贷款公司企业贷款的投放对象发生了巨大转变，农村企业贷款占比迅速下降，小额贷款公司的企业贷款基本上投放给城市企业，远离农村成为了小额贷款公司的普遍行为。况且企业贷款中第一产业贷款占比除了 2010 年的 72.7% 外，其余年份第一产业贷款占比很小或者为零。可见，这些小额贷款公司的贷款资金基本上投向了第二产业和第三产业，小额贷款公司脱农化严重。

表6-12　　　　　　　　　　样本小额贷款公司贷款投向情况

年份	个人贷款		企业贷款		
	占比 （%）	其中： 农户贷款占比 （%）	占比 （%）	其中： 农村企业贷款 （%）	其中： 第一产业贷款 （%）
2009	98.1	48.0	1.9	100	0
2010	97.8	24.6	2.2	100	72.7
2011	72.9	28.1	23.1	1.2	15.3
2012	80.6	39.8	19.4	7.3	2.1
2013	79.8	45.1	20.2	5.0	0
2014	91.8	28.8	8.2	21.2	0

　　资料来源：中国人民银行广东分行清远支行。

　　从9家样本小额贷款公司的贷款期限结构数据发现，12个月内贷款占比一直维持在80.7%—100%，其中6个月内贷款占比在11.3%—80.2%变化，大于12月的贷款占比很小（见表6-13）。这说明小额贷款公司投放的贷款基本上是短期性的，其主要作为中小企业和个人的周转性资金使用。从以上贷款投放的大额化、脱农化和短期化的现象可以看出，这9家小额贷款公司的信贷偏离问题突出。

表6-13　　　　　　　　　　样本小额贷款公司期限结构情况

年份	小于等于3个月 占比（%）	大于3个月且小于等 于6个月占比（%）	大于6个月且小于等 于12个月占比（%）	大于12个月 占比（%）
2009	62.9	17.3	19.8	0
2010	14.2	55.0	30.8	0
2011	2.6	5.5	91.2	0.7
2012	0.6	10.3	86.8	2.3
2013	2.6	7.2	83.6	6.6
2014	0.5	10.8	69.4	19.3

　　资料来源：中国人民银行广东分行清远支行。

　　（二）经营资金不足，资金来源渠道有限

　　多数小额贷款公司成立不久几年就出现了后续经营资金不足、无钱可贷的情况，严重影响小额贷款公司的可持续发展。据调查数据显示，这9

家小额贷款公司注册资本金约为 5.3 亿元，然而到 2011 年这些小额贷款公司的贷款净发放金额约 2.89 亿元，表明该年内所有贷放出去的贷款尚未收回的部分已经达到注册资本金的 54.5%。此后小额贷款公司的投放贷款的规模在增加但增速开始下降，并加大了贷款回收力度，贷款净发放金额下降，甚至到 2014 年贷款净回收约 1.65 亿元（见表 6-14），意味着各小额贷款公司借款周期缩短，资金周转加快。

表 6-14　　　　　　　样本小额贷款公司累计发放回收贷款情况

年份	累计发放贷款 金额（万元）	累计收回贷款 金额（万元）	贷款净发放（净收回） 金额（万元）	贷款余额 （万元）
2009	19176.70	3670.70	15506.00	15506.00
2010	27378.70	21899.40	5479.30	25176.00
2011	72700.80	43877.30	28938.50	53365.00
2012	62252.00	55330.00	6922.00	60287.00
2013	70526.00	66938.00	3588.00	63875.00
2014	24181.44	40708.32	-16526.88	34559.00

资料来源：中国人民银行广东分行清远支行。

从调查中了解到，这种情况发生的主要原因就是 9 家小额贷款公司经营资金不足。更让经营者忧心的是小额贷款公司的资金来源渠道极其有限，这是由小额贷款公司本身的制度特点和经营形式所决定的。小额贷款公司的资金来源主要是股东缴纳的资本金、捐赠资金以及来自不超过两个银行业金融机构的融入资金，且融入资金的余额不得超过资本净额的 50%。由于 9 家小额贷款公司中大多数注册资本金不超过 6000 万元，理论上来说它们从银行业金融机构可以融入的资金最多也只能是3000 万元，远远不足以解决问题。况且小额贷款公司经营业务的高风险以及无法提供相应的抵押物，能从银行业金融机构融入资金很少，这可以从金融机构往来利息支出数额中获得验证（见表 6-15）。自有资金少，外部资金来源渠道受限，这不可避免地造成 9 家小额贷款公司后续资金短缺，普遍存在无钱可贷的现象，很大程度上限制了其业务的发展。

表 6-15　　　　　　　　　　　**样本小额贷款公司利息支付情况**

年份	利息支出（万元）	其中：金融机构往来利息支出（万元）	其中：各项存款利息支出（万元）	其中：债券利息支出（万元）	其中：其他利息支出（万元）
2009	0.02	0.02	0	0	0
2010	0	0	0	0	0
2011	177.57	176.07	0	0	1.50
2012	112.61	112.61	0	0	0
2013	161.35	161.35	0	0	0
2014	79.18	79.18	0	0	0

资料来源：中国人民银行广东分行清远支行。

（三）业务产品单一，盈利能力不高

按照相关规定，小额贷款公司的经营范围允许其从事贷款、中间业务、资产租赁、信用担保、财务咨询等业务，但受资金及从业人员素质等因素限制，其开办的业务仅限于发放贷款。从样本小额贷款公司营业收入构成情况看，贷款利息收入成了其唯一的收入来源（见表6-16）。从调查中发现，这些小额贷款公司几乎没有开展除贷款业务之外的业务，在贷款规模增长受限的情况下，小额贷款公司的盈利能力受到极大限制。

表 6-16　　　　　　　　　　　**样本小额贷款公司营业收入构成情况**

年份	营业收入（万元）	营业收入构成			
		利息净收入（%）	手续费及佣金净收入（%）	投资收益（%）	其他业务收入（%）
2009	461.19	100.00	0	0	0
2010	2029.42	99.98	0	0.02	0
2011	3933.29	100.01	-0.01	0	0
2012	6419.94	101.52	-1.52	0	0
2013	6213.72	99.58	0.26	0	0.16
2014	4599.52	100.01	-0.01	0	0

资料来源：中国人民银行广东分行清远支行。

（四）制度设计约束，政策扶持不到位

在询问小额贷款公司发展还存在哪些制约因素时，反映最为强烈的是小额贷款公司制度设计约束。按照中国银监会和人民银行《关于小额贷款公司试点的指导意见》规定，小额贷款公司是由地方政府主管部门审批，在工商管理部门登记的企业法人，不属于正式金融机构，不得吸收公众存款。这就从根本上限制了小额贷款公司的发展速度，其规模扩张的大小主要取决于注册资金和增资扩股的数量及速度，在目前情况下难以有大的突破。从调查中发现，这9家小额贷款公司自成立以来注册资本金和股份数量没有发生改变，资本金一直维持在成立之初的规模。只贷不吸存的制度设计，造成小额贷款公司融资难，资金来源欠缺。由于小额贷款公司不属于金融机构，只能按照一般工商企业经营纳税，目前承担的税负包括25%的企业所得税、5.5%的营业税及附加，小额贷款公司反映没有获得任何税收优惠政策，经营成本远高于一般金融机构，许多扶持政策力度并不像宣传的那样落到实处。

（五）信用风险困境没有取得突破，风险防控难度加大

在社会信用体系尤其个人诚信体系不健全的情况下，小额贷款公司与农户、小微型企业之间信息不对称以及贷款者缺乏足够抵押物，导致小额贷款公司信贷管理中信用风险过高。然而，小额贷款公司的优势恰恰也在于不需要抵押物，解决了贷款者普遍抵押不足的问题。这是小额信贷组织有别于传统金融组织的重要方面，也是政府鼓励其发展的重要意义所在。但调查中发现，这9家小额贷款公司在其发展过程中信贷业务开展并无实质性突破。从贷款发放的信用形式来看，2009—2013年这9家小额贷款公司投放的资金中信用贷款比例在13%—21%变化，2014年信用贷款比例为30%，而期间抵押贷款和保证贷款合计占比在68%—70%（见表6-17）。可见，9家小额贷款公司在业务发展过程中，以发放保证贷款和抵押贷款等传统贷款方式为主，适合于中低收入群体和小微企业基本特征的小额度、无担保、无抵押的贷款在业务活动中占据少数。而且进一步了解到，这9家小额贷款公司信贷发放主要依靠股东对所处行业和上下游企业状况的熟悉，初步筛选贷款对象，并通过股东与贷款客户日常业务联系了解掌握贷款对象经营变化情况来决定是否发放贷款。这固然可以进一步降低信用风险，但关联企业贷款集中易受宏观经济下行的影响，会使得风险防控难度加大。

表 6-17 样本小额贷款公司贷款的信用形式情况

年份	信用贷款（%）	抵押贷款（%）	质押贷款（%）	保证贷款（%）
2009	17	52	15	16
2010	19	29	0	52
2011	13	43	0	44
2012	16	33	0	51
2013	21	30	0	50
2014	30	23	0	47

资料来源：中国人民银行广东分行清远支行。

（六）专业人才较为匮乏，内部控制能力不高

小额信贷国际经验显示，一个专业的小额信贷员，一般能管理200—250个客户，管理金额大大低于传统商业银行。因此，小额信贷行业对信贷员专业素质要求较高。然而，实地调查发现，9家小额贷款公司规模小，运营时间不长，从业人员数量最多为21人，最少为8人，大部分员工或来自其他行业，或是新录用的大中专毕业生，平均年龄在25岁左右，具有小额贷款从业经验的人才较为匮乏。这些小额贷款公司设在经济不发达地区，难以吸引专业人才流动，自己培养筛选合格小额贷款人员，一是自己并不拥有专业小额贷款技术；二是需要花费较长时间和增加操作成本，所以这些小额贷款公司只能自主摸索，边发展边学习风险管理技术，管理水平相对较差。从内部控制方面来看，9家小额贷款公司参照商业银行建立相应的内部控制、业务管理、财务管理、风险管理等相关制度，与专业商业银行相比，这些制度简单明了，易于理解，操作方便快捷。但由于制度执行不严，管理信息系统落后，基本上还是人工加电脑操作为主，9家小额贷款公司内部控制能力并不高。

第三节 农村资金互助社发展的典型

一 乐都县雨润镇兴乐农村资金互助社

乐都县（区）位于青海省东部湟水河中下游，县域面积3050平方公里，人口28.72万人，是青海省主要商品粮生产基地之一。2015年全县

实现地区生产总值（GDP）79.3 亿元，按可比价格计算，比上年增长 11.2%。人均 GDP 达到 29471 元，同比增长 7.55%。规模以上固定资产投资 130.1 亿元，同比增长 19.17%；实现地方财政收入 2.77 亿元，同比增长 18.3%。农民人均纯收入 8470 元，增长 9.6%；2015 年年末，全县各金融机构各项存款余额 110.9 亿元，同比增长 18.6%，各项贷款余额 46.1 亿元，同比下降 2.6%，县域经济金融稳步发展。现已经形成了"蔬菜、马铃薯、生猪"三大主导产业和马铃薯、乐都紫皮大蒜、乐都长辣椒三大优势品牌和区域优势产业。2015 年，乐都县大蒜种植面积达 1.3 万亩，亩产达 3500 斤，以当年市场价格计，实现产值达亿元以上，种植紫皮大蒜已成为乐都当地农民增收致富的重要产业。

　　雨润镇位于青海省海东市乐都县（区）西部 10 公里处，现有 10 个行政村，人口 1.7 万，以汉族为主，还有蒙古、土、藏族等少数民族，耕地面积 11438 亩。雨润镇是青海省乐都县有名的大蒜基地，号称"紫皮大蒜"之乡，其下辖深沟、刘家、荒滩 3 个行政村更是当地有名的大蒜村，有常年种植大蒜的传统，大蒜种植面积占耕地面积的 90% 以上，亩均收入达 3000—5000 元，是雨润镇大蒜产业的主要产区及集散地，经济效益非常可观。在 3 个行政村子里，除了种植大蒜的农民之外，还活跃着一批大蒜经纪人，从事一年一度季节性的蒜薹和大蒜销售的经纪业务。在大蒜这一特色农产品的带动下，深沟等 3 个行政村农户的资金需求旺盛，除了春耕生产等常规的资金需求外，大蒜经纪人是最大的资金需求客户。随着种植、经纪业务的扩大，农户对存款、贷款、结算等金融服务的需求越来越迫切，金融服务供给不足的问题表现越来越突出，这为兴乐农村资金互助社的建立和发展提供了良好的土壤。

　　兴乐农村资金互助社于 2007 年 3 月 28 日正式挂牌开业，是青海省第一家由中国银监会批准成立的农村资金互助社。兴乐农村资金互助社由分布在雨润镇刘家村、深沟村和荒滩村的 10 名自然人股东发起成立，注册资本 36 万元。其中除两人各出资 10 万元外，其他 8 名发起人各出资 2 万元。10 名发起人中，从事金融工作的 1 人，农村小企业主 3 人，普通农民 2 人，大蒜种植户 3 人，蔬菜经纪人 1 人。按照《农村资金互助社管理暂行规定》要求，兴乐农村资金互助社设立时成立了社员代表大会、监事会，选举产生了经理、监事长等高级管理人员。现有从业人员 5 名，其中经理 1 名，由理事长兼任，负责全盘，会计和出纳各 1 名，信贷员 2

名。营业地点设在乐都县雨润镇深沟村，服务范围覆盖雨润镇深沟、刘家、荒滩 3 个行政村。经营范围包括办理社员存款、社员贷款和结算业务，接受社会捐赠资金等。在贷款利率上，兴乐农村资金互助社执行比当地农村信用社更为优惠的利率，粮油生产贷款利率执行比央行基准利率上浮 50%的利率，即年利率为 9.585%，低于当地农村信用社贷款利率。兴乐农村资金互助社的设立极大地便利了当地农民社员存款、贷款和结算的金融业务往来，弥补了当地农村金融服务空白以及缓解了农村金融供给不足的问题。

二　乐都县雨润镇兴乐农村资金互助社发展

兴乐农村资金互助社一经成立，便对深沟等 3 个行政村的大蒜产业发展和农民生产生活需求提供资金支持。从开业到 2007 年 5 月末，业务发展较为顺利，存款额为 12.68 万元，贷款额为 42.63 万元，其中，养殖业 28户，31.26 万元；种植业 19 户，5.97 万元；经商户 6 户，5.4 万元。万元以上贷款 12 笔，金额为 24.5 万元，单笔最大贷款为 5.6 万元。开业几个月里，资金互助社对当地农村金融服务的补充作用初步显现出来。然而，由于经营方式不灵活、服务范围狭小、后续资金补充困难等原因，兴乐农村资金互助社开业初期一直处于亏损状态。从开业到 2008 年 6 月 11 日，经营收入（利息收入）为 34600 元，经营支出（包括工资 45000 元、电话费1000 元、水电费 1500 元、存款利息 5000 元、取暖费 2000 元、公杂费 10000元、印刷费 11000 元、营业费 2078 元、网点安全防卫费 90000 元、出差费3000 元、招待费 3000 元、租赁费 3000 元、提取贷款准备金 4000 元）为180578 元，累计亏损 145978 元。① 此状况持续了 20 个月。后来，在政府有关部门的引导下，兴乐农村资金互助社转变经营观念，积极拓展业务范围，经过一年多的不懈努力，于 2008 年年底首次实现扭亏为盈。

到 2011 年 6 月末，兴乐农村资金互助社共有入股社员 149 户，吸收股金 44.16 万元，各项存款余额 377.84 万元，各项贷款余额 292.10 万元，较成立当年增加社员 37 户，股本金、各项存款、各项贷款分别增加 1.39 万元、286.63 万元、250.73 万元，增长 3.25%、314.25%、606.07%，存贷款年均增加 82 万元和 72 万元，成立 4 年多来，累计发放贷款 393 笔 254 户

---

① 任常青：《新型农村金融机构——村镇银行、贷款公司和农村资金互助社》，经济科学出版社 2012 年版。

1332 万元，贷款主要投向于农村种养业、运输业、经商及购房，贷款方式主要是抵押、担保和信用贷款。[①] 经过多年的发展，经营规模逐步扩大，截至 2015 年年末，兴乐农村资金互助社资产总额达 1132.07 万元，负债总额为 1024.02 万元，资本金 108.05 万元，经营收入（利息收入）61.91 万元，净利润 0.44 万元。总体来说，在农民春耕生产和大蒜收购季节，兴乐农村资金互助社根据自身资金实力，最大限度地满足了社员的资金需求，一定程度上缓解了当地农村支农资金不足的问题。

三　乐都县雨润镇兴乐农村资金互助社面临的问题

（一）营运资金规模有限，融资渠道狭窄

缺乏资金来源是兴乐农村资金互助社成立后面临的最大难题，一方面社员贷款需求旺盛；另一方面农村资金互助社却无钱可贷。由于吸收社员存款和股金是农村资金互助社唯一的资金来源，渠道单一，规模有限，这使得贷款需求远远大于存款供给。从 2007 年 3 月 19 日开业至 5 月 28 日，兴乐农村资金互助社取得存款 12.68 万元，各项贷款 42.63 万元，股本金 42.72 万元，存贷比例高达 336%，存贷比例超规定指标 256 个百分点。在其他资金来源不足的情况下，居高不下的存贷比潜在一定的支付风险。按照审慎经营原则的要求，2007 年 6 月 1 日青海省银监局海东分局一纸传真电令兴乐农村资金互助社暂停贷款，直到后来通过其他渠道融入资金，兴乐农村资金互助社才得以继续开业。由于农业生产的季节性突出，农户用款集中。每年春耕生产、蒜薹和大蒜收购时节，农户对流动资金需求极大，按照兴乐农村资金互助社目前的资金规模，资金缺口达 200 万元左右。兴乐农村资金互助社章程规定，村民入股 100 元（及以上）即可成为社员，可以在农村资金互助社进行存、贷款等金融业务。但监管部门要求，扩股只能每年一次，且对扩股人员、数量实行严格限制，融资受阻。村民对农村资金互助社缺乏认同感，发动社员存款也难上加难，因为社员本身也是资金短缺者，所以仅靠社员存款来实现自我持续发展很困难。

（二）专业从业人员缺乏，内部控制能力弱化

兴乐农村资金互助社目前从业人员有 5 名，其中经理 1 名（理事长兼

---

① 王兴顺、马兰青：《困境与出路——青海省乐都兴乐农村资金互助社调查》，《青海金融》2011 年第 10 期。

任），会计和出纳各 1 名，信贷员 2 名。除了经理来自当地农村信用社，具有一定的金融从业经验之外，其余全部为当地居民，会计人员仅仅参加了当地举办的短期会计人员培训，2 名信贷员出自非金融行业。这些从业人员缺乏系统的金融专业知识和金融风险认识，专业知识和业务技能跟不上业务发展的需要，导致经营管理水平较低。

乐都县雨润镇兴乐农村资金互助社虽然按照章程建立了社员代表大会、经理会议、监事会较为完整的治理结构，但由于社员农忙、外出打工等客观原因以及主观重视不够，定期召开社员大会协商解决重大决策事项有很大难度。同时，社员及监事会成员文化素质偏低，缺乏金融业务知识，对社员的权利义务和监事会的职责认识还很肤浅，难以履行监督职责，从而削弱了农村资金互助社法人治理结构的民主决策和管理能力。据了解，近年来兴乐农村资金互助社从未召开过"三会"。

(三) 经营模式缺乏创新，风险保障存在隐患

乐都县雨润镇兴乐农村资金互助社在业务开展、经营方面，基本上是沿袭农信社的模式，这是由于农村资金互助社经理来自农村信用社。在成立初期的业务经营中直接采用农村信用社的经营模式虽然可以降低风险和经营成本，但从长远角度看，会禁锢农村资金互助社的发展，农村资金互助社规模小、运营方式灵活的特点难以发挥。事实上，当地农村信用社已经意识到农村资金互助社带来的竞争压力，两者定位都是为"三农"服务，服务对象差不多，关键就在于谁家服务做得更好。兴乐农村资金互助社并不具有农村信用社的资金规模和机构网点优势，唯有经营模式创新才能在农村金融市场竞争中生存发展。兴乐农村资金互助社的贷款方式主要是联保贷款、担保贷款和信用贷款，联保贷款和担保贷款只要有担保人即可。据了解，由于人员紧缺和知识经验缺乏，兴乐农村资金互助社并没有建立稳定的联保小组和完善的信用保障机制，贷款投放主要依赖于地域关系的熟人担保，已经有个别社员不还款的行为造成了负面的示范效应。另外，单个客户贷款比例过高，若发生还款风险，将严重影响兴乐农村资金互助社的信贷资金周转和存款支付。

(四) 社会认可度不高，政策配套还未落实

从目前兴乐农村资金互助社的经营过程看，作为一个出现不久的新型农村金融组织要得到社会的认可还需要一个过程。深沟、刘家、荒滩 3 个行政村有村民 817 户、3252 人，截至 2015 年年末 3 个村入股社员还不到

三分之一，村民对兴乐农村资金互助社的经营状况还存在疑惑，需要向村民加大对农村资金互助社的宣传力度。同时，各级政府虽然对农村资金互助社积极支持、鼓励发展，但具体配套措施和办法并没有落实到位。兴乐农村资金互助社在人民银行开立账户、办理再贷款以及税收优惠政策等尚未解决，只能开办简单的社员存贷款业务，其自身弱小实力难以与其他金融机构相竞争，可持续发展面临着许多难题需要克服。

第七章

农村小型金融组织的信贷偏离

——基于"组织场域"的分析

小型金融组织在农村金融市场具有比较优势，对提高农村地区的金融服务水平、维护社会公平方面都具有重要作用，其本质是普惠制金融理念的实践。小型金融组织作为制度变迁的结果，是农村金融制度需求和供给共同作用的产物。按照世界银行扶贫咨询委员会的观点，小型金融组织是指为贫困人口提供贷款、储蓄、保险及货币支付等一系列金融服务，以使其增加收入、积累财产的金融组织。联合国则使用"普惠金融体系"（Inclusive financial system）来解释小型金融组织，将小型金融组织界定为能有效、全方位地为社会所有阶层和群体提供服务的金融体系，尤其是能够为目前金融体系未能覆盖的社会人群提供有效服务。小型金融组织向贫困的家庭及微型企业提供很少量的贷款（微型信贷）帮助他们进行生产性活动或小本经营，可使其消费、收入以及福利状况都得到显著改善。由此可见，小型金融组织同时兼有社会扶贫功能和金融服务功能特性。尽管各国在发展小型金融组织的过程中所采用的模式多种多样，但各种小型金融组织所肩负的使命目标基本一致，即为整个低收入阶层提供便利的金融服务，帮助他们减缓贫困和促进发展，同时实现小型金融组织的自我生存和发展。在这里小型金融组织的首要目标是促进社会发展和消灭贫困，在提供小额信贷金融服务的同时，小型金融组织也向贫困人群提供技术培训、教育、医疗等社会服务。为了更优惠地帮助贫困人群或尽量减轻他们的负担，贷款的利率可以低些，持续的扶贫努力并需要小型金融组织以正常的商业利率来开展信贷服务，只要有政府或捐赠者等外部资金的支持即可，孟加拉国格莱珉银行是其典型的代表。然而，随着小型金融组织的发展，一些小型金融组织为了追求商业营利目标而偏离甚至放弃了社会目标，将服务的目标从低收入人群逐渐转向富裕人群或中小型企业，即出现了所谓的使命漂移（Mission drift）现象。一些研究者认为，使命漂移与小型金融组织商业化和转型有关，由不受监督的 NGOs 转型为受监督的农村小型金融组织后对利润的关注会超过社会影响，从而促使其瞄准那些收入更高、风险更低的客户，偏离那些低收入的群体（Frank，2008）。而委托代理模型分析表明，小型金融组织过分关注条件更好的客户是由于追求盈利的捐赠者所推动，因为使命漂移后可以吸引更多的捐款资源（Ghosh and Tassel，2008）。

中国将小型金融组织引入农村则是为破解农村金融发展滞后、广大农民特别是低收入农户难以获得金融服务困境而做出的选择，所以中国农村小型金融组织的首要目标应该定位于广大农民特别是低收入农户的金融服务，具有"扶贫、扶弱、助小"的社会功能。然而，由于农村金融市场是个多层次的市场，有低端、中端和高端市场，农户有富裕农户、普通农户和低收入农户，在商业可持续导向下和农户金融服务供给方占据主动、优势地位的背景下，农村小型金融组织在提供小额信贷服务时难免产生信贷偏离问题，导致本该服务于农村中低收入农户的小额信贷异化为服务富裕农户和农村中小企业，[①] 贷款倾向表现为短期化、大额化和非农化。由于农村小型金融组织表现出的信贷偏离行为——贷款偏向农村富裕阶层和企业的倾向和行为，与传统存量金融组织之间有同质化的趋势，这正是组织同形现象。产生这种现象的原因是复杂的，但中国农村小型金融组织的目标定位与制度设计不协调是关键所在。本章将以新制度主义的"组织场域"理论为分析框架，构建中国农村小型金融组织的"组织场域"，并对农村小型金融组织信贷偏离问题的原因进行剖析。

第一节　农村小型金融组织的"组织场域"

一　组织场域理论

1983 年，迪马吉奥（DiMaggio）和鲍威尔（Powell）在《关于铁笼的再思考：组织场域中的制度性同形与集体理性》一文中提出了"组织

---

① 小额信贷准确地说是服务于中下层农民，这些农民具有一定的生产能力和偿还能力，但对于赤贫户属于政府救济，不属于金融服务的范畴。

场域"理论，主要从制度环境与组织的关系入手，揭示组织趋同性的内在机理。"组织场域"是指由那些聚合或集群在一起的组织构成的、在总体上获得认可的一种制度生活领域，这些组织包括关键的供应者、资源和产品消费者、规制机构以及提供相似服务与产品的组织。"组织场域"的概念，除了包括焦点组织外，还加上了其他与焦点组织不同，但对其绩效具有重要影响的组织，包括交易伙伴、竞争者、资金来源组织和规制者等，即任何能够对这个组织施加规则性、规范性和认知性影响的参与者。行动者群体、所使用的技术、所确立的各种规制和规范等是"组织场域"的关键构成要素。

组织分析的新制度主义认为，组织是运行于对它们具有塑造、制约与使能作用的各种场域中，并受到利益群体以及组织内部成员活动的影响。"组织场域"中的组织在结构、过程和行为方面因受同一环境或相似环境的影响，容易导致高度的同质性。"组织场域"内制度通过强制、模仿、规范机制影响组织行为和组织变迁，导致组织同形。

强制性同形源于政治影响和合法性问题，强制机制是指组织所依赖的其他组织向它施加正式与非正式的压力，以及由其所运行的社会中存在的文化期待对其所施加的压力，从而引起组织行为的变化和组织的变迁。制度会制约、规制、调节行为，主要强调明确、外在的规则设定、监督、奖励或惩罚来影响组织的行为。根据强制性同形原理，可以得到两个推论：①同一场域中，组织 A 对组织 B 的依赖程度越高，则 A 在组织结构、氛围与行为等焦点上与 B 就越相似。②一个"组织场域"在关键资源上依赖于某个单一或几个相似来源的程度越高，则场域中组织同形程度就越高。模仿性同形源于对不确定性做出的反应，模仿过程指当组织的目标模糊不清和相互矛盾时，或者组织面临的环境出现不确定性时，组织会以其他组织作为参照模型建立自己的制度结构。一般来说，"组织场域"中的组织倾向于模仿那些在其所处场域中看上去更为成功或更具合法性的类似组织。根据模仿性同形原理，可以得到以下推论：①一个场域中可替代的重要组织模式的数量越少，则场域中的同形速度就越快。②一个场域中的技术不确定性越大，目标越模糊，则这个组织模仿另一个它认为更成功组织的程度也就越强。规范性同形主要来源于专业化进程，主要是指组织集体地界定工作条件和方法从而确立的一致性认知，并在此基础上依据共同的标准、特征或系列属性对组织的管理者和员工进行筛选，从而导致组织同形。根据规范性同形原理，可以得到以下推论：一个组织在招聘和选择管理与专业人员时，越是依赖于学历和资格证书，则其与场域中的其他组织的相似性程度也就越大。

由于农村小型组织是处于一定的制度环境、技术环境、交易对手、竞争对手环境中的，利用"组织场域"进行分析，可以更加注重相关行动者的整体性、互联性，关注其他组织对小额信贷行为和绩效的影响，从而更好地理解组织的变化过程，是一种中观层次的分析视角。另外，小型金融组织表现出的信贷偏离行为——贷款偏向农村富裕阶层和企业的倾向和行为，与存量传统金融机构趋同，是组织同形现象，而"组织场域"理论正是用于解释组织趋同的理论。

二 农村小型金融组织的"组织场域"构建

"组织场域"决定了组织的基本运行方式，决定了组织的雏形、特征和发展路径，并为组织变迁提供了动力。我们以农村小型金融组织包括村镇银行、小额贷款公司和农村资金互助社为例，结合实际情况，构造一个包括规制者（如监管机构）、专业管理人员和信贷员、小型金融组织、存量涉农金融机构、农村经济主体等行动主体或利益相关者在内的"组织场域"。在"组织场域"内，农村小型金融组织和存量涉农金融机构在监管机构设定的制度框架和专业管理人员、信贷员提供的技术支持下，相互竞争，共同向农村经济主体提供信贷服务。具体如图 7-1 所示：

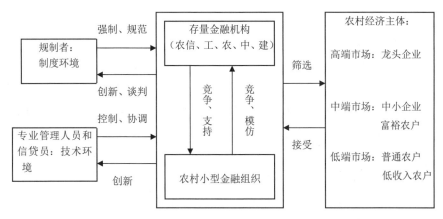

图 7-1 农村小型金融组织的"组织场域"及其行动者

资料来源：根据相关资料整理得到。

（一）规制者

规制者主要提供正式制度环境。制度环境主要是指由社会规范、法律法规、文化观念等构成的对组织行为产生影响的符号或仪式，包括正式和非正式制度。正式制度环境强调农村小型金融组织遵循制度合法性原则，合法性不仅仅是指法律制度的作用，而且包括了文化制度、观念制度、社会期待等制度环境对组织行为的影响。其基本思想是社会的法律制度、文化期待、观念制度成为人们广为接受的社会事实，具有强大的约束力，规范着人们的行为。农村小型金融组织的正式制度由监督机构构建，个体组织要想获得支持、认可和合法性就必须遵守这些规则和要求。如金融业管理部门颁布的《村镇银行管理暂行规定》《小额贷款公司试点的指导意见》《农村资金互助社管理暂行规定》以及各省出台的《小额贷款公司试点管理办法》等，对农村小型金融组织的设立程序、经营范围、公司治理、监督管理、风险防范、机构变更和退出等做出了相应的规定，为社会资本和民间资本发起或参与设立新型农村小型金融组织提供了法律支持，让农村小型金融组织经营有法可依并得到社会的承认，逐渐被公众所接受。非正式制度强调农村小型金融组织的价值观、道德观、共同的信念和公众对农村小型金融组织行为的期待。从增量金融机构的产生背景来看，农村小型金融组织正是在农村金融服务缺失、金融服务水平不高、信贷资源偏向大城市、大企业和大项目的背景下被引入农村金融市场的，因而其肩负着为低收入群体提供小额金融服务的特殊使命，这也是公众对农村小型金融组织行为的共同期待。

（二）技术环境

技术环境包括组织生产和控制技术、组织间交换模式、调节过程以及其他产生不同效率的因素。技术环境要求组织遵循效益最大化原则。农村小型金融组织需要通过与农村经济主体进行交换来维持自身生存并谋求发展壮大。农村金融市场由于存在信息不对称、缺乏有效的抵押担保、特质性风险和农村贷款偿付机制不完善以及农村人口分布分散等因素，为农民提供信贷服务交易成本高，导致大型商业银行不愿向农村提供信贷服务，农村居民特别是相对低收入群体长期以来被边缘化。正是在这种环境下，产生的小额信贷技术如团体贷款、动态激励、分期还款、担保替代等有效地解决了借贷双方之间由于信息不对称所引发的逆向选择和道德风险问题。当前，国内一些非独立类金融机构附属部门（如三农事业部、专营中心）主要是将小额信贷技术嵌入到小额信用贷款和农户联保贷款中，向农村经济主体提供授信支持，但大多数农村小型金融组织沿袭了大型金融机构的做法，所使用的工具和手段仍然是传统的，主要是抵押和担保贷款，少有信用贷款。

（三）交易对手

农村小型金融组织的服务对象是农村中的各种经济主体。根据经济状况划分，有农业龙头企业代表的高端客户、中小企业和富裕农户代表的中端客户、普通农户和低收入农户代表的低端客户。农业龙头企业拥有市场信息、生产技术和管理经验，规模较大，效益较好，且以特殊的产业连带效应和对农户增收的特殊影响力，受到各方的支持和关注，是农村中较为健全的承贷主体，其资金需求为专业化、规模化生产经营贷款，贷款额度大，还款能力强。农村中小企业多数是立足当地资源，生产面向市场的资源产品，其资金需求一般用于扩大规模、拓展市场，贷款额度较大，还款有一定保证。富裕农户处于整个农户群体的最高端，代表着未来农户发展转型的主要方向，这部分农户已经形成一定的人力和物质资本的积累，能够以市场为导向进行规模化、专业化和技能型生产，是当地农业先进生产力的代表和农村致富的"领头羊"，其资金需求是用于一定专业化、规模化的农业生产和工商营运非农产业的需求，额度相对较大，还款能力较强。普通农户已解决生活温饱问题，从事小规模、常规化的种植和养殖业，其资金需求是小规模种养业贷款需求，贷款额度较小，有一定的还款能力。低收入农户处于整个农户类型结构的最下端，一般处于窘迫的生活状态、资本匮乏、生产方式低效，其贷款主要用于低水平的生活和生产需要，贷款额度小，还款能力弱。由于农村资金需求巨大，供给相对不足，金融机构处于强势地位，因而农村小型金融组织可以有选择地对农村经济主体提供信贷服务。

（四）竞争对手

从机构设置来看，农村小型金融组织主要设在县城，业务范围基本上在县城地区。而大型商业银行在经过机构撤并之后，也主要在县域开展业务。农村信用社、中国邮政储蓄银行在县城和各个乡镇一般都有网点。因此，县城金融机构的覆盖率较高、金融机构网点密度较高，农村小型金融组织在县城面临较大的竞争压力。在乡镇和村庄未延伸服务，不存在竞争关系。从比较优势来看，大型商业银行、农村信用社、邮政储蓄银行拥有资金、支付结算、网点优势，且在县域地区经营时间较长，积累了较好的声誉，公众认知度较高。特别是在乡镇地区，农村信用社和邮政储蓄银行成为了农村居民的唯一选择，其存贷款市场份额基本上处于垄断地位。农村小型金融组织作为民间内生金融主导的增量改革过程中出现的农村金融组织形式，具有管理层次少、经营灵活和一定的信息、交易成本优势，但进入农村金融市场时间晚，其信誉度尚在积累中，依赖度、认同度较存量金融机构低。从目标定位来看，县城优质企业、城镇高收入群体是大型商业银行的传统服务对象，在政策导向和经营理念转变背景下，农业银行、邮政储蓄银行也开始向乡镇和村庄地区延伸金融服务，农村中高端市场农户是其服务的主要对象。总体而言，由于农村金融市场仍然是"卖方市场"，金融机构在县域特别是在农村地区竞争依然不足。

第二节　基于"组织场域"视角的信贷偏离分析

农村小型金融组织贷款偏向于农村富裕阶层和企业且大额集中，出现信贷偏离行为，与传统金融机构趋同。从制度主义分析的角度而言，农村小型金融组织虽然采用了规章制度强调的正式结构（如小额贷款公司、村镇银行、农村资金互助社），但内部运作却与组织结构分离，组织的正式结构成为了象征性的东西，对组织内部的运作没有实质上的意义。

一　规制者：制度缺陷导致信贷偏离

（一）制度对小型金融组织行为影响

组织通常被认为是协调和控制活动的系统，当活动根植于复杂的技术关系和跨组织交换网络时，就会产生协调与控制的需求，加之正式协调的运作有竞争优势，具有合理化正式结构的组织应运而生。在现代社会中，组织结构由其所处环境中的制度化要素构建，包括制度化的专业、程序、技术和政策以及规划等。这些理性化的制度要素界定了组织的结构，详细规定了组织理性地处理活动的方法技术以及能使参与者根据政策组织起来。理性化制度要素在社会中出现和发展，使得正式组织的产生成为可能。依据新制度主义理论，制度对小型金融组织行为有关键性的影响。

1. 形成正式结构

一个组织通过设计一种依附于制度环境中的正式结构，才能显示它是在以一种适当的、理由充分的方式为集体目标而行动（Dowling and Pfeffee, 1975; Meyer and Rowan, 1978）。组织通过目标、程序和政策等结构要素的制度化，为其行为提供了一种审慎的、理性的和合法的依据，并使得组织的经营管理行为免受质疑。可以说，理性化的制度产生了正式的结构，进而为组织的行为提供了规则或规范，使得组织在某种特定的结构模式下追求特定的目标。

2. 采纳外部评估标准

在完善和发达的制度环境中，组织会运用外部的价值评估标准来确定组织结构要素的价值。这些外部评估标准包括诺贝尔奖之类的仪式性奖励、重要人物的认可、专家和顾问设定的标准价格和部门设置或者人员在外部社会圈中的声望等。仪式性的价值评估标准以及源于仪式性的生产职能部门，对组织是有用的，它们使得组织在面对内部成员、股东、公众和政府时具有合法性，也显示组织具有社会正当性，从而获得社会的认可。组织声誉越高，其越容易获得投资、贷款或捐赠。

3. 稳定性

组织通过对外部已经确定的制度依赖，减少组织的动荡和维持组织的稳定。当市场条件、投入与产出的特征以及技术性程序都被纳入制度的范围内，随着一个给定组织成为这个更大系统的一部分，组织的稳定性将得以实现。在高度完善和发达的制度环境中，遵守制度并保持组织与制度环境的一致，将使得组织获得合法性和必要的资源，从而得以生存下来。

（二）中国农村小型金融组织的制度缺陷

组织是以它们的一般制度环境为条件的，共同的法律环境会影响组织的行为和结构。从目前中国农村小型金融组织的制度设计上看，监管部门出台的各种规定和政策为农村小型金融组织形成正式结构提供了一个合法的依据，进而为其行为提供了规则或规范，使得农村小型组织在某种特定的结构模式下追求特定的目标成为合法。然而，从已有的中国农村小型金融组织现实状况来看，大多数农村小型金融组织贷款偏向农村富裕农户群体和企业，而与存量银行金融机构在农村市场进行竞争，造成这种现实的根本原因在于制度的缺陷。从激励机制来看，监督部门出台的各种规定为农村小型金融组织提供了一个合法的依据，但从长远看，促进农村小型金融组织可持续性发展前提下支持中低收入农户的政策仍显不足，如融资来源的限制、财税优惠政策的范围、对合格担保品的范围限制的法律法规、支农再贷款和存款准备金等货币政策。从约束机制来看，农村小型金融组织在中国并没有被视为农村社会责任的一个亚单元，而仅仅被视为解决农村金融服务短缺的一种金融机构，用孤立的金融系统进行评估与监管。制度设计中缺乏硬性扶贫、扶弱、助小的深度和广度的评价标准以及强有力的监管机制，农村小型金融组织无法用社会价值标准来确定组织中各要素的价值，更不能阻止其追逐利益而偏离于社会责任和目标。

对于中国农村小型金融组织正式结构的设置，《村镇银行管理暂行规定》明确要求发起人或出资人至少有一家银行业金融机构且必须是最大股东或唯一股东。规定的基本点就是，银行必须控股或者全资经营。在这种制度规定的强制机制下，村镇银行的发起人或最大股东绝大多数是地方性中小商业银行，也有一些是农信社甚至外资银行。这种产权结构虽可保证村镇银行股东相对集中的同时也保持了事实上的分散比例，也使得村镇银行具有较强的专业性。但银行的强势地位使得村镇银行的人员构成多由发起银行指派，这不可避免地将发起银行的经营模式带入村镇银行。村镇银行被规定是为当地农民、农业和农村经济发展提供金融服务的银行业金融机构，但这种目标定位并没有强调对"贫、弱、小"的信贷问题，也没有制度激励约束村镇银行为中低收入农民和小微型企业提供金融服务，村镇银行的经营目标、评估标准以及监管指标与一般性商业银行并无两样。银行向中低收入农户和小微企业提供贷款成本较大，为补偿成本需要较高的贷款利率，但按规定村镇银行的贷款利率最高可上浮至基准利率的四倍。在贷款利率受限的情况下，出于追逐利润的动机，村镇银行必然放贷于成本更低的领域，而大额的有抵押、有担保的贷款相对而言成本较低，从而吸引村镇银行的进入。利率限制实质是价格管制的一种，必然导致村镇银行为中低收入群体提供小额贷款的动力不足而减少金融供给。正是外无制度约束，内无动力激励导致村镇银行贷款方向上的偏离，名义上的村镇银行蜕变为一般商业银行。许多村镇银行基本上很难对农村低收入农户提供金融支持和服务，而将目光放在贷款金额比较大的农村高收入群体和企业上，其小额信贷项目50%以上的一级客户（最初客户）都不是中低收入者，这一点与传统金融机构并无本质差别，并未体现出新型农村金融组织的"新意"。

依据《关于小额贷款公司试点的指导意见》（以下简称《意见》），小额贷款公司由自然人、企业法人与其他社会组织投资设立。实践中小额贷款公司多由民营企业设立，登记注册性质为普通公司法人。还有一些由社会组织设立以扶贫为宗旨的小额信贷组织，登记注册为社会团体法人。无论哪种形式都不是中国法律规定的金融机构性质，也不具备一般经济实体所具有的融资资格。专业性的小额贷款公司或公益性的小额信贷组织都不允许吸收存款，只靠发起人的资本金和有限的捐助资金发放贷款。由于缺乏明确的法律地位，公益性的小额信贷组织的业务开展、资金筹集、权益维护等受到较大限制。小额贷款公司被规定，在坚持为农民、农业和农村经济发展服务的原则下自主选择贷款对象，以"小额、分散"为原则，鼓励小额贷款公司面向农户和小微型企业提供信贷服务，同一借款人的贷款余额不得超过小额贷款公司资本净额的5%。《意见》要求有限责任公司形式的小额贷款公司注册资本不低于500万元，股份有限公司形式的注册资本不低于1000万元，许多地方政府基于自身偏好将注册资本门槛大大提高，一些沿海发达省份注册资本甚至高达几个亿。显然，注册资本的提高意味着用于同一借款人的贷款余额上限也随之提高，也意味着客户选择范围的扩大，小额贷款公司试点初始的制度安排就为目标客户偏移提供了空间。

小额贷款公司尽管经营贷款业务，但目前尚不具备金融机构的身份属性，没有被中国银监会列入监管范围，现有的各项规章制度也尚未明确对小额贷款公司监管的主体。小额贷款组织发起人的筛选、机构准入等管理由各级政府设立小额信贷组织试点工作领导小组负责，结果是各地小额贷款公司准入条件不统一且缺乏规范。作为政府牵头的松散机构，领导小组监管职责并不明确，管理经验和专业化程度有限，无力对小额贷款公司合规性方面监管，因而小额贷款公司的各项业务运作完全处于自我发展状态。监管主体的模糊使得小额贷款公司缺乏硬性的制度约束，在利润驱使和业务单一的条件下，小额贷款公司在运作过程中明显偏离了服务于低收入农户与小微型企业的政策目标。实地调查显示，小额贷款公司目前已发放的贷款实际上并不是小额，个别小额贷款公司单笔贷款平均额度甚至达到100万元以上，也没有发放农户贷款，这既违背了小额贷款公司设立的初衷，又为公司的经营带来风险。

农村资金互助社虽然是一个银行机构，但根据《农村资金互助社管理暂行办法》规定，其资金来源主要有社员存款、社会捐赠和其他银行机构借款，农村资金互助社不得向非社员吸收存款。而农村大多数社员收入水平较低，本身又是需要资金的群体，其个人存款余额较少，所以吸收社员存款难度比较大。社会捐赠是偶发性的，不能作为融资的主要来源。因此，从其他金融机构融入资金成为唯一现实的选择。受限于融资渠道狭窄，很多农村资金互助社资金短缺处于无钱可贷的处境。由于缺乏关于农村资金互助社的法律法规，对于中国现存绝大多数达不到银监会审慎监管要求的农村资金互助组织，其身份的合法性受到质疑，相关业务得不到国家政策和法律的保护。一旦政策发生变化，这些被默认存在的资金互助组织很可能成为非法金融机构。没有合适的制度约束，农村资金互助社内部管理中有章不循、合作性不强及内部人控制等问题较为突出。受利益驱使农村资金互助社远离社员，将目光放在贷款金额比较大的富裕农户以及企业上已是普遍现象，一些农村资金互助社甚至意欲做"全能银行"，这严重地偏离了设立农村资金互助社的初衷。

二　技术环境：技术创新不足导致信贷偏离

组织依赖技术手段生产产品或提供服务，并利用技术对其生产系统进行有效的和充分的控制而获得回报。手段和目的之间的关系越不确定，一个组织模仿它视为成功组织的程度也就越大。农村社会是个熟人社会，拥有的是隐性"软信息"，对于农村小型金融信贷组织而言，需开发和创新小额信贷技术才能深入挖掘并可持续地开展业务。而现实的情况是，入股农村小型金融组织的资本往往为非农产业资本，本身对农村金融不甚了解。虽有比较成熟的小组联保、动态激励、分期偿还、担保替代等小额信贷技术，但绝大部分农村小型金融组织却没有开发出既能有效识别风险、解决信息不对称问题，又能贴合农村实际情况的小额信贷技术。在金融机构自身无法创新面向低端市场的小额信贷技术情况下，只能嫁接和移植传统的依赖抵押、担保控制信贷风险的技术，而这些信贷技术所要求的门槛、条件和标准都是低收入农户难以达到的，其匹配的客户一般是农村中的中、高端客户。如：小额贷款公司的管理人员和信贷员，主要是以前从事正规金融发放贷款业务的人员；村镇银行由于大股东是金融机构，其经营模式直接被复制到农村小型金融组织。由于这些管理人员和信贷员，接受过相同的训练，具有类似的知识背景，在不同的组织中占据相似的位置，由此具有相似的倾向，所做出的决策也就大同小异，从而影响组织的行为，导致信贷方向偏离，与传统金融机构同形。

三　交易对手：农村信用体系缺失导致信贷偏离

场域中的组织为增强生存能力，会努力控制和协调其生产活动，防止生产活动受到环境波动的影响。农村小型金融组织在农村面对着三类客户，包括：以农业产业化优势企业代表的高端市场、以中小企业和市场化农户代表的中端市场、以普通农户和低收入农户代表的低端市场。与中高端市场客户相比，低端市场的农村经济主体存在着抵押品不足、收入不稳定、投资支出和消费支出难以区分、居住分散等特点，低端市场本身是个小额、分散、个性化的市场，而非集中、大额、共性化的市场，对于大多地处县域的农村小型金融组织而言，有着相对高昂的信息搜集成本、管理监督成本。更为关键的是，在广大农村地区，纯粹的信用关系还没有建立起来，广泛存在的是建立在血缘、亲缘、业缘和地缘关系上的社会关系和熟人网络，低收入农户缺乏显示自己信用程度的衡量标准和衡量手段。由于针对低收入农户的信用体系缺失，低端市场对于农村小型金融组织而言是个信息不对称的市场，是个不确定性极强的市场，作为对不确定性的一种回应，农村小型金融组织自然会将低收入农户排除在外，从而出现信贷方向偏离，与存量金融机构同形。

四　竞争者：差异化竞争不足导致信贷偏离

组织倾向于模仿那些在其所处场域中看上去更为成功或更具合法性的类似组织。一个场域中可替代的重要组织模式数量越少，则场域中的同形速度就越快。对于刚刚进入农村金融市场的小型金融组织而言，其目标定位是模糊的。而在农村特别是县城经营多年的存量金融机构通过锁定有抵押担保的中高端客户，有效地控制了信贷风险、产生可观利润并实现了财务可持续发展。由于存量金融机构在众多供给主体中始终处于主导地位，这样的核心组织起着一种主动或被动的示范作用，这些组织自然而然成为了刚刚进入农村金融市场的农村小型金融组织的模仿对象，存量金融机构的行为、做法、政策和结构在所处的整个场域中被不断复制。更为关键的是：在农村地区，由于长期存在信贷配给，相对于巨大的资金需求，即便是加上刚刚进入农村金融市场的农村小型金融组织，总的信贷供给仍然是不足的，因而具有合法地位的金融机构始终处于强势甚至是垄断地位。在存在巨大资金需求的农村金融市场中，农村小型金融组织与传统存量金融机构的竞争是不充分的，因此农村小型金融组织也自然地将其贷款目标主要锁定在当地的中小企业、个体工商户、包括公务员在内的工薪阶层和富裕农户，而不是低收入农户。竞争不足，需求巨大，导致定位相同、客户相同，致使农村小型金融组织始终没有走出一条差异化的发展路径，难以与存量金融机构形成差异化的竞争格局和互补型的市场状态。

第三节　构建"组织场域"抑制信贷偏离的政策建议

如前所述，农村小型金融组织的信贷偏离是由于其所在的"组织场域"特点导致的，因此政策制定者应更多地考虑规划对作为一个整体场域结构的影响，而不是仅仅注意其规划对个别组织的影响，必须完善农村小型金融组织的"组织场域"，才能确保农村小型金融组织在实现风险可控、财务可持续的同时真正服务于农村中低收入阶层，抑制信贷方向偏离。具体政策如下：

一　制度环境：营造具有激励约束效力的制度环境

根据"组织场域"理论，政府可通过提供财政支持等"利诱"或"迫使"农村小型金融组织接受其整套规章制度，以确保农村小型金融组织真正下移服务重心。一是要加入社会责任。要在相关制度中细化农村小型金融组织的目标定位，明确其社会责任，并在此基础上，制定包括小额信贷覆盖深度、覆盖广度、中低收入农户客户比例、女性客户比例等指标在内的社会绩效考核体系，采用不同于存量金融机构的评价方式和监管手段，形成正向激励和逆向惩戒机制来保障农村小型金融组织真正承担起"支农支小"的社会责任。二是制定激励扶持政策。制定和完善相关保障机制，以保证农村小型金融组织财务上实现可持续发展。如财税政策上应减免营业税和所得税，货币政策上应降低存款准备金率，融资政策上应允许其向央行申请支农再贷款和向大型金融机构批发资金，贷款投向上应该给予定向费用补贴，监管政策上应在充分考虑小额信贷交易特征的基础上对不良贷款的认定和风险分类、拨备、资本充足率要求等做适当调整。三是提升现有农村小型金融组织的法律位阶，将已有的规定、政策等上升到法律层面，在发展前景上应给予明确稳定的预期。

二　技术环境：加入村庄信任，创新小额信贷技术

信贷投放者是否具有较为足够的信息优势，直接决定着其提供信贷服务的意愿。农村低收入农户既没有足够的自有资产作担保（抵押）品，也不能提供可信的资信报告。为了消除信息不对称，必须结合农村的实际情况创新小额信贷技术。可考虑在小组联保、动态激励、分期还款、担保替代等传统小额信贷的基础上，嵌入村庄信任，利用村庄信用机制对中低收入农户进行甄别和筛选。农村小额信贷中的村庄信任机制是指在村庄共同的文化道德观导向下和农村熟人社会的生产生活环境中，形成的"圈层压力"，并依靠这种压力约束着村庄内部的每一位成员，使得村庄成员都诚实守信、遵守并履行合约。正是基于村庄信任机制，农村民间借贷、私人借贷才得以维系和持续发展。农村小型金融组织可充分挖掘和运用村庄信任机制进行风险控制、识别，将村庄社会文化、道德观、村庄信任嵌入到金融机构的信贷活动中，使金融机构的信贷活动匹配于村庄共同的价值规范，可考虑以下几种模式：一是金融部门吸收来自乡村、熟悉乡村的村民或农户作为信贷员开展信贷服务工作。二是借助于村庄自治组织村委会、村民小组开展信贷调查，发挥村级自治组织对农村金融发展的推动作用。三是由村里的干部或者是农村声望较高、经济实力较强、具有稳定收入的农户、能人为普通农户担任保证人，通过以强带弱，以大带小，发挥种养大户与普通农户因长期合作而形成的相互之间知根知底的信息优势。

三　交易对象：基于"熟人社会"构建农户信用体系

一个有效率的农村小型金融组织信用制度一定是在本土业已存在的默示性规则基础上强制构建的结果。当前，以农业产业链、农民专业合作社为突破口的农村信用体系建设，更多的是针对农村富裕农户、农业龙头企业等中高端客户的。而针对农村低收入农户的信用体系建设完全缺失，恰恰这部分群体最需要信贷资金来改善生产生活状况。因此，农村信用体系建设应更多地考虑低收入群体的诉求。由于农村是个"熟人社会"，农户之间一般有着共同的血缘、地缘、族缘和业缘关系，彼此之间能够积累置信对象几乎完全的信息，农户之间基本上不存在信息不对称问题。在构建农村信用体系过程中，应考虑将农户的"软信息"、农户生产生活的"隐性征信"转换成"显性征信"。具体来说，一是采取村民互评、村委会评

价等方式收集农户家庭结构、家庭责任感、信用状况、社会信誉、社会关系、资本存量、生产经营能力、资金投向、偿债能力等信息，建立信用档案。二是将众多扶贫性质的村级互助资金组织与农户长期合作、交易所获得的信息融合到农村信用体系中。村级资金互助组织以财政扶贫资金为主，吸引农户入股，体现了一定程度的互助合作性质。由于农户向资金互助社申请贷款需要经过资金互助社的审核，且审核小组对农户知根知底，特别是能多次获得贷款的农户，必定是互助社和其长期交易、博弈的结果。因此，可以此为突破口，构建针对低收入农户的征信体系。

四　竞争对手：培育适度竞争的农村金融市场

相对于农村巨大的资金需求，金融供给是不足的，竞争是不够的。因此，不论是存量金融机构，还是增量金融机构，都定位于县域开展信贷业务，并未真正下沉服务重心。应该考虑通过增加竞争的方式，迫使金融机构下沉服务，将低收入农户纳入其目标范围。具体来讲，一是将在县域的金融机构全部纳入"新增存款用于当地贷款"的考核范围，引导金融机构在县域增加信贷投放，增加竞争。二是进一步放宽农村金融市场的准入限制，引导农村小型金融组织将总部或分支机构网点设在乡镇一级，真正将服务延伸到乡镇和行政村一级。三是对长期以来经营稳健的村级资金互助社和真正从事扶贫小额信贷的非政府组织给予合法身份，以激励其更好地在农村地区开展信贷服务。

第八章

农村小型金融组织信用制度的构建

第一节　农村小型金融组织与信用制度

　　作为一种解决农村金融发展滞后、广大农民特别是低收入农户难以获得金融服务的制度创新，小型金融组织自诞生以来便在全球范围内得到迅速发展。分散状态下的农户贷款需求单笔信用规模小，且缺少抵押和担保，同时农户收入易受外部冲击影响，因而往往被追求利润目标的大中型商业性金融机构排除在外。对于那些因为缺乏金融资源，或者由于外部冲击而暂时陷入困境的农村居民而言，农村小型金融组织提供的服务不仅可以帮助其渡过难关，而且还能开展生产活动，平滑消费和增加收入。也正基于此，小型金融组织被引入中国来解决农村低收入群体和农村金融服务短缺问题。从 20 世纪 90 年代初期一些社会团体、非政府组织借鉴孟加拉国 "乡村银行" 模式组建的小额信贷扶贫社，到近年来政府力推的村镇银行、小额贷款公司和农村资金互助社，这些农村小型金融组织在帮助中国农村低收入农户增加收入，解决农村资金短缺方面显示出其比较优势。从农村小型金融组织在中国的发展实践中，我们看到一方面农村小型金融组织的快速发展与普及，另一方面农村小型金融组织的可持续却面临众多因素的制约。农村小型金融组织要实现可持续性取决于如何在风险、成本和覆盖力上寻求平衡，农村小型金融组织旨在为低收入农户和小微企业提供贷款等金融服务，但这些农户和小微企业缺乏抵押物以及没有可信的资信记录可提供，这就需要农村小型金融组织建立特有的信用制度以控制风险。在这方面，国际上一些小型金融组织已经创造出了小组联保、动态激励、分期还款等制度合约，中国的农村小型金融组织也是借鉴了上述制度建立起各自的信用制度，其中孟加拉国格莱珉银行（GB）的小组联保制度最为普遍。小型金融组织的国际实践证明了这些制度合约能够较好地克服信息不对称障碍，对防范信用风险起到比较有效的作用。

从理论上讲，以小组联保等制度合约为内容的信用制度可以形成对贷款人的有效约束，规避逆向选择和道德风险，从而降低小型金融组织的信用风险，促进农村小型金融组织业务的有效发展。但从中国农村小型金融组织的实际运行过程来看，小组联保等信用制度并未能达到如设计初衷那样的预期效果，出现诸如小组成员之间的风险推诿和集体违约等情况，这已影响到农村小型金融组织开展小额信贷业务的积极性和主动性，农村小型金融组织或采取传统的信用保证方式，或偏离服务对象来规避可能出现的风险，在国际上广为流行的小型金融组织的信用制度在中国却出现了消化不良症状。究其原因，中国农村小型金融组织在构建信用制度过程中注重于正式规则的引进，忽略非正式规则的积累是其重要的原因之一。小型金融组织之所以能够取得成功并不仅仅是采取了诸如小组联保等信用制度，而是成功运用了这些信用制度所蕴含着的非正式规则。规模弱小的农村小型金融组织不可能像大型商业金融机构一样承担起维持正式制度的巨额成本，面对着分散而小额的信贷需求，农村小型金融组织的信用制度构建除了设计恰当的正式制度外，还需要非正式制度的演化积累。本章正是基于上述情景，从制度的自然演化和制度的理性设计框架来分析农村小型金融组织信用制度构建的理论逻辑，进而分析农村小型金融组织的信用制度构建问题，最后提出改进农村小型金融组织信用制度构建的对策措施。

第二节　农村小型金融组织信用制度的
演化逻辑与形成条件

一　信用与信用制度

信用是在一定社会环境条件下人们产生的一种具有特定指向的主观态度和趋向，是人的精神、言论和行为的综合形态。信用是人们在社会经济交往中广泛使用的用语，正因为使用者众多，因而被赋予丰富的含义，理论界至今没有形成统一的界定。

《辞海》介绍了"信用"的三种释义：其一为信任使用；其二为遵守诺言，实践成约，从而取得别人对他的信任；其三为价值运动的特殊形式，多产生于货币借贷和商品交易的赊销或预付之中，其主要形式包括国家信用、银行信用、商业信用和消费信用等。《新帕尔格雷夫货币金融大辞典》在信用创造（Credit Creation）词条讲到，信用只有在对被授信一方的诚实和价值具有信任和信心的条件下才会被授予，可见信用的基础是授予信用一方对被受信方的信任。《中国大百科全书》对信用的解释是以偿还为条件的价值运动的特殊形式，即信用是借贷活动。在商品交换和货币流通存在的条件下，债权人以有条件让渡的形式贷出货币或赊销商品，债务人则按约定的日期偿还借款或偿付贷款，并支付利息。综上所述，信用的含义有广义和狭义之分，广义的信用是与社会行为联系的社会范畴，是指参加社会和经济活动的当事人之间建立起来的以诚信为道德基础的践约行为，即通常所说的"讲信用""守信誉""一诺千金""一言九鼎"。狭义的信用是与商品货币关系联系的经济范畴，是指参与经济活动的当事人之间以契约（合同）为基础的资金借贷、承诺、履约的行为。本书所使用的信用是指狭义的信用概念。

信用制度是伴随着信用的产生而形成的，在经济活动中，经济主体之间发生的信用往来而结成的关系就是信用关系。信用关系包括两层含义：一是指经过契约（合同）等方式认定且已经发生了的信用关系，是结果性的行为存在。二是指交易行为发生过程中所包含的信用指向，信用行为还未实施，信用关系还没有发生，即是一种过程性存在。当人们的信用关系趋向普遍化和经常化，信用关系就上升为一种行为规则或秩序，使得信用关系制度化。信用关系在初始时是依赖于一种道德力量，随着经济行为的契约化，信用关系更依赖于制度的保障。信用制度是指关于信用及信用关系的制度安排，是对信用行为及关系的规范和保证，即约束人们信用活动和关系的行为规则，具有公认性、强制性、相对稳定性和系统性的特征。信用制度由正式制度、非正式制度和实施机制三部分构成，正式制度是指有关信用的法律规范、法规条例和信用管理规章等，它们是信用制度外显的、具有强制约束力的部分，包含了对信用关系基本规则形式的规定，以及通过法律对信用关系进行保护，并保证其实施的规则。非正式制度是指信用观念、信用习俗和信用行为规范等，可以概括为人们对其他人的行为方式的稳定预期，而该预期的形成来源于社会共同认识。实施机制指的是经济主体守信与否的监督机制、约束机制和奖惩机制等，正式制度、非正式制度和实施机制的有机结合与统一才构成完整的信用制度框架。

　　正式信用制度与非正式信用制度同样重要，因为构建一个信用制度不仅包括正式信用制度也包括非正式信用制度。一方面人们在长期的社会经济活动中形成的习俗、惯例，对社会经济活动有着重要的指导作用，这些习俗、惯例的指引力量使人们可以有效地节约交易成本，形成人们稳定的预期，从而其界定和保障实施的信用关系是有效的。另一方面，正式制度仅能规定和约束社会经济活动的一个方面，有些社会经济活动通过正式制度安排既无必要，更不经济，但非正式制度的约束力却无所不在。正如诺思（2004）曾指出："即使在最发达的经济中，正式规则也只是构成决定着人们选择的种种约束总体中的一小部分（尽管是很重要的一部分）。如果我们稍加思索就会发现，非正式约束是无处不在的。""非正式规则——行为准则、习俗和行为规范——对于良好经济运行来说是必要的（但并不是充分的）条件之一……虽然正式规则可以一夜之间改变，但非正式规则的改变只能通过渐进的方式改变。由于非正式规则给任何一套正式规则提供了根本的'合法性'，因此，激进的革命从来不会像它的支持者所要求的那样，而绩效也与预期不同。而且，采用另一个社会的正式规则的国家（例如：拉丁美洲国家采用的宪法与美国类似）会有与其起源国家不同的绩效特征，因为它们的非正式制度和执行特征都不相同"。[①]正式信用制度的有效性在很大程度上取决于他们是否与非正式信用制度相容，相容性越高，失信行为也就越少。这是由于规则的认知内容和协调内容只有成为人们的共同信念后，这些规则才能称得上制度。若规则的认知内容和协调内容并没有成为共同信念，那么这些规则就不会被人们有效遵循，它们也就不是能真正构建人们信用行为的制度。[②]况且正式制度由于其强制性往往构建和实施成本很高，而非正式制度的成本较低，实施起来更节约资源。因此，非正式信用制度是必不可少的。对一种新的信用制度而言，人们可以通过引进复制的方式理性设计出正式制度，但作为信用制度中的非正式制度只能通过演化的方式来渐进形成。信用制度除了正式制度和非正式制度之外，还需要制度实施机制保证信用行为的履行。如果信用制度安排对失信的惩罚力度不足，在不履约比履约更有利可图的时候，交易者可能选择失信的机会主义行为。但从远期来看，其选择失信将导致

---

　　① 诺思：《新制度经济学及其发展》，载孙宽平主编《转轨、规制与制度选择》，社会科学文献出版社2004年版。

　　② 董志强：《制度及其演化的一般理论》，《管理世界》2008年第5期。

其声誉下降，完善的实施机制将直接带来后期交易机会的丧失，尤其是大大增加其未来失信成本。权衡利弊之后，交易者最终还是选择守信。所以，制度实施机制的健全和有效是衡量信用制度是否完善的重要标准，离开了实施机制，任何制度都形同虚设。

二　信用制度的演化逻辑

在世代传承的基础上，许多信用习俗、惯例成为了具有一定制度性质的信用行为规范，成为了不成文的非正式信用制度，对人们的思想和信用行为具有很强的约束力。那么信用习俗、信用行为规范这些非正式制度是如何形成的？在理性选择的文献中，习俗是被看作惯例在个体中存在的形式，而惯例是作为重复协调博弈的结果来分析的，所有惯例一起组成了更大的结构，克罗斯克里（Croskery，2004）称之为文化。规范一般被看作是混合动机博弈的结果，规范在个体中是以品德的形式存在的，并且所有规范组成了团体的更大制度结构。路易斯（Lewis，1969）将惯例定义为：当群体 P 的成员是一个重复发生情形 S 中的代理人，P 中成员的行为制度 R 是一个惯例，当且仅当 R 是正确的，并且在任何情况下的 S 中，它是 P 中成员之间的共同知识①：

（1）每个人都遵守 R；

（2）每个人期望其他人也遵守 R；

（3）在别人遵守 R 的情况下，每个人倾向于遵守 R，因为 S 是一个合作问题，并且一直地遵守 R 是 S 中的一个合作均衡。

假设信用交易双方利益完全一致，在信用交易的重复协调博弈中只有两个可能的行动策略，即"守信"和"失信"。因此，在任何两个信用交易者 i 和 j 之间的每一个可能双边行动中，博弈所获得的支付如表 8-1 所示：

表 8-1　　　　　　　　　　博弈所获得的支付

i〜j	守信	失信
守信	2, 2	0, 0

---

① Lewis, D. K., *Convention：A Philosophical Study*, Cambridge, Massachusetts：Harvard University Press, 1969, p. 58.

续表

i j	守信	失信
失信	0, 0	1, 1

　　其中的支付集并非代表物质结果，只是分别用效用或心理满足来表示信用交易者 i 和 j 之间几个可能行动对的结果。由于信用交易者偏好最高效用的选择，这种假定是自然合理的，从而（守信，守信）和（失信，失信）都是该双边博弈的纳什均衡。显然，这两个纳什均衡中，行动对（守信，守信）是帕累托最优的，（失信，失信）则不是帕累托最优的。在上述信用交易的重复协调博弈中，或者选择"守信"或者选择"失信"都可以作为信用交易双方的一个惯例演变产生。一旦在一对信用交易双方成员中建立了其中一个惯例，那么所有信用交易双方的状况都将通过遵循这个惯例而得到改善，单方面的偏差将是不划算的。更进一步地说，信用交易者一致的个人行为是通过他们一致的预期而达到的。当所有的人预期其他人坚持惯例时，他们自己也愿意坚持惯例，这就强化了每个人关于所有人都将坚持遵循惯例的预期。因此，惯例一旦演化而成便能自我维持，无论是最优惯例（守信，守信），还是非效率的（失信，失信），都能演化而成并将自我维持。虽然惯例可以自发地形成，但在信用交易环境十分复杂或交流非常困难，或者信用交易者发生频繁变动的情况下，惯例的形成将十分缓慢，而且自发确立的惯例可能是非最优的。因此，制度构建者可以通过信用交易机制的设计以及道德说教和利益诱导使得"守信"变得更为突出，加速"守信"这一惯例的形成过程。

　　在信用交易双方利益完全一致的重复协调博弈中，"守信"的惯例可以自发形成而且可以自我维持。但事实上，信用交易双方的利益并非完全一致，信用交易双方的人际交往动机各异，特别是在信用交往中更具有冲突的利益关系。此时，交易者信用交往博弈的支付矩阵发生改变，"守信"并不是信用交易者的最优行为选择。假设对信用交易双方的每一方来说其策略选择有"守信"和"失信"，因此，在任何信用交易者 i 和 j 之间的一个可能双边行动中，博弈所获得的支付如表 8-2 所示：

表 8-2　　　　　　　　　　　　博弈所获得的支付

i j	守信	失信
守信	1，1	−b，a
失信	a，−b	0，0

这里，a>1 表示失信方从守信方单方面所得到的支付。在一次性的信用交往博弈中，（失信，失信）是唯一的纳什均衡。然而，（失信，失信）较之（守信，守信）是帕累托次优的。如果交易双方愿意合作，那么结果将是所有博弈者的状况都将得到改善。然而，关键在于，每个博弈者只有能观察到其他博弈者是否守信，他们的状况才会变好。对所有的博弈者来说，失信严格优于守信，即无论其他博弈者如何行动，失信总是最好的选择。但是，如果两个交易者的信用博弈重复多次，且每个交易者有足够的耐心，尽管失信仍然是一个完美的均衡结果，许多守信策略也将是均衡结果。如以牙还牙策略（先守信，然后在每个阶段采取对方在上一阶段采取的行动）就是一个均衡策略（Axelrod，1984）。[①]隐藏在这个结果背后的原因是，如果博弈重复多次且每个人有足够的耐心，任何短期的机会主义行为所得都是微不足道的，信用双方有积极性为自己建立一个乐于守信的声誉；同时也有积极性惩罚对方的机会主义行为。事实上，根据无名氏定理，这个博弈还有许多其他这样的守信策略。正因为该博弈存在着许多均衡策略，信用交易双方总可以通过二次协调从中选择一个满足个人理性的可行支付的均衡策略，这种策略一旦选择便成为自我维持的共同预期，从而形成一种信用交易双方共同遵守的信用制度规范。

三　信用制度的形成条件

在上述信用交易的重复协调博弈中，守信作为信用交易双方的一个惯例可以演变产生，但这种惯例维持持久的稳定而成为信用制度还需要满足下列条件：

（一）博弈必须是无限重复

守信规范得以形成并成为信用制度第一个基本条件是信用交易博弈

---

① Axelrod，Robert，*The Evolution of Cooperation*，New York：Basic Books，1984.

必须是无限重复的，无限次重复的要求是为了保证守信均衡存在。如果博弈重复无限多次且每个信用交易者有足够的耐心，任何短期的机会主义行为所得都是微不足道的，信用双方有积极性为自己建立一个乐于守信的声誉；同时也有积极性惩罚对方的机会主义行为，故此守信就是信用交易双方最优的策略并得以维持。然而，信用交易双方之间无限重复交往既不现实，也无必要。如果存在有效的声誉制度，博弈就不一定要在相同的两个参与者之间进行（Milgrom，North 和 Weingast，1990），①也就是说，有效的声誉保证机制可以弱化博弈无限次重复的要求。若信用交易双方信息完全性与信号传递效率高，事先知道对方都具有诚实守信的良好声誉，在信用博弈中每一方都会选择守信并且都知道对方也会选择守信，因为一旦某一方选择失信，其诚实守信的声誉便丧失。因此，对于信用交易双方而言，最优行为是选择守信，即双方只需要有限次的信用博弈交易即可形成守信均衡。确切地说，信用交易者是依靠影响博弈交易对方在其社区中的声誉能力来保护自己的利益。一旦交易对方出现违约行为，将导致社区惩罚，失去赖以维持其社会地位的社区信任，从而形成声誉保障机制。

任何一个人的行为最优化往往与他的未来预期有关。对信用交易者也是如此，建立声誉保障机制最主要的是长期动态重复博弈的预期结果。信用交易者预期越长，其行为就越规范，建立声誉保障机制的重要基础是产权制度和信用评级制度。

1. 完善的产权制度

在市场经济中，完善的产权制度是构成市场交易行为的前提。完善的产权制度可以形成多种激励机制，使外部性在更大程度上得以内部化，减少未来的不确定性因素及产生机会主义行为的可能性，从而使信用交易者具有追求长远利益和进行重复博弈的基本动机。产权的重要作用在于能帮助一个信用交易者与他人进行信用交易博弈时建立长远预期，这些预期通过社会的法律、习俗和道德得到表达。明晰的资产所有权不仅将如此的信息传递给信用交易对方，使其相信资产持有者具有了稳定的长远预期，而且资产所有权也提供了一种信用交易的担保品。

---

① Milgrom, Paul, Douglass C . North, and Barry R. Weingast, "The of Institutions in Revival of Trade: The Law Merchant, Private Judges, and the Champagne Fairs", *Economics and Politics* , Vol. 2, No. 1, 1990, pp. 1-23.

2. 有效的信用评级制度

由于每个信用交易者了解任何其他交易者交往关系中发生的信息成本过高，信用评级制度被设计为把足够的声誉信息传递给信用交易中恰当的人，以使声誉保障机制能够起到作用。因此，信用评级制度降低了利用声誉机制来创造无限次重复的信息成本，这种无限次重复是产生和维持守信规范所必需的。另外，信用交易者资格必须满足一定的声誉条件，并通过没有这一资格的人将被排除在信用交易之外的方式来强化这些资格标准，以此信用交易者资格也可以成为声誉机制的一部分。因为，资格代表了一种对他人的保证，即某人符合某种资信标准。

（二）博弈的二阶协调问题必须解决

守信规范得以形成并成为信用制度的第二基本条件是无名氏理论提出的二阶协调问题必须解决，即制度构建的任务就是使得守信的认知内容和协调内容成为人们的共同信念，也即成为人们普遍信守的社会道德。若守信的认知内容和协调内容并没有成为共同信念，那么守信就不会被人们有效遵循，它也就不能真正构成个人行为的规范。一旦当守信体现为信用交易者应该履行其义务所持的内心信念及行为态度，制度规范就变为行为规范，外在约束变为内在约束，守信成为信用交易者共同遵守的行为规范，并最终转化为交易者自觉遵守的信念。可见，共同信念驱动的行为无疑是实现交易者守信的关键环节。

（三）规范必须内部化

守信规范得以形成并成为信用制度所要求的第三个基本条件是规范必须内部化，即通过规范交流和规范共享，使得信用交易者吸收和理解规范，从而改变交易者的认知模型，帮助他们产生遵守规范的道德动机。如果规范是出于因果主义道德因素而内部化，那么，最明显的内部化策略就是直接给出该规范能带来利益的论据（Manion，1993）。[①] 信用制度内部化策略就是自愿参加原则和违约惩罚机制。自愿参与原则就是激励信用交易者在情感上信服守信与自我利益具有某种因果关系，而违约惩罚却足以使违约者失去社区信任，产生不能承受的道德成本。成员一旦失去社区其他成员的信任将面临着人际交往的困境，个人名誉、社会地位将承受社会

① Manion, Melanie, *Retirement of Revolutionaries in China*: *Public Policies*, *Social Norms*, *Private Interest*, Princeton, NJ: Princeton University Press, 1993.

舆论的压力和打击，甚至其生存也会遭受社区排挤。信用交易双方通过重
复博弈，对违约行为的"恶劣行径"产生的道德惩罚比经济惩罚更为
有效。

（四）制度必须与既有规范相容

信用规范得以形成并成为信用制度所考虑的第四个基本条件是必须与
现有的规范相容，也就是说，建立规范必须考虑效率、背景和冲突等因
素。规范的整体效率包括对认知资源和社会资源的利用。一种规范可能在
理论上有效率，但由于人们记忆和行动的成本过高而不可行。对于通过声
誉机制来执行信用制度的守信规范，传递的信息越简单，内部越一致，信
息的传送就越容易实现（Kreps，1990）。① 社区成员人数不多且相互熟
悉，守信容易在内部形成一致的理解，这种简单且一致的规范可极大地降
低人们的记忆成本。同时，信用制度可有效地利用"熟人社会"的民间
规则、习惯、道德、伦理和宗族等社会资源来降低行动成本。因此，信用
制度中守信规范是可行有效率的。一个规范被引入现有制度时，必须考虑
到当时背景下人们的预期将如何影响对该规范的理解，不同生活范围的人
们形成的预期是不同的。因此，不同的社区将守信规范引入其内作为一种
规范所考虑的因素应该是不同的。

第三节　农村小型金融组织信用制度的构建约束

中国农村小型金融组织正式结构的设置存在着很大差异，决定了其
信用制度的构建可谓是各有千秋。村镇银行的发起人或最大股东绝大多
数是地方性中小商业银行，或者是大型商业银行，也有一些是农信社甚
至外资银行。这种产权结构在保证村镇银行股东的相对集中的同时也保
持了事实上的分散比例，也使得村镇银行具有较强的专业性。但银行的
强势地位使得村镇银行的人员构成多由发起银行指派，这必定会将发起
银行的信用制度模式带入村镇银行，因而村镇银行建立起的信用制度基
本上是传统担保或抵押制度的衍生，也有些村镇银行利用农户联保信用
制度发放贷款。浙江省一些村镇银行建立起以事业人员和公务员名誉担

---

① Kreps, David M., *"Corporate Culture and Economic Theory." In James Alt and Kenneth Shepsle*
(eds.). *Perspectives on Positive Political Economy*, New York: Cambridge University Press, 1990,
pp. 90–143.

保（按职务、级别不等，可担保 10 万—50 万元）、企业应收账款和股东企业股权质押、农房抵押以及农户联保的信用制度。汇丰村镇银行形成了一套自己独特的信用制度模式，如公司+农户、农业合作社社员联保、贷得乐等。中国建设银行发起设立的湖南桃江、安徽繁昌、浙江青田等 9 家村镇银行，则以农户联保、林权抵押、农业订单抵押等为其信用制度的基本形式。安徽省科源村镇银行创设了四类无抵押担保的信贷，分别是农户联保信贷、农户小额信贷、农民专业合作社信贷、小企业联保贷款。这四类无抵押的担保信贷产品，均要求申请主体为长丰县内的村民或住户，且申请主体的内部人员组成之间没有直系亲属关系，他们的组合均遵循自愿、诚信、风险共担的原则，对于授信额度也有一定的要求。申请主体内部成员对于风险实行的是责任连带制度，对于贷款利率按照优惠利率进行。对于一些发展前景良好，但风险较大的农村经济项目，科源村镇银行与当地政府合作建立担保基金，采取农户联保+担保基金的形式来保障信贷安全。对于逾期未能偿还的贷款，村镇银行可从担保基金中扣除，不足的部分将由联保小组成员连带承担，负责全额偿还。

小额贷款公司由自然人、企业法人与其他社会组织投资设立，实践中小额贷款公司多由民营企业设立。在成本和盈利双重压力下，小额贷款公司的信用制度显示出比较大的灵活优势，其贷款发放形式多样。如广东清远一些小额贷款公司既有抵押贷款和保证贷款，也有无须抵押担保，只需通过对借款人实地评估调研确定发放的信用贷款。小额贷款公司信用制度虽灵活，但正式信用制度不足。农村资金互助社是农民和农村小企业按照自愿入股、民主管理、互助互利原则建立的合作性农村金融组织，意在为互助社内的农民和小企业提供金融服务，本着互利合作、方便快捷的原则设置信用制度。如青海兴乐农村资金互助社其贷款类型有抵押贷款、互保贷款和信用贷款。农村资金互助社的抵押贷款和商业银行的抵押贷款有所不同，只是在办理贷款时，农户需要提供房屋的产权证复印件；互保贷款是指一笔金额较大的贷款需要 3—5 个社员共同担保才给予发放；信用贷款一般仅用于小额度贷款，对社员授信范围内的小额度贷款，不需要抵押方式便可获得贷款。

从以上比较可以看出，中国农村小型金融组织一方面通过创新传统担保抵押形式来尝试构建起符合自身特点的信用制度模式；另一方面仿效孟加拉国格莱珉银行模式（GB），借鉴小组联保制度建立起农户联保信用制度。担保抵押形式的创新确实扩大了小型金融组织对农村金融服务的广度，一些小微企业和专业户农民以此而获得贷款支持。然担保抵押制度无论如何创新均需要一定形式标的物为基础，物质（房屋、林权、应收账款、股权等）和非物质（公司、事业人员和公务员名誉担保）担保抵押都将大多数农户排除在小型金融之外。作为孟加拉国格莱珉银行模式（GB）基石的"小组联保制度"，以其特殊的制度安排在小型金融组织中发挥不可替代的作用。农户小组联保贷款由于覆盖面宽、额度适中、手续便捷等优点最受农户欢迎，农户小组联保也成为了农村小型金融组织采用最多的一种信用制度模式。但实施多年的小组联保制度在很大程度上是失效的，出现了互相仿效、共同隐瞒等私下合谋或集体违约，以及借款人转让、转借或合谋集中使用贷款人贷给联保小组其他成员贷款的现象，严重影响了农村小型金融组织的资产质量，增加其经营风险。造成这些现象的原因很大程度上是农村小型金融组织在构建信用制度的过程中，更多注重对正式制度的借鉴和引进，而忽视了非正式制度和实施机制的建设，其主要表现在以下几方面：

一　声誉保障机制建设滞后

（一）农村产权制度的不完善制约了声誉保障机制作用的发挥

由于正式法律制度供给的缺失，农村地区产权边界长期处于极度模糊不清、权属不明、法律关系错综复杂状态。农户和农村小微型企业尽管拥有土地、房屋等大量实物资产，却无法变成农村小型金融组织能接受的抵押担保物。没有清晰资产所有权，农户失去了追求长远利益和进行重复博弈的基本动机，短期化的机会主义行为不可避免。

（二）农村信用评级制度的缺失和滞后造成了声誉保障机制的失效

第一，信用评价主体不明确。大多数农村地区基本上是由当地农村信用社或者涉农信贷机构独立对农户进行信用评级，也有少数农村地方政府建立了乡镇农户信用等级评价小组来承担农户信用等级评价责任，目前还没有专业化的独立机构承担农户有关信用信息资料进行收集、管理以及信用等级评定工作。第二，缺乏统一规范的评级方法、评级标准及评级指标体系，导致农户信用评级受主观因素影响极大，不同评级主体对同一农户信用等级评定出现较大差距，农户信用等级可比性差。第三，农户信用信息缺乏统一共享平台，农户的信用信息还处于极端分散和相互屏蔽的状态，各个金融组织信用信息数据未能得到有效的整合与共享。第四，人民银行建立的个人信用信息征信系统虽然开始涉足农村，但农村小型金融组织并未纳入其中，非正规金融组织更被排除在外，降低了农村信用体系的全面性和使用范围。第五，随着城镇化进程的不断加快，农户搬迁和外出打工人员日益增多，使部分农户游离于信用体系之外，并且农户居住和外出务工的分散性，使农户信用信息供给处于量小零散的状态。农户家庭收入的多样性和不确定性，在采集农户收入和支出时无法核实其提供信息的准确度。同时，大部分农户对涉及自身隐私的项目比较敏感，例如民间借贷及健康状况等，不愿意提供信息或者提供虚假信息。尤其是一些尚未贷款或暂无贷款需求的农户，不愿透露其相关信息，以至于相当一部分非存量客户信息无法采集。这些都导致信息收集困难和巨额征集成本，阻碍了农村金融组织特别是小型金融组织信用评级体系的建设。

（三）联保小组是农户联保信用制度的基础组成部分，小组中心会议制度是其始终坚持的基本原则性制度

在中国的农户联保贷款实践中，中心会议制度基本没有得到执行，小组中心名存实亡。联保小组的组建流于形式，只注重联保小组成员数量，不注重成员信用条件。经济行为个体在自发形成组织时，小组成员间既没有可资证明的保证契约关系，也没有责任约束和权益维护的章程，仅靠道义和信任维系的关系随时可以解散。[①] 小组中心的名存实亡和小组成员之间关系的不稳定性，使得农户小组联保信用制度本身的声誉保障机制失去作用。

二 社会道德约束弱化

从本质上说，传统农村社会是一个以血缘地缘为主要联系纽带的"熟人社会"，作为调节人们交往行为关系的诚信道德自然也就建立在血缘地缘的基础之上。超出熟人的范畴，传统诚信道德几乎难以发挥作用。韦伯说："中国人所有的共同行为都受纯粹个人关系尤其是亲缘关系的包

---

① 李锐、李超：《农户借贷行为和偏好的计量分析》，《中国农村经济》2007 年第 8 期。

围与制约。"① 也就是说，中国人的信任是一种凭借血缘地缘关系纽带而得以形成和维持的特殊信任，这种信任属于一种以主体间人格信任为依托的"熟人"信任，信任范围仅限于熟人之间并未涉及陌生人，信任交往只在家族、亲戚、朋友之间进行。韦伯的话虽然有失偏颇，但也并非没有道理，至少他指出了中国熟人社会中诚信模式和诚信道德的局限性。随着社会经济的发展，中国农村社会形态发生了巨大的变化，在农村普遍存在的以血缘地缘为主要联系纽带的人际关系群体逐渐被分工协作目标明确的次级行动群体所取代。社会转型和人口流动减小了失信的成本，面对日益频繁的陌生人之间的经济往来，原有的诚信道德失去作用，适应新的社会经济环境的诚实守信的社会道德没有及时完善地建立起来，在农村出现了诚信规范的"真空"，导致失信行为的出现。伴随着社会经济的转型，社会价值观发生了重大变化，追求物质享受和经济利益至上成为当下社会思潮，很多人常常利用改革过程中存在的体制漏洞，采取种种非正当方式和手段谋求一夜暴富，受攀比效应的影响，诚信规范在社会公众之中也就开始大量失常。同时信用制度建设活动还远没有深入到农村基层，广大农户还没有被纳入信用体系建设之内，信用制度建设宣传教育没有形成良好的氛围，没有形成诚信光荣、失信可耻、不守信就会被排斥的共同信念和社会意识。

三　失信惩罚机制的缺失

中国农村小型金融组织出现的信用缺失问题在很大程度上与失信惩罚机制缺失有关。诚实守信道德的形成必须有完善的信用制度作保证和相应的惩罚机制作后盾。正式制度的建立仅仅提供了信用交易者失信被发现以及受惩罚的可能性，但实施惩罚机制则将这种可能变为现实。信用主体要尊重并执行信用规则，法律机制提供威慑力，利益机制则是保障手段。中国目前还没有一部关于农村信用问题的法律法规，农村信用主体缺乏统一的行为标准。法律规定的缺位使得监管和执法部门在惩戒失信行为时无法可依、无章可循。农村特有的传统人情关系在一定程度上也造成了"有法不依"现象层出不穷，执法效率低下、司法执行难、执行周期长的问题十分突出。缺乏有效的失信者法律惩罚机制，在现行规定下信用交易者

---

① 韦伯：《儒教与道教》，江苏人民出版社 1993 年版，第 271 页。

蓄意违约，也难以追究其责任。违约责任制度，特别是违约金、赔偿金制度是信用实现的最后一道保障机制。在中国农村，无论是信用贷款还是抵押担保贷款，一旦农户生产经营收入无法覆盖贷款本息出现违约，其能被农村小型金融组织追究违约责任的资产，主要还是农村土地承包经营权、宅基地使用权和自有住房，而这些都是农民赖以生存的根本，在现有的法律法规和体制框架下，农村小型金融组织无法处置农户的这些权利和资产，利益补偿机制无法兑现。

四　农村经济社会形态变化的影响

伴随着社会经济的快速发展，中国农村社会经济形态正发生着深刻变化。传统中国乡村社会处在一个相对完整、独立和封闭的场域中，以血缘、有限地缘关系为基础形成的小社会，具有较强的地域性、封闭性和同质性。在市场机制的主导作用下，工业化促进劳动力、土地、资本等经济要素自由流动，在城乡间不断进行空间配置，既拉动了农村经济的成长，也促进了农村和农民形态的分化。大量农民外出打工追求更高收益，而外出打工的风险又反过来迫使农民依赖承包土地作为最后的生存保障，从而使务工和务农的交替与结合在制度上得以强化，形成了半耕半工型经济结构。随着农民的职业分化和流动性增加，村庄社会多元化、异质性增加，农民之间的熟悉程度降低，村民共同意识越来越少，村庄传统规范越来越难以约束农户信用行为。传统上完整而封闭的乡村社会被打破，依赖于"乡村社会"民间规则、习惯、道德、伦理和宗族等社会资源占据主导地位的内生权威逐渐式微，新的稳定信用规范还未确立，这往往导致人们的信用观念处于不稳定状态。农村经济社会形态这一变化特征给以契约合同和民间规则为基础的农村小组金融组织信用制度带来挑战。

农村小型金融组织信用制度建设中强制嵌入的现代商业信用评价体系，在设计时没有全盘考虑农村社会经济形态的特殊情况，在农村地区实施遇到了水土不服。可见，中国农村小型金融组织虽然建立起信用制度的正式规则，但其所蕴含着的非正式规则却并未积累形成，制度实施机制不健全。其结果是农村小型金融组织的信用制度在中国的实施情况并不理想，与一些发展中国家小型金融组织的成功实践相比还有较大差距。

第四节　农户参与信用担保的意愿及影响因素的实证

信用制度是金融活动的基石，农村小型金融组织的信用风险困境现实让人们深刻认识到推进信用制度建设是深化农村金融改革、破解金融支农难题和促进农村小型金融组织可持续发展的现实选择。对于农村小型金融组织来说，要求借款人提供抵押担保品是较好的风险控制手段，而众多农户和小微型企业却无法提供金融组织要求的抵押担保品。在如此条件下，农村小型金融组织向农户和小微企业提供小额信贷服务将面临着成本、心理预期、风险和担保等"瓶颈"制约，以小组联保为代表的信用担保制度便是在微观层面上突破这些"瓶颈"的重要制度。信用担保制度无疑是解决农户和小微企业信息失灵，降低农村小型金融组织因为信息缺乏而造成资金安全隐患的重要制度保障。在目前中国农村金融市场中，只有农户有比较可靠的信用担保农村小型金融组织才肯发放贷款，而农户能否获得贷款，关键问题是要向农村小型金融组织证明自己的信用担保有效，解决了信用制度中的担保制度缺失问题农村小型金融组织的信用风险困境才会缓解。

在小额信贷实践活动中，除了小组联保制度之外，一些诸如"龙头企业+农户""企业+农民专业合作社+农户""企业+家庭农场"等多种信用担保制度形式开始出现。2015 年 11 月中共中央办公厅、国务院办公厅颁发的《深化农村改革综合性实施方案》，已提出稳妥开展农村土地承包经营权和农民住房财产权抵押贷款的试点，农村信用担保制度以此政策为依据得以进一步地推进。探索与新型农村经济组织和经营模式相适应的信用担保制度，拓宽信用担保制度形式，以解决农户和小微企业担保难题，破解信用风险困境，这需要农户和小微企业的认可和参与。基于此，本章对农户选择"专业合作社担保"、"农户小组联保"、农村土地承包经营权抵押担保、宅基地抵押担保等信用担保的意愿进行调查和计量分析，以便为构建有效的信用担保制度提供必要的经验证据。

一　农户参与信用担保的意愿分析

（一）数据来源

为了掌握农村信用担保制度的发展情况，课题组 2014 年 8—9 月对广东省传统农业地区清远市 6 县 29 家运作规范①、入社农户均超过 50 人的农民专业合作社进行调查，调查方式主要是发放调查问卷、走访农户以及与当地农民专业合作社工作人员座谈。调查对象主要是加入农民专业合作社的农户，由农民专业合作社负责人随机召集入社农户到合作社办公地点现场填写问卷，在课题组统一带领和解答下，由农户逐题回答完成问卷调查。此次调查共发放调查问卷 300 份，收回实际有效问卷 292 份，我们对收回的问卷进行整理并获得了相应的样本数据。

（二）农户对信用担保的参与意愿

1. 加入专业合作社后农户家庭经营情况

调查显示，占全部样本 53.42% 的农户入社时间超过 4 年，考虑到 2007 年颁布实施的《农民专业合作社法》至今仅有 7 年，这说明被调查农户大部分较早便加入了农民专业合作社。大部分入社农户所在的专业合作社为地市级和省级示范社，二者合计占比 84.93%。超九成农户（占比 90.75%）家庭的经营规模在加入农民专业合作社后得到扩大（见表 8－3）。在调查中也发现，农民专业合作社一般统一销售农产品，与以往相比，为农户解决了农产品市场销路的后顾之忧问题，从而带动了入社农户不断扩大生产规模。

---

① 这 29 家农民专业合作社分别为：英德市九龙镇农惠沙糖橘专业合作社（省级）、英德市合兴果蔬专业合作社（省级）、英德市峰林果蔬专业合作社（省级）、英德市白沙镇同心蔬菜专业合作社（省级）、英德市横石水镇明辉种养专业合作社（国家级）、英德市东华兴民农机专业合作社（市级）、英德市连江口恒远沙糖橘专业合作社（省级）、英德市佳信蔬菜专业合作（市级）、连州市西岸镇石兰麻鸭专业合作社（市级）、连州市益农蔬菜专业合作社（省级）、连州市龙坪镇孔围蔬菜专业合作社（省级）、龙坪镇古氏畜牧养殖发展农民专业合作社（省级）、连州市连正蔬菜专业合作社（省级）、连州市东村江种养专业合作社（省级）、阳山县金绿西洋菜专业合作社（省级）、阳山县江英镇益民蔬菜专业合作社（国家级）、阳山县杨梅镇兴农沙糖橘专业合作社（省级）、阳山县国兴果业专业合作社（省级）、阳山县江英康农牛羊养殖专业合作社（市级）、阳山县七拱镇新圩金丰淮山农民专业合作社（省级）、阳山县七拱镇西连绿源准山种植专业合作社（市级）、阳山县太平镇奔富柑橘专业合作社（市级）、佛冈县鸿日莲藕专业合作社（市级）、佛冈县汤塘镇四九水果专业合作社（市级）、连南瑶族自治县山心原生态茶叶种植农民专业合作社（市级）、连南瑶族自治县连水油茶专业合作社、连山壮族瑶族自治县吉田镇采胜有机稻种植专业合作社（国家级）、连山壮族瑶族自治县金子山蔬菜种植专业合作社（省级）、连山壮族瑶族自治县连丰果蔬种植专业合作社（省级）。

表 8-3 加入专业合作社后农户家庭经营情况

项目	选项	户数（户）	所占比例（%）	累计比例（%）
加入农民专业合作社时间	1 年	43	14.73	14.73
	2 年	45	15.41	30.14
	3 年	48	16.44	46.58
	4 年以上	156	53.42	100.00
所在合作社评级情况	地市级	91	31.16	31.16
	省级	157	53.77	84.93
	国家级	44	15.07	100.00
加入合作社后经营规模变化	减少	6	2.05	2.05
	不变	21	7.19	9.24
	扩大	265	90.75	100.00

注：由于四舍五入的原因，合计比例有可能不等于100%，下同。

资料来源：课题组根据样本数据整理得到。

2. 专业合作社农户融资难易程度情况

调查显示，有 58.56% 的调查农户反映从金融机构贷款"很困难"，34.25% 的农户反映从金融机构贷款"比较困难"，二者合计高达92.81%，说明绝大部分农户难以从金融机构获得贷款。这些农户认为从银行贷款困难的原因依次为：没有担保人或抵押品、银行贷款条件多、门槛高、银行办理贷款手续过于复杂，选择此三个原因的农户占比分别为69.52%、54.79%和49.66%。同时，78.08% 的农户反映"没有亲戚为公务员"，说明绝大多数农户缺乏可利用的社会资本或社会网络，虽然有少部分农户有一定的社会关系，但当问到"这些公务员亲戚是否愿意为你出面担保向银行贷款"时，占比43.75%和14.06%的农户认为"不愿意"或"不清楚"，二者合计达57.81%（见表8-4）。可见，农户从金融机构贷款依然较难，且缺乏可利用的社会资本。

表 8-4 专业合作社农户融资难易程度情况

项目	选项	户数（户）	所占比例（%）	累计比例（%）
从金融机构贷款难易程度	很困难	171	58.56	58.56
	比较困难	100	34.25	92.81
	比较容易	14	4.79	97.60
	容易	7	2.40	100.00

续表

项目	选项	户数 （户）	所占比例 （%）	累计比例 （%）
向银行贷款困难 的原因	对银行信贷产品不了解	66	22.60	22.60
	银行办理贷款手续复杂	145	49.66	72.26
	银行贷款条件多门槛高	160	54.79	127.05
	没有担保人或抵押品	203	69.52	196.57
是否有亲戚为公 务员	没有	228	78.08	78.08
	有	64	21.92	100.00

注：向银行贷款困难的原因选项为多选，故累计比例超过100%。

资料来源：课题组根据样本数据整理得到。

3. 农户对专业合作社平台开展信用担保的参与意愿

由于农户加入农民专业合作社，需要向合作社提交户口本、身份证、结婚证等资料进行工商登记注册，且须与农民专业合作社签订合同，农户在加入农民专业合作社之后，拥有享受向合作社赊购生产资料、免费技术指导的权利，但同时也拥有向合作社出售农产品的义务。因此，借助农民专业合作社这一平台控制信贷风险可开展新型的信用担保制度，如"合作社+农户"的信用担保制度形式。调查显示：有98.29%的农户愿意参与由专业合作社提供担保向银行申请贷款的信用担保制度形式，而且也同意通过专业合作社扣减销售款的方式来偿还银行贷款。另外，农民专业合作社发挥农村"熟人社会"的优势，在农民专业合作社内部由入社农户组成联保小组向银行申请贷款。调查显示，有75.34%的农户愿意参与农户联保，与熟悉的合作社社员组成联保小组共同向银行机构申请贷款，且85.96%的农户表示在组成联保小组后，愿意协助银行督促其他小组成员按时还款（见表8-5）。这一调查结果表明，农户对依托专业合作社这一平台，开发类似于"合作社+农户"的信用担保制度模式，或者是开发"合作社担保+入社农户联保"的信用担保制度模式的参与意愿较高。

表8-5　　依托专业合作社平台开展信用担保的参与意愿

项目	选项	户数 （户）	所占比例 （%）	累计比例 （%）
是否愿意参与专业合 作社担保	不愿意	5	1.71	1.71
	愿意	287	98.29	100.00

续表

项目	选项	户数 （户）	所占比例 （%）	累计比例 （%）
是否同意通过扣减销售款来偿还银行贷款	不同意	5	1.71	1.71
	同意	287	98.29	100.00
是否愿意参与小组联保	不愿意	72	24.66	24.66
	愿意	220	75.34	100.00
是否愿意协助银行督促农户还款	为了以后自己能贷到款，愿意协助	251	85.96	85.96
	怕得罪他，不愿意协助	41	14.04	100.00

资料来源：课题组根据样本数据整理得到。

4. 农户对承包土地和住房抵押担保的参与意愿

缺乏有效的抵押担保品是农户难以获得正规金融组织信贷的主要原因，因而盘活农村资产，扩大抵押品范围成为农村信用制度创新的主要方向。而农户拥有的主要资产一般是承包土地和自有住房，为此我们设计了农村土地承包经营权和农民住房财产权抵押的相关问题以了解入社农户对承包土地和住房抵押担保制度的接受程度。从受访农户的反映来看，农户对土地承包经营权抵押担保、住房抵押担保的认知程度不高，选择"不知道""听说过"的农户占比分别为48.97%、34.59%，二者合计占比83.56%。但当问到"如果国家政策允许，是否同意用承包土地、住房抵押向银行申请贷款"时，占比83.56%、84.25%的农户表示愿意开展土地承包经营权抵押担保、住房抵押担保（见表8-6）。这表明，农户对开展承包土地和住房抵押担保制度的热情较高，参与意愿较强，未来应通过放开政策限制、完善开展承包土地和住房抵押担保所需的配套设施（如农村土地处置的流转、农村住房的评估与买卖等）来鼓励开展承包土地和住房抵押担保制度的实行，以满足农户的信贷需求。

表8-6 农户对承包土地和住房抵押担保的参与意愿情况

项目	选项	户数 （户）	所占比例 （%）	累计比例 （%）
对农村土地承包经营权抵押的认知程度	不知道	143	48.97	48.97
	听说过	101	34.59	83.56
	有所了解	42	14.38	97.94
	非常了解	6	2.05	99.99

项目	选项	户数 （户）	所占比例 （%）	累计比例 （%）
是否同意用承包的土地来抵押	不同意	48	16.44	16.44
	同意	244	83.56	100.00
对住房抵押的了解程度	不知道	133	45.55	45.55
	听说过	122	41.78	87.33
	有所了解	32	10.96	98.29
	非常了解	5	1.71	100.00
是否同意用住房来抵押	不同意	46	15.75	15.75
	同意	246	84.25	100.00

资料来源：课题组根据样本数据整理得到。

5. 农户对开展信用合作的参与意愿

调查显示，有71.58%的受访农户认为其所在的专业合作社里大部分农户是讲信用的，68.49%的农户曾经借过钱给其他社员，这说明合作社成员之间是比较信任、了解和熟悉的。虽然受访农户对信用合作的认知程度较低（"不知道""听说过"共计占比82.88%），但当问到"是否愿意在专业合作社的基础上，入股1万—2万元（或更少资金），组建资金互助社，将资金按照银行利率贷给其他社员农户"时，83.56%的农户表示愿意出资成立，可见农户对开展信用合作的参与意愿较高。同时，调查还发现，绝大部分农户认为，所在农民专业合作社有人能管理好互助资金（占比95.89%）（见表8-7）。这可理解为，由于资金互助社是专业合作社社员在生产合作的基础上由农户社员出资组建的，其实质是同一批人两块牌子，在出现不良贷款时，可通过合作社扣减货款甚至开除带有不良信用记录社员的手段来控制贷款风险。

表8-7　　　　　农户对开展信用合作的参与意愿情况

项目	选项	户数 （户）	所占比例 （%）	累计比例 （%）
专业合作社社员的信用情况	大部分都不讲信用	1	0.34	0.34
	不好说	82	28.08	28.42
	大部分都讲信用	209	71.58	100.00

续表

项目	选项	户数 （户）	所占比例 （%）	累计比例 （%）
是否借过钱给其他社员	没有	92	31.51	31.51
	有	200	68.49	100.00
对信用合作的了解程度	不知道	122	41.78	41.78
	听说过	120	41.10	82.88
	有所了解	39	13.36	96.24
	非常了解	11	3.77	100.01
是否愿意出资组建资金 互助社	不愿意	48	16.44	16.44
	愿意	244	83.56	100.00
所在合作社是否有人能 管理好互助资金	没有	12	4.11	4.11
	有	280	95.89	100.00

资料来源：课题组根据样本数据整理得到。

二　影响农户信用担保意愿选择的计量分析

（一）模型设定

通过对调查问卷的统计分析发现，农户对小组联保、承包土地抵押担保、住房抵押担保和信用合作的参与意愿较高，以下将建立计量经济模型，进一步分析影响农户信用担保意愿的因素，找到影响农户信用担保方式意愿选择的关键变量，为推行小组联保、承包土地抵押担保、住房抵押担保等信用担保制度形式以及信用合作提供政策参考依据。由于农户对信用担保方式的选择是离散的二元变量，本章采用 Probit 模型来分析决定农户信用担保方式选择的因素，模型的基本形式如下：

$$y^* = x\beta + \mu$$

$$y = \begin{cases} 1, & y^* > 0 \\ 0, & y^* \leq 0 \end{cases}$$

y^* 为潜在变量，y 为虚拟因变量，y^* 大于临界值 0 时，y＝1；小于等于 0 时，y＝0。即当农户选择参与小组联保、承包土地抵押担保、住房抵押担保以及信用合作时，取值为 1，反之则为 0。x 为影响农户信用担保意愿选择的各种因素。

（二）变量及定义

根据已有文献的研究，我们将影响农户信用担保意愿选择的因素归纳为四类：农户个体特征、加入合作社后家庭经营规模、农户融资难易程度和社会资本、农户对信用担保方式的认知程度和对所在农民专业合作社的熟悉程度。各变量的赋值、定义及简单的描述性统计如表8-8所示。

表8-8　　　　　　　变量定义、赋值及简单描述性统计

变量名称	变量定义	均值	标准差
被解释变量			
是否愿意以土地承包经营权抵押（Y_1）	愿意=1，不愿意=0	0.835	0.371
是否愿意以住房抵押（Y_2）	愿意=1，不愿意=0	0.842	0.364
是否愿意组成小组联保（Y_3）	愿意=1，不愿意=0	0.753	0.431
是否愿意参与资金互助社（Y_4）	愿意=1，不愿意=0	0.835	0.371
解释变量			
户主特征变量			
年龄（X_1）	18—35岁=0，36—45岁=1，45岁以上=2	1.280	0.801
文化水平（X_2）	小学以下=0，初中=1，高中=2，大专以上=3	1.150	0.823
加入合作社后家庭经营规模			
加入专业合作社时间（X_3）	1年=0，2年=1，3年=2，4年以上=3	2.085	1.128
所在合作社评级情况（X_4）	地市级=0，省级=1，国家级=2	0.839	0.661
加入合作社后经营规模变化（X_5）	减少=0，不变=1，扩大=2	1.887	0.376
农户融资难易程度和社会资本			
从金融机构贷款难易程度（X_6）	很困难=0，比较困难=1，比较容易=2，容易=3	0.510	0.700
是否有亲戚为公务员（X_7）	没有=0，有=1	0.219	0.414
对信用担保方式的认知和对合作社成员的熟悉程度			

续表

变量名称	变量定义	均值	标准差
土地承包经营权抵押担保的认知程度（X_8）	不知道 = 0，听说过 = 1，有所了解 = 2，非常了解 = 3	0.695	0.790
住房抵押担保的认知程度（X_9）	不知道 = 0，听说过 = 1，有所了解 = 2，非常了解 = 3	0.688	0.733
合作社社员的信用情况（X_{10}）	大部分都不讲信用 = 0，不好说 = 1，大部分都讲信用 = 2	1.712	0.461
是否借过钱给其他社员（X_{11}）	没有 = 0，有 = 1	0.684	0.465
对资金互助社的了解程度（X_{12}）	不知道 = 0，听说过 = 1，有所了解 = 2，非常了解 = 3	0.791	0.812
所在合作社是否有人能管理好互助资金（X_{13}）	没有 = 0，有 = 1	0.958	0.198

（三）估计结果及分析

根据调查所收集的数据，分别选取 8 个（X_1—X_8）、8 个（X_1—X_7、X_9）、9 个（X_1—X_7、X_{10}、X_{11}）、11 个（X_1—X_7、X_{10}—X_{13}）自变量与对应的因变量（Y_1、Y_2、Y_3、Y_4）进行回归，① 估计结果如表 8-9 所示。从各模型回归结果看：

表 8-9 　　　　　　　　　　Probit 模型回归结果

变量	土地抵押（Y_1）	住房抵押（Y_2）	小组联保（Y_3）	信用合作（Y_4）
年龄（X_1）	0.13 (0.99, 0.31)	-0.01 (-0.12, 0.90)	-0.32*** (-2.55, 0.01)	-0.32* (-1.68, 0.09)
文化水平（X_2）	0.04 (0.34, 0.73)	-0.01 (-0.10, 0.91)	-0.15 (-1.27, 0.20)	-0.14 (-0.88, 0.37)
入社时间（X_3）	-0.14 (-1.43, 0.15)	0.32*** (3.63, 0)	0.007 (0.08, 0.92)	0.19** (1.74, 0.08)
所在合作社评级情况（X_4）	1.13*** (5.46, 0)	0.26* (1.71, 0.08)	0.69* (4.66, 0)	0.59*** (2.91, 0)

---

① 由于 98.29%的农户都愿意以农民专业合作社出面担保，这种信用担保方式与农村承包土地抵押担保、住房抵押担保、小组联保等信用担保方式以及信用合作相比，风险主要集中于专业合作社，农户承担的风险极低，且农户选择的同质性很高，本章不对"合作社担保+农户"该种信用担保制度进行计量分析。

变量	土地抵押（Y_1）	住房抵押（Y_2）	小组联保（Y_3）	信用合作（Y_4）
入社后经营规模变化（X_5）	0.17 (0.75, 0.45)	0.32* (1.70, 0.08)	-0.04 (-0.21, 0.83)	-0.11 (-0.37, 0.71)
贷款难易程度（X_6）	0.15 (0.86, 0.38)	-0.48*** (-3.18, 0)	-0.09 (-0.73, 0.46)	-0.08 (-0.36, 0.71)
亲戚为公务员（X_7）	-0.67* (-2.68, 0)	0.09 (0.34, 0.72)	0.37 (1.55, 0.12)	-0.15 (-0.44, 0.65)
土地抵押认知程度（X_8）	0.48*** (3.02, 0)	—	—	—
住房抵押认知程度（X_9）	—	0.69*** (3.78, 0)	—	—
合作社社员信用情况（X_{10}）	—	—	0.48*** (2.36, 0.01)	1.28*** (4.86, 0)
借出资金给其他社员（X_{11}）	—	—	0.31** (1.69, 0.09)	0.75*** (2.92, 0)
对信用合作的认知程度（X_{12}）	—	—	—	0.34** (1.99, 0.04)
合作社管理互助资金的人才（X_{13}）	—	—	—	0.78* (1.63, 0.10)

注：计算结果括号内前一数值为 Z 统计值，后一数值为概率值。估计系数上的 ***、**、* 分别代表相应变量在 1%、5%、10% 的置信水平上显著。

第一，所在合作社评级情况、土地抵押担保认知程度对农户选择土地承包经营权抵押担保意愿有显著的正向影响，农户是否有亲戚为公务员对农户选择土地承包经营权抵押担保意愿有显著的负向影响。农民专业合作社评级越好，说明其运作越规范和稳健，规模越大，实力越强，带领农户开拓市场的能力越强，这些合作社的入社农户市场经济意识越强，获取信息的能力和渠道较多，视野更开阔，见识更多，对农村土地承包经营权抵押担保这一新型信用担保方式更容易接受。农户对土地抵押担保的了解程度越深，其以土地抵押担保的意愿也越强烈，原因在于，长期以来农户因缺乏抵押担保品一直难以从正规金融机构获得贷款，一旦农户从新闻、报刊等渠道获知自己承包的土地和住房能成为抵押物获得贷款，为了获得生产发展资金，这部分农户会率先对该政策做出响应。农户是否有亲戚为公务员（赋值顺序为，没有 = 0，有 = 1）对农户选择土地承包经营权抵押贷款意愿有显著的负向影响，即越没有可供利用的社会关系网络或社会资本为农户提供担保，农户对可能成为银行贷款抵押物的承包土地和住房越迫切希望其能成为抵押物。

第二，入社时间、所在合作社评级情况、入社后经营规模变化、住房抵押的认知程度对农户选择住房抵押担保有显著的正向影响，贷款难易程度对农户选择住房抵押担保有显著的负向影响。原因在于，入社时间越长，农户与专业合作社之间的联系越紧密，其市场意识越强烈，越容易认可住房抵押担保方式。评级越高的合作社对农户的带动作用更强，农户的视野得到了开拓，见识得到了增长，农户对新鲜事物的接受更快，因此对新的信用担保方式接受起来更容易。农户经营规模越大，所需资金越多，对住房抵押担保的需求越强烈。农户对住房抵押担保政策越了解，越敢于尝试新的信用担保方式，从而有助于增强其参与意愿。农户贷款难易程度（赋值顺序为，很困难＝0，比较困难＝1，比较容易＝2，容易＝3）对农户选择住房抵押担保具有显著的负向影响，即越难从正规金融机构获得贷款的农户，其住房抵押担保需求越强烈。原因是农户所受信贷约束越多，越倾向于寻求一种可以成为有效抵押物的财产以解除其信贷约束。

第三，农户年龄对小组联保意愿有显著的负向影响，所在合作社评级情况、农户对合作社社员信用状况的把握、出借资金行为对其参加小组联保意愿有显著的正向影响。年龄越大的农户（赋值顺序为，18—35岁＝0，36—45岁＝1，45岁以上＝2），其参与小组联保的意愿越低，原因是年龄越大的农户，风险承受能力越低，越不愿意与其他社员一起承担连带担保责任。所在合作社评级越好，农户越倾向参与小组联保，原因是合作社评级越高，社员与合作社之间、社员与社员之间日常的生产协作能力更强，联系越紧密，社员之间相互越了解。社员整体信用状况较好，且平时有过私人借贷的农民专业合作社，农户参与小组联保的意愿越高。原因是小组联保实质是发挥农户间地缘、业缘的熟人关系优势，由农户自行对小组成员进行筛选，且入社农户对所在专业合作社其他社员的信用状况相对了解，信息相对对称，甚至平时社员之间有着较频繁的私人借贷，一旦需要资金且政策允许，更容易与一起进行生产的农户组成联保小组共同申请联保贷款。

第四，农户年龄对农户开展信用合作有显著的负向影响。原因是组建资金互助社需要农户自己出资承担一定的风险，年龄越大的农户思想越保守。农户入社时间、所在合作社的评级情况、农户对合作社社员信用状况

的把握、资金出借行为、对信用合作的认知程度、合作社相应的合作资金
管理人才 6 个变量均对其开展信用合作互助有显著的正向影响。原因是农
户入社时间越长，对所在合作社的成员整体信用状况掌握得越清楚，对合
作社牵头人或骨干成员的管理和经营能力越了解，其入股资金损失的可能
性就越低，故其出资意愿就比较强烈。合作社评级越高，其带动农户致富
的示范效果越明显，越容易得到农户的信任，且农户与合作社、农户与农
户之间关系更紧密，在信任合作社、信任其他社员的基础上组建资金互助
社更容易得到农户的支持。由于信用合作互助能缓解农户融资难问题，农
户对信用合作的政策、组建、运作及作用越了解，其参加信用合作互助的
意愿就越强烈。在专业合作社的基础上组建资金互助社，需要有懂资金运
作、能将农户共同的资金"贷得出收得回"的专业人才，农户如果认为
所在专业合作社有专门的管理人员，其对所在合作社的信任程度越高，出
资的风险就越低，越倾向于组建资金互助社。

三　实证结论

本章选取广东省清远市 29 个农民专业合作社 292 户农户为对象，对
其资金需求特点、融资困境及选择信用担保方式的意愿进行了调查分析，
在此基础上，运用 Probit 模型，实证检验了农户信用担保方式选择意愿的
影响因素。调查发现，农户对专业合作社担保、小组联保、农村土地承包
经营权抵押担保、住房抵押担保等信用担保制度以及信用合作参与意愿较
高。计量分析表明，农户所在合作社评级情况、对土地抵押和住房抵押的
认知程度是影响农户参与农村土地承包经营权抵押担保、住房抵押担保的
重要因素；农户所在合作社评级情况、农户对信用合作的认知程度、对合
作社社员整体信用的掌握程度是影响农户参加资金互助社开展信用合作的
重要因素；而农户所在专业合作社评级情况、农户对合作社社员整体信用
的掌握程度是影响农户参与小组联保的重要因素。根据实际调查和实证分
析研究，遵循"需求导向型"金融供给模式的政策设计思路，考虑到政
策实施的难易程度，为纾解农村小型金融组织的信用风险困境，我们以为
农村小型金融组织信用制度中的担保制度建设应遵循以下对策：

一是短期内可依托农民专业合作社大力开展"专业合作社担保+农
户""专业合作社担保+农户联保""农民专业合作社入社农户联保"等
方式的信用担保制度建设。具体可从运作规范、农户与专业合作社联系紧

密、抗市场风险能力强、产品有稳定市场销路的农民专业合作社（如评级较好的省级或国家级示范社）开始实施上述信用担保制度方式。

二是中期可在农民专业合作社生产合作的基础上，鼓励入社农户开展以资金互助为主的信用合作。具体可先加强农民专业合作社开展信用合作的政策宣传力度，全面提升农户对资金互助政策的认知水平，然后选取生产关系紧密、社员间相互信任程度较高、整体信用状况较好的农民专业合作社（如省级或国家级示范社），以"有实力的农业龙头企业+农民专业合作社+入社农户"或"有实力的农民专业合作社+入社农户"的方式组建成立资金互助社，进行信用合作试点。

三是从长远来看，可从农民专业合作社入社农户着手，加大对农村土地承包经营权和住房财产权抵押担保政策的宣传力度；同时逐步放宽农村土地承包经营权和住房财产权抵押担保的政策限制，建立农村土地承包经营权和住房财产权价值评估中介机构和流转处置市场，鼓励农村小型金融组织开展包括农村土地承包经营权抵押担保、住房抵押担保等信用担保制度的探索。

第五节　完善农村小型金融组织信用制度的对策

一　加快声誉保障机制的建设

第一，紧密联系农村产权改革，围绕以农村土地承包经营权、宅基地使用权和自主房屋所有权等为核心的农村产权改革工作，调整农村小组金融组织信用评价体系建设的指标设计和权重分配，探索在农业用地、宅基地、农村建设用地、农民自住房、林权、水权和其他农村集体资产抵押、担保和转让等方面做出具体金融支持措施安排，引导和推动声誉保证机制的创新。

第二，考虑到信息收集困难和巨额征集成本以及自身规模较小，农村小型金融组织亲自组建一专门机构来承担农户有关信用信息资料进行收集、管理以及信用等级评定工作既不经济，也不现实。因此，地方政府应积极推动农村信用中介组织建设，协调组建实力较为雄厚、运营合法规范的信用评级机构，解决由谁来评价、怎样评价的问题。可以县级为单位，由政府牵头，涉农金融机构协调配合，建立县域信用信息中心，来推动辖区内农户信用档案创建工作。采集包括家庭基本信息、收入支出、资产负债等在内的农户信用信息，充分利用村（镇）干部"贴近基层、情况熟、信息准"的优势，完善信息采集机制。

第三，加快人民银行征信系统建设进度，不断扩大信用信息采集的农户覆盖面，尽可能地将农村广大农户纳入到人民银行征信系统。中国于2013年开始实施《征信业管理条例》，建成了全国集中统一的金融信用信息基础数据库。目前，一是要加快完善统一的覆盖社会所有阶层的普惠金融信用信息数据库建设，尤其要加强对农户的信息采集，重点推进农村信用体系建设。不断延伸农户的非银行信息采集领域，便于对农户全面的信用评价。二是加强信用信息公开，扩大金融信用信息基础数据库接入机构的范围，推动农村小型金融组织有步骤地接入征信体系，建立普惠金融体系的征信共享机制，便于农村小型金融组织查询客户信息，降低征信成本。农村小型金融组织信贷系统农户信用信息应尽快实现与人民银行征信系统信用信息的联网，将农村金融组织所有网点接入个人信用信息基础数据库，并统一由人民银行对个人信用信息进行集中管理，为各个农村金融组织提供一个信用信息数据共享平台。

第四，切实执行小组中心会议制度，通过信息交流和知识技能培训，形成违约信息共享或通报机制和知识学习机制。严格联保小组成员资格标准，坚持农户自愿组合原则。在对小组成员经济状况、信誉程度、经营能力以及与其他成员关系等方面保持必要的限制性条件的基础上，给农户最大限度的选择空间，是比较理性的选择。

二　加强诚实守信社会道德的培育

完善信用制度软约束机制，非正式信用制度的建立过程是一个信用文化、价值观念、信用理念等在人们的意识形态中逐渐渗透、积淀、铭刻的过程，这是一个漫长的过程。诚实守信是一个人道德素质的体现，而提高道德素质最直接有效的方法就是持之以恒的宣传教育。为此，要改变农村信用宣传教育方式，摒弃"运动式"的宣传模式，针对农户诚实守信的宣传教育应"抓常规，突重点，多渠道"地开展，多管齐下，切实提高农户的信用知识以及诚实守信的道德品质。一是狠抓常规宣传。建立村级金融服务站，加大对农村信用管理专业人才的培养和农村信贷人员的培训，开展对农户的金融与信用知识普及，定期组织开展不同形式的金融和信用知识宣传，发放宣传资料，进行金融和信用知识讲解、相关政策解读以及农户疑问解答。二是突出重点宣传。在重点乡镇、村委会建立诚实守信宣传园地、悬挂诚实守信宣传标识牌，定期开展户外宣传。农户信用评价结果要在村委会进行张榜公示，组织举办诚实守信农户授信表彰大会，对诚信农户代表典型进行公开授信表彰，实实在在提高诚实守信农户的荣誉感，通过一批诚实守信典型榜样的树立，带动同村居民讲信用、守信用的良好风气。三是广泛利用新闻媒体、广播电视、手机 QQ、微信等移动互联网渠道及乡村文化活动等多种形式，加大宣传和弘扬诚实守信为荣的理念，在农村社区建立起良好的信用氛围，使农户和小微型企业懂得"无信不立，无信不长"的道理，逐步提高农户诚实守信的道德观念。

三　建立健全守信激励与失信惩罚机制

（一）健全信用法律制度

完善的法律法规是发展信用活动的基本保障。目前信用制度建设面临的最大问题就是信用法律制度的欠缺和不健全，国务院颁布的《征信业管理条例》是中国整个征信体系建设的唯一国家方面的条例规定。中国目前还没有专门的法律或法规来系统地规范信用活动和与信用活动相关的其他问题，规范信用活动的一些条款分散在其他法律法规中，比如《民法通则》《公司法》《合同法》《担保法》等，但由于其缺乏针对性和可操作性，并未能遏制失信行为的不断发生。中国目前虽然对一些新型金融组织形式，例如，村镇银行、小额贷款公司、农村资金互助社等相关信用制度建设方面有相应的暂行规定或指导意见加以规范，但按照法律渊源的效力层次来看，位阶都很低，导致其法律强制执行力很弱，权威性差。因此，健全信用法律制度是建立健全守信激励与失信惩罚机制的紧迫内容，政府必须加快制定和完善信用相关法律，确保信用制度建设有法可依、有章可循，为守信激励与失信惩罚机制创造良好的法律环境。政府应充分考虑中国现有法律和信用活动特征，对现有相关法律进行调整、整合和完善。比照发达国家的信用管理相关法律，查找有可能影响到信用管理的一些现行法律法规及其解释进行修订，对一些规范信用活动的法律空白点尽快补充立法，进一步完善信用管理的行政规章和政策规定，提升其立法层次。同时，建立与失信惩戒要求相适应的司法配合体系。依法完善信用制度，扭转"有法不依、执法不严"的农村信用法治环境。

（二）完善信用监督管理机制

地方政府倡导，构建由政府监管部门、司法部门、农村金融组织（包括农村小型金融组织）、信用中介机构等及社会经济主体包括个人及企业组成的社会联防网络。充分发挥社会联防网络对信用行为的监督作用，一方面，采取诸如记录、警告、处罚、取消市场准入、依法追究责任等行政管理手段惩罚或制止失信行为，另一方面，尝试建立"守信得益"的正向激励机制。可通过对诚实守信的农户和小微企业给予利率优惠和贷款便利，对信用违约的农户和小微企业没收违约金，追缴赔偿金和严格限制信用等利益机制预防或惩罚失信行为，并通过信用信息广泛传播形成社会性惩戒。如对于连续被评为信用村、信用乡（镇）的地区，应在农村基础设施建设、公共服务设施建设、资金项目引进等方面给予政策优惠。对于失信人员，加大曝光力度，将典型的失信者及失信行为有针对性地在当地广播电视、报纸期刊、户外广告、地方网站等多种媒体反复公开曝光亮相，让失信者时刻感受到别人异样的眼光，通过对失信行为的高压氛围来挤压其产生和发展的空间。大力发展农村信用服务中介机构，发挥其评价和监督作用，规范其服务内容和服务标准。

四　基于农村社会经济形态特征创新信用制度

传统上完整而封闭的乡村社会被打破了，依赖于"乡村社会"民间规则、习惯、道德、伦理和宗族等社会资源占据主导地位的内生权威逐渐式微，新的稳定的信用规范还未确立，这往往导致人们的信用观念处于不稳定状态。因此，信用制度建设需要有创新思维。

（一）建立起与正式信用制度相容的信用道德体系

继承中国传统诚信道德中优良的合理成分，注重吸收契约伦理、法治文化等西方文明的精华，对传统信用道德进行创造性的改造和转化，建立起与正式信用制度相容的信用道德体系。通过乡村民约建设，信用户、信用村和信用户建设以及新农村建设等形式，大力倡导和培育现代信用意识，在农村逐步树立现代信用文明的理念和价值观，提高农户的诚信意识，形成一种"守信光荣、失信可耻"的社会氛围，培养诚实守信、诚信创业的文明乡风，改善农村的信用环境。

（二）农村小型金融组织要充分考虑到中国农村社会经济形态的特征创新信用制度

除了继续完善小组联保制度之外，还要探索与新型农村经济组织和经营模式相适应的信用担保制度，如以"企业+专业合作组织+农户""企业+农户"的贷款模式设计出龙头企业、专业合作社为专业户、种养大户提供担保或损失分担等多种形式的信用制度，以便于拓宽信用担保制度形式。

第九章

农村小型金融组织的内部控制

近十年来，农村小型金融组织经过监管部门和地方政府的大力推动，无论从机构数量、地域分布和从业人员数量，还是存贷款规模都有长足的发展。农村小型金融组织在服务中低收入农户和小微企业，激活农村金融市场方面发挥着重要作用。然而，随着组织规模扩大、人员增多以及经营业务增长，农村小型金融组织的内部控制问题日益凸显。现代金融业具有内在的脆弱性或不稳定性，一直属于高风险行业。如果没有相对完善的内部控制机制，农村小型金融组织的运营风险比其他金融组织更高。首先，与大中型商业银行相比农村小型金融组织的资产组合稳定性差，短期内资产质量出现恶化的可能性更大。其次，尽管农村小型金融组织的经营成本较传统商业银行低，但面对着同样金额的贷款损失，农村小型金融组织要比传统商业银行承受更大的打击。最后，农村小型金融组织发展历史较短，从业人员素质普遍偏低，缺乏控制运营风险的经验和技术。正因为如此，内部控制机制是农村小型金融组织经营活动的总纲，也是保障其稳健经营的根本。尽快完善内部控制对于提高农村小型金融组织透明度，保护利益相关者的权益和维护农村金融市场健康发展有着不容忽视的作用。本章将以内部控制理论为框架分析农村小型金融组织内部控制的问题及其原因，并提出改善农村小型金融组织内部控制的对策措施。

第一节　内部控制的基本理论及其框架

一　内部控制的含义

内部控制是指为确保实现企业目标而实施的程序和政策，内部控制的产生和发展总是与社会、经济及法律等因素的影响密不可分。由于社会、经济及法律等方面在不同国家、不同时期的发展不平衡，也就决定了人们对内部控制理解和认识各不相同。

内部控制的原理来自"制衡"，即内部牵制。《柯氏会计词典》界定内部牵制是提供有效的组织和经营，并防止错误和其他非法业务发生的业务流程设计。在内部控制理论发展的初期，内部控制主要是由会计学家和审计学家们提出来，它是企业加强管理，进行自我约束、自我调节的内部机制。20 世纪 80 年代后，国际金融危机频繁发生，内部控制的重要作用也得到极大的关注，对内部控制的要求也越来越高。内部控制逐渐从账目核对、岗位分离的基本形态演变为组织结构、职务分离、业务程序、处理手续为一体的内部控制系统。1992 年由美国会计学会、内部审计师协会、管理会计学会等专业机构组成的 COSO 委员会（The Committee of Sponsoring Organizations of the Treadway Commission）发布《完整的内部控制结构体系》报告，在报告中 COSO 认为内部控制就是由一个企业的董事会、管理层和其他人员实施的一个过程，旨在取得经营效果和效率、财务报告的可靠性、遵循适当的法律等目标。报告提出了包括控制环境、风险评估、控制活动、信息与沟通以及监督五大要素在内的内部控制基本框架，其中特别强调风险因素和信息系统在现代企业管理过程中的突出地位。在明确内部控制责任的同时，COSO 还强调内部控制作为一个动态过程，应该与企业经营管理过程拟合，强调"人"的重要性和"软控制"的用处，强调风险意识和成本效益原则。可以说，这份报告也是迄今为止关于内部控制整体框架最权威的认识。1998 年，巴塞尔委员会颁布极具指导意义的《银行组织内部控制系统整体框架》，提出了与 COSO 关于内部控制要素基本相同的商业银行内部控制系统的五个关联构成要素，构建起商业银行内部控制体系的基本框架。随着内部控制理论的不断发展，人们对内部控制的认知包括目标、对象和手段等不断深化，经历了从初期的简单分工制衡的内部牵制，再到后来以风险为导向的内部控制体系框架。

中国对内部控制的主要研究体现在对美国等西方发达国家内部控制理论、法规和实践的引入和评价上，在研究西方发达国家内部控制理论、法规和实践的基础上，中国也在内部控制实践领域取得了明显的进步。到目前为止，中国金融机构内部控制制度的规范性文件体系已基本形成，该体系大致包括三个层次：一是针对所有企业内部控制制度的规范性文件《企业内部控制基本规范》和《企业内部控制配套指引》。《企业内部控制基本规范》就指出，内部控制是由企业董事会、监事会、经理层和全体员工实施的、旨在实现控制目标的过程。《企业内部控制配套指引》包括18项应用指引、《企业内部控制评价指引》和《企业内部控制审计指引》，这些规范为中国所有企业内部控制制度的建设奠定了标准框架。二是专门针对上市公司内部控制的规范性文件（如《上市公司内部控制指引》），这些规范文件要求在公司层面、控股公司和附属公司层面以及公司各业务环节层面建立健全内部控制制度，并要求上市公司披露年度内部控制自我评估报告，会计师事务所对内部控制自我评估报告出具评价意见。三是针对不同金融行业的行业规范。如中国人民银行发布的《商业银行内部控制评价试行办法》和《商业银行内部控制指引》，这些文件是中国监管机构及其派出部门对商业银行内部控制评价的依据及标准等。正是上述规范性文件体系构成了中国金融机构内部控制的基本框架，同时也为农村小型金融组织的内部控制提供了可以依据的框架。

　　归纳上述内部控制不同的定义，可以认为，内部控制就是指为完成既定的工作目标和防范风险，对内部各职能部门及其工作人员从事的业务活动进行风险控制、制度管理和相互制约的方法、措施和程序的总称。内控制度设计的目的就是形成减少违规、盗用、欺诈的机制，具体包括授权、职务分管控制、人员素质控制、业务处理程序控制、实物安全控制、业务记录控制与监督检查控制等，以保证组织的参与者有秩序地工作，实现组织效率最大化目标。内部控制的主体属于企业的内部人员，即内部控制来自企业的内部需求，建立与实施内部控制是有目的的，目的在于实现控制目标，内部控制只是为上述目标的实现提供了合理保证。从整体控制来看，内部控制包括制度设计、制度实行和制度评价等阶段，其是一个动态过程。

　　从本质上来说，内部控制与企业组织关系有着密切的联系，企业内部控制就是为了维护企业组织内部相关各方的利益关系而存在，它要求相关各方按照预先设定的规则行事，这体现在三个方面：一是规则就是控制。企业设立形成了一种契约关系，此时内部控制本质上就是制衡，其实质是平等的各方在权利义务上的相互牵制或制约。二是保证规则充分实现，规则的目标才能完成。企业在运营时形成的科层等级关系，此时内部控制的本质是监督，其实质上是依靠权力等级进行的。三是由于规则归根结底是由人来执行，为了促进执行者执行规则的主动性和积极性，需要建立激励机制。①

二　内部控制的要素

纵观内部控制的历史发展过程可以发现，内部控制的发展也是内部控制要素不断充实丰富的过程。最早的内部控制"一要素"阶段——内部牵制阶段。在内部牵制阶段，整个操作流程连贯持续，账户、程序均涉及其中。在这一阶段，通过一套整体系统的牵制，预防成为控制的主要手段，错误和舞弊行为出现概率大大减小，这也成为机构控制、岗位制约控制的基础。"二要素"阶段——内部控制制度阶段。在这个阶段，建章立制，促使大家共同遵守，提高制度执行力成为关键。"三要素"阶段——内部控制结构阶段。在这个阶段，企业内部控制被分为控制环境、会计制度和控制程序三部分结构组成。"五要素"阶段——内部控制整合框架阶段。在这个阶段，内部控制被提升为体系，影响内部控制的各个层面被分类提出，每个层面需注意的要素问题也被细化。该阶段认为内部控制是由控制环境、风险评估、控制活动、信息与沟通、监督五个基本要素组成。直到目前的"八要素"阶段——风险管理整合框架阶段。风险管理是由组织的全体人员共同参与，应用于业务运行全过程，包括战略制定和内部各个层次、各个部门，识别可能造成潜在影响的事项，有效将其控制在其风险偏好范围内进行管理，为发展目标的实现提供合理保证的过程。

在充分吸收内部控制要素发展理论的成果基础上，结合中国社会经济发展状况和企业的实际，财政部于 2008 年发布了《企业内部控制基本规范》，其中规定内部控制要素包括：内部环境、风险评估、控制活动、信息与沟通、内部监督。

（一）内部环境一般包括治理结构、机构设置及权责分配、内部审计、人力资源政策、企业文化等

内部控制环境是影响、制约内部控制建立与执行的各种因素的总称，也是实施内部控制的基础。具体来说，内部控制包括以下几个方面：①企

---

① 关于内部控制的制衡与监督本质的详细阐述，参见谢志华《内部控制：本质与结构》，《会计研究》2009 年第 12 期。

业治理结构、如董事会、监事会、管理层的分工制衡及其在内部控制中的职责权限，审计委员会职能的发挥等。②企业内部机构设置及权责分配，尽管没有统一模式，但组织结构设立的原则应当是有利于提升管理效率，并保证信息流动的畅通。③企业内部审计机制，包括内部审计机构设置、人员配置、工作开展及其独立性的保证等。④企业人力资源政策，比如岗位职责与人力资源需求计划、招聘培训与离职、人力资源考核政策、薪酬及激励政策等。⑤企业文化，包括价值观和社会责任感、员工的职业操守、行为守则和法制观念等。

（二）风险评估

风险是一个潜在事件发生所产生不利影响的可能性。风险评估是企业及时识别、科学分析经营活动中与实现控制目标相关的风险，合理确定风险应对策略，它是实施内部控制的重要环节。风险评估主要包括目标设定、风险识别、风险分析和风险应对等内容。

（三）控制活动是指企业根据风险评估结果，结合企业具体业务和事项的特点与要求采用相应的控制措施，将风险控制在可承受的范围之内

主要措施包括：不相容职务分离控制、授权审批控制、会计系统控制、财产保护控制、预算控制、运营分析控制和绩效考评控制等内容。

（四）信息与沟通是指企业及时、准确地收集、传递与内部控制相关的信息，确保信息在企业内部与外部之间有效沟通

包括信息和沟通、信息系统、反舞弊机制、举报投诉制度、信息的收集机制以及企业内部与外部有关方面的沟通机制等内容。

（五）内部监管是指企业对内部控制的建立与实施情况进行监督检查，评价内部控制的有效性，对于发现的内部控制缺陷及时加以改进

主要包括内部监督、内部控制缺陷、内部控制自我评价、资料保存，还包括对内部控制某一方面或某些方面进行专项监督检查，以及提交相应的检查报告，提出有针对性的改进措施等内容。

内部控制的五个要素之间相互支持、紧密联系。正如 COSO 委员会所指出的那样，企业所设定的战略目标是一个企业在某一阶段努力的方向，而内部控制组成要素则是实现该目标所必需的条件，内部环境、风险评估、控制活动、信息与沟通和内部监督这五个要素在帮助

企业管理者实现战略目标的过程中各自发挥着重要的作用。

三　农村小型金融组织的内部控制框架

农村小型金融组织与其他金融组织一样，其内部控制体系除了包括控制环境，风险评估、控制活动、信息与沟通以及监督五大要素之外，还由于其经营效益和社会责任双重目标、业务流程和客户群体的特殊性决定了农村小型金融组织的内部控制要素具有独特性。

诺斯指出，有效率的组织产生需要在制度上做出安排，以便对人们的经济活动形成一种激励。组织目标具体化、角色定义和规章制度形式化将使得组织运作形成稳定的结构模式，并引导着组织行为为既定的目标服务。内部控制作为农村小型金融组织内部各种活动的总纲，是促进和保障其稳健经营的根本。孟加拉国人尤努斯创办的格莱珉银行创立了联保小组、中心会议和银行工作人员三位一体的贷款保障机制，使无法提供合规抵押担保物的低收入人群获得贷款机会，同时通过小组成员的相互监督将银行对借款者的外部监督内在化，降低了格莱珉银行的贷款管理成本，调动了借贷者还款的积极性和创造性，这些机制措施成为格莱珉银行成功的重要因素。确保农村小型金融组织可持续稳健发展，进而保证信贷可获得性是农村小型金融组织内控制度构建所面临的首要问题。国际小型金融组织的发展为我们认识农村小型金融组织内部控制提供了较为成熟的制度范本，通常小型金融组织所有的制度设计和内部控制都着重于解决"压低成本"和"贷款质量"两个方面的问题。因此，对于农村小型金融组织的内部控制构建可从以下几个方面来考虑。

第一，农村小型金融组织的内部控制目标是兼顾农户的覆盖面和组织的可持续性发展。农村小型金融组织天然具有可持续性发展的经营目标与服务中低收入农户和小微企业的双重目标，即一方面通过适当的组织形式和有效的管理技术，以合理的利率向低收入农户提供信贷服务，通过扩大目标客户的覆盖范围，帮助更多农户实施自己生产经营项目，提高收入水平，实现服务低收入农户和小微企业的社会功能。另一方面克服小额信贷交易成本高、信息不对称和抵押品缺乏等固有劣势，保持较高的贷款偿还率，并进而实现盈利和财务可持续性发展。作为一种特殊的金融形态，农村小型金融组织的重要责任是解决低收入农村群体和小微企业的贷款难问题。罗伯特等认为，小额贷款损失与大额贷款损失相比具有更少的系统性风险，农村小型金融组织产生的风险主要是机构层面的，而非系统性风险。因而，农村小型金融组织内部控制的重点并不是防范系统性风险，而是可持续性发展（信贷可获得性）的制度目标。不同于一般金融组织，农村小型金融组织资金来源限制性较多，资金运用大多局限于单一的贷款业务，再加上贷款服务对象较为特殊，主要是低收入农户、个体工商户和小微型农村企业等弱势群体。这些群体更容易受到外部环境包括自然灾害、经济衰退和经营失败等因素的影响，使其贷款无法按时偿还，这就决定了农村小型金融组织所面临的主要风险是信用风险。可见，在现行政策规定框架下，农村小型金融组织的信用风险与其金融市场定位相伴而生，具有天然的内生性，防范信用风险是农村小型金融组织可持续性发展的关键。从业务活动来看，缺乏有效的担保品大大增加了农村小型金融组织的信用风险。出于防范风险的需要，一般商业银行提供贷款服务的先决条件是借款人必须具备有效的担保和抵押手段，而农村小型金融组织则不然，面向农户的贷款一般金额较小，手续简便，采用信用担保形式，缺乏实质性的风险保障。因此，农村小型金融组织的内部控制设计需要创新思维。

　　第二，在农村小型金融组织业务活动和运营控制层面，解决交易成本较高、风险较大和信息不对称严重是农村小型金融组织成功的前提。农村小型金融组织运行的基本要素包括目标客户、组织机构、担保形式、还款方式、利率水平、资金来源、存款服务、风险类型和社会影响等，与传统银行有着较大的差异，传统意义上的信贷运作机制在农村小型金融组织运行过程存在着无法适应的问题。因此，农村小型金融组织在信贷运作机制中面临着抵押替代机制、贷款定价机制和偿还激励机制重新设计。在农村小型金融组织的业务流程与操作实践中，一些成功的贷款模式设计了诸如小组联保贷款、动态激励、分期还款和强制存款等控制机制，其较好地克服了信息不对称、监督以及激励约束等问题，保证较高贷款偿还率。还有一些如"企业+协会+农户""企业+农户"的贷款模式设计出龙头企业、专业协会为专业户、种养大户提供担保或损失分担机制，促使企业、协会和农户三方加强合作并步调一致地朝共同的利益目标迈进，在兼顾各方利益的前提下，最大化地降低了小型金融组织在信贷运作中交易本高、风险较大和信息不对称严重的问题。同时为了保证小型金融组织管理层向资源提供者提供决策和监管所需的信息，保护出资者权益，促使组织各层级人员合法合规运营并协调一致地向组织的战略目标努力，农村小型金融组织必须设计恰当的控制活动机制和内部监督机制，保证其有效实施并通过评价使之得到持续优化。

第三，农村小型金融组织必须建立完善的内部法人治理机制，其主要体现在产权结构和内部治理结构两个方面。早期的小型金融组织基本上以借鉴国际小额贷款技术经验为主，但是小型金融组织的实践表明，在金融组织发展到一定规模之后，良好的内部治理机制要比信贷技术更为重要。建立与农村小型金融组织经营特性相适应的内部法人治理机制是保障其服务低收入农户、小微企业和可持续发展的重要保障，这是由于中国农村小型金融组织在经营中不仅具有普通金融企业的营利性要求，还要承担服务低收入农户、小微企业的普惠金融目标，有些还可吸纳储蓄而具有商业银行特征。已有的关于小型金融组织内部治理的研究表明，外部监管和评级并不影响公司的经营绩效，更加多元化的董事会对小型金融组织的普惠性和可持续性均有正向影响。根据哈塔斯卡（Hartarska，2005）的研究，在小型金融组织多目标的经营环境下，一些激励相容的内部治理机制，如基于绩效的经理人薪酬制度、额外的津贴等并不有效。事实上，基于绩效的经理人薪酬制度将诱使经理人员为追求高风险收益而牺牲储户的利益，从而不利于小型金融组织的社会功能实现，而固定的工资制度反而可以防止经理人员的道德风险。但董事会作为一种内部治理机制则显得相当有效。而且，董事会的独立性越强，即独立董事在董事会中占比例越高，小型金融组织的社会功能越强，可持续性也越强。

第四，农村小型金融组织在信息与沟通方面具有其显著特点，除了经济形势、政策法规展、行业动态以及监管要求等之外，农村小型金融组织内在地与本土文化契合度较高。胡必亮（2007）指出，在宗族与村庄共同体框架下，由习俗、社区规范等制约所形成的信息共享特征与社区合作精神的存在，以及受地方传统影响所拥有的商业文化等因素的共同作用形成的"认同型信任"正是民间金融发展的重要支撑力量。① 在乡村社区共同环境下，人们之间共有的价值观和行为规则来规范和引领着成员之间的关系和权责，这种基于地缘和血缘关系维持的权责是社区成员的一种社会资本。由于社会资本的存在，人们总是积极地争取社区认同，表现为追求或维护社区成员身份，这是由于这一身份可以带来情感和利益。一旦认识到作为特定社区成员所带来的情感和利益时，便会激励人们维护社区成员身份这一社会资本，以社会资本为抵押担保的连带责任贷款模式就可以行之有效，社区成员为共同利益而相互合作便成为了可能。因此，农村小型金融组织要准确地收集和熟悉社区信息，对于农村小型金融组织信用风险的评估至关重要。

中国农村小型金融组织能在自然条件、经济发展水平和社会宗教文化差异巨大的不同地区迅速发展并取得较好的成就，一方面是引入和借鉴国际小额信贷的技术经验将其运用于运营机制过程之中；另一方面是将本土文化之中的社会资本植入内部控制制度之中，较好地解决了事前信息搜寻和事后监督的高成本问题。此外，农村小型金融组织的内控制度是在政府和监管部门指导、帮助和督促之下建立起来的，因此内控制度必然要体现出政府的政策意图和监督部门的监管要求。

综上所述，农村小型金融组织的内部控制是一个有着特定目标、组织形式、方法和程序的系统。农村小型金融组织内部控制框架应包括以下几部分：①内部控制环境：治理结构、机构设置及权责分配、企业文化和社会责任等。②风险评估：包括风险设定、风险识别、风险分析和风险应对等。③控制活动：所有的信贷业务活动的规范管理机制、运营分析机制、绩效考评机制等。④信息与沟通：内部沟通包括企业风险管理哲学和方式的明确陈述、明确的授权等。开放的外部沟通平台，将与股东、监管者、财务分析师和其他外部利益相关者进行沟通。建立相应的信息系统，将大量的数据转化为对决策有用的信息。⑤内部监督：主要是内部监督机构及职责、内部监督程序、内部监督方式与要求等内容（见图9-1）。

---

① 胡必亮、刘强、李晖：《农村金融与村庄发展：基本理论、国际经验与实证分析》，商务印书馆 2006 年版。

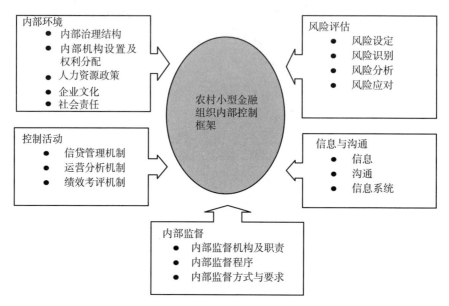

图 9-1　农村小型金融组织内部控制框架

第二节　农村小型金融组织内部控制的现状及其问题

　　农村小型金融组织形式已从最初的企业非法人，向一般企业法人乃至金融企业法人等形式发展。从目前中国农村小型金融组织的制度设计上看，监管部门出台的各种法规和政策文件为农村小型金融组织形成正式结构提供了一个合法的依据，进而为其运行提供了规则或规范，使得农村小型金融组织在某种特定的结构模式下追求特定的目标。中国农村小型金融组织的正式结构设置存在着很大差异，决定了村镇银行、小额贷款公司和农村资金互助社的内部控制存在较大差别。

一　村镇银行内部控制的现状及其问题

　　村镇银行最主要的制度特征是主发起人制度，主发起人必须是符合条件的银行业金融机构，因此村镇银行基本借用或沿用控股银行的内部控制制度，依靠控股银行的技术经验建立起与其业务性质、规模及复杂程度相适应的内部控制制度。按照《中华人民共和国公司法》，以及中国银监会2007 年 1 月 22 日发布的《村镇银行管理暂行规定》，村镇银行均建立了股东大会、董事会和监事会制度，实行了由董事会领导的行长负责制。村镇银行已形成了经营权、决策权和监督权相互分离、相互制衡的局面，完成了内部机构设置及权利分配。中国银监会虽然于 2012 年在《鼓励和引导民间资本进入银行业的实施意见》中将村镇银行的主发起行最低持股比例由 20% 降低至 15%，但目前我国村镇银行大多数还是由发起行控股，限制了民间资本的参与，易受到发起行的过度干预，严重削弱了村镇银行的自主决策权，限制了村镇银行从公司治理到管理模式的创新和发展。[1]在四川省具有代表性的 9 家村镇银行发现，主发起行持股比例最高为90%，最低为 40%，平均为 60.11%，总体上主发起行有绝对控股地位。在对西北地区村镇银行的调查中发现，由于大多数村镇银行发起行都处于绝对控股状态，董事长、监事长都是由主发起行派出，甚至行长都是由主发起行的员工任职，因此村镇银行很难做到真正独立，经营权、决策权依然掌握在主发起行手中。[2]

　　针对组织规模小、业务简单的特点，按照因地制宜、运行科学、治理有效的原则，建立和设定内部机构架构以及部门职责。村镇银行一般都内设 3—5 个业务部门诸如综合管理部、市场营销部、风险管理部、审计稽核部、营业部等，人员一般都在几十人以内。这种简洁、高效的业务流程和管理流程，强化决策过程的控制与管理、缩短决策链条、提高决策经营，与当地市场结合十分紧密，反应灵敏，能够根据实际需要适时开展金融创新。信贷管理制度不断丰富和完善，经营活动得到控制。建立覆盖全部业务、岗位和人员的内部控制制度，明确存款、贷款、投资、会计等主要业务的经营政策、业务流程及操作规范，充分发挥风险管理委员会等内控机构的作用。同时，控股银行也将自己的信贷管理模式带入村镇银行，在传统担保或抵押贷款制度基础上衍生出村镇银行自己信贷管理模式如将小组联保与抵押担保相结合，或者与第三方担保相结合，发展出公司+农户、农业合作社社员联保等抵押担保模式，提高了风险保障能力。在风险控制方面，建立市场营销、风险控制、资产保全和放款操作相互分离、相互制约的组织体系，建立审贷分离、风

---

　　① 陈立辉、刘西川：《农村资金互助社异化与治理制度重构》，《南京农业大学学报》（社会科学版）2016 年第 5 期。
　　② 刘丹冰、许燕：《村镇银行的发展现状、问题与法律对策——以西北地区的调查为依据》，《西北大学学报》2015 年第 9 期。

险集中控制的早期预警机制。内部稽核体系业已形成。建立起独立的向董事会或监督机构报告的内部审计部门或岗位，在加强日常内部审计的同时，定期对内部控制制度进行测试和评估，检查内部控制贯彻落实情况，提升内控质量和水平，董事会或行使监督检查职能的机构应定期对内部控制体系实施评价。

从四川仪陇惠民村镇银行的发展我们也可以看到上述的判断，中国第一家经中国银监会批准的村镇银行，其由南充市商业银行于 2007 年 3 月 1 日发起成立，注册资本为 200 万元，其中发起行出资 100 万元，持股比例为 50%。2008 年 11 月，仪陇惠民村镇银行进行了增资扩股，注册资本增资到 3000 万元，南充市商业银行持股仍为 50%。仪陇惠民村镇银行移植了南充市商业银行的管理模式，推行客户经理制，成立之初有 29 名员工，其中，南充市商业银行抽调的业务骨干 13 人，新招聘的本地人员 16 人。设置客户经理部、综合业务部、营业部、财务部四个部门，管理岗位设置为：行长 1 名，副行长 2 名，客户部总经理、综合部总经理、营业部总经理、专职会计各 1 名。目前，仪陇惠民村镇银行已发展到 10 个支行，总部员工有 10 人，经营重心以新县城为主，日常办公也主要在新政支行。仪陇惠民村镇银行行长主持全面工作，1 名副行长任风险执行官，1 名副行长兼任新政支行行长，专职会计由南充市商业银行委派，负责全面财务核算工作。整体来看，仪陇惠民村镇银行机构较为精简、岗位设置灵活、人员综合素质较高，保障了各项业务的顺利开展。

仪陇惠民村镇银行按照"现代银行加合作金融经营模式"运作。规范现代银行的法人治理结构，建立决策、经营、监督相互制衡的机制；规范机构管理制度，建立健全以风险控制为主要内容、以市场为导向、以责权利为激励约束的运行机制；进行金融创新，开创以合作金融经营模式为手段的营销策略，实施人才专业化战略，开发以微小贷款为主体的产品体系，建立灵活简便的贷款流程，构建"社区金融惠民站"，最终形成以"惠民"品牌为代表形象的村镇银行的核心竞争力。

因此，相对于小额贷款公司和农村资金互助社，村镇银行有着更加完善的公司治理结构和内部控制机制，经营管理更加规范，风险管理能力更强。从监管角度来说，村镇银行管理相对容易，所以得到了国家政策的重点支持。在国家发展战略思想以及农村金融市场供求失衡的双重刺激下，国家对村镇银行发展的政策环境全面利好（见表 9-1）。

表 9-1　　　　　　　　　　村镇银行发展相关政策概要

2006 年 12 月	《关于调整放宽农村地区银行业金融机构准入政策 更好支持社会主义新农村建设的若干意见》	放宽农村地区银行业金融机构准入政策，加大政策支持	银监会发布
2007 年 1 月	《村镇银行管理暂行规定》《村镇银行组建审批工作指引》	加强对村镇银行的监督管理，规范其组织和行为	银监会发布
2008 年 4 月	《关于村镇银行、贷款公司、农村资金互助社、小额贷款公司有关政策的通知》	明确对四类新型机构的经营管理和风险监管政策	银监会与中国人民银行联合发布
2009 年 7 月	《新型农村金融机构 2009—2011 年总体工作安排》	提出通过股东股权优化、公司治理完善、财政政策倾斜三大途径提升村镇银行内控建设水平，打造其合规经营、持续盈利的能力	银监会发布
2010 年 6 月	《中央财政农村金融机构定向费用补贴资金管理暂行办法》	规定中央财政对当年贷款平均余额同比增长、年末存贷比高于 50% 且达到银监会监管指标要求的村镇银行，按当年平均贷款余额的 2% 给予补贴	财政部发布
2011 年 3 月	《关于进一步推进空白乡镇基础金融服务工作的通知》	继续引导银行业金融机构到金融机构空白乡镇设立营业网点，逐渐由解决基础金融服务覆盖向提高金融服务质量、增强金融服务功能转变	银监会发布
2014 年 12 月	《关于进一步促进村镇银行健康发展的指导意见》	按照规模化组建、集约化管理和专业化服务的原则，积极支持符合条件的商业银行科学制定村镇银行发展规划，加快在县（市、旗）集约化发起设立村镇银行的步伐，重点布局中西部和老少边穷地区、粮食主产区和小微企业聚集地区，稳步提升县（市、旗）村镇银行的覆盖面	银监会发布

资料来源：根据相关文件整理得到。

　　沿用大股东银行原有内部控制制度的好处在于制度建立和实施的成本低，内部控制贯彻落实效率较高，但不利之处也是显而易见的。大股东银行的内部控制制度是建立在其业务性质、规模和复杂程度要求以及较高员工素质基础之上的，村镇银行业务并非只是单纯的商业性质业务，还具有一定的社会属性性质，承担着社会责任。村镇银行业务规模普遍较小，贷款对象大多是分散的农户和小微型企业并缺乏相应的抵押担保品。现在村镇银行未能接入中国人民银行征信系统，难以掌握客户信用情况。因此，村镇银行的业务复杂程度远高于大股东银行。在这种情况下直接沿用大股东银行原有内部控制制度，其结果是大量的小额贷款业务陷入烦琐而漫长的审核等待过程中，甚至一些小额贷款业务因无法满足所谓的合规要求而被拒绝。

村镇银行人员一般由两部分组成，一部分是发起行派去的金融从业人员，人数较少，充当主要管理者，具有金融专业知识和从业经验，但不一定了解农村金融环境和业务；另一部分是在当地招聘的工作人员并且大部分是应届毕业生。由于村镇银行大多设立在经济相对比较落后的区县，机构规模小，较难招聘到优秀的专业人才。四川省调研的9家村镇银行从业人员共有689人，从事信贷业务的人员占比最多的为46%，最少的只有9%，其中具有研究生以上学历者占比不到1%，本科学历者占比为40%，大专及以下学历者占比为59%。由于当前农村金融环境欠佳，加上生活环境和物质条件的影响，与城市的商业银行相比，村镇银行的待遇低，难以引进高层次的营销人员及专业人员，村镇银行绝大部分员工是新招聘员工，或者是非金融相关专业员工，虽然经过上岗培训，但是缺乏农村金融服务经验，从业时间太短、实际工作经验不足，一些重要岗位人员如财务、信贷、会计等人员的金融业务知识和专业技能还有待于熟练掌握和提高。同时，还存在兼岗现象严重的问题，人员配备不足。整体来看村镇银行从业人员素质偏低，经验不足，极容易产生对内部控制制度的认识偏差和执行不到位的状况。以感情代替内控制度，排斥"认制度不认人"的非理性控制现象不时出现，信贷人员违规操作和人情贷款屡禁不止，业务操作环节上的监督制度形同虚设，操作随意性大，风险发生的可能性变大。

二　小额贷款公司内部控制的现状及其问题

从2005年5月开始，商业性小额贷款公司试点工作在山西、四川、陕西、贵州和内蒙古五省（区）开始启动。到2008年5月，中国人民银行和银监会联合下发了《关于小额贷款公司试点指导意见》（银监发〔2008〕23号，以下简称《意见》），标志着小额贷款公司的合法地位得以确立，由以前的没有合法身份，变成合法的公司制企业。在进一步规范和明确了小额贷款公司的有关政策之后，小额贷款公司由试点转向全面推进。按照《意见》规定，小额贷款公司是自然人、企业法人与其他社会组织投资设立，不吸收公众存款，经营小额贷款业务的有限责任公司或股份有限公司。小额贷款公司的主要资金来源为股东缴纳的资本金、捐赠资金，以及来自不超过两个银行业金融机构的融入资金。可见，小额贷款公司在性质上属于非银行类金融机构。

　　小额贷款公司遵循属地管理原则，各地注册资本要求也有差异。中国银监会对设立小额贷款公司的注册资本有最低要求，银监发〔2008（23）〕文件规定，有限责任公司的注册资本不得低于500万元，股份有限公司的注册资本不得低于1000万元。而如广东省小额贷款公司管理办法规定有限责任公司的注册资本不低于3000万元〔山区县（市、区）不低于1500万元〕，股份有限公司的注册资本不低于5000万元〔山区县（市、区）不低于2000万元〕，全部资本来源应真实合法，为实收货币资本，由出资人或发起人一次性缴足。如广东省调查的9家小额贷款公司均由企业法人和自然人发起组建，注册资本为3000万元到2亿元不等，平均为5889万元。重庆市小额贷款公司试点管理暂行办法规定在当地成立小额贷款公司需要满足设立内资小额贷款公司的最低注册资本标准，国家级和省级贫困区县为1亿元，主城区外其他区县为2亿元，主城区为3亿元。

　　按照《意见》要求，小额贷款公司股东需要符合法定人数规定。有限责任公司应由50个以下股东出资设立；股份有限公司应有2—200名发起人，其中须有半数以上的发起人在中国境内有住所。单一自然人、企业法人、其他社会组织及其关联方持有的股份，不得超过小额贷款公司注册资本总额的10%。按照《公司法》的要求小额贷款公司应该设立股东大会、董事会和监事会三类机构。一些小额贷款公司按照要求设立公司设股东大会，选举产生董事会、监事会，董事会内设薪酬、审计、预算、执行等专门委员会，董事会聘任总经理、副总经理、财务负责人及董事会秘书，具备较为规范的公司治理结构。但基于节省经营成本的需要，许多小额贷款公司只设立董事会，而没有设立股东大会和监事会。小额贷款公司管理层和第一大股东的平均持股比例比较多，一股独大现象突出。因此，小额贷款公司的内部治理缺乏有效的制衡机制，特别是缺乏监督机制，容易引发内部人控制问题。据调查，小额贷款公司董事会人数规模普遍较小，董事会平均有1.54人，最多也只有11人。如成立于2010年的安徽安粮小额贷款公司，其第一大股东安徽安粮控股有限公司持股比例为

27.32%，第二大股东持股比例为 10.93%，第三大股东持股比例为10.93%，第一大股东占据绝对控股地位。安粮小额贷款公司实行董事会领导下的总经理负责制，董事会成员 7 人，监事会成员 3 人，2013 年从业人员 13 人，到 2016 年从业人员只有 4 人。下设业务发展部、审计督察部、财务部、战略运营部等部门。公司虽有股东大会、董事会形式，但缺乏有效的监督制衡，运营决策都由董事长和经理等少数人决定。安粮小额贷款公司是对外全资投资的一家公司，其公司法人代表却是安粮小额贷款公司的法人代表。截至 2016 年年末，安粮小额贷款公司借款合同纠纷法律诉讼案件已经达 23 件。可以说安粮小额贷款公司目前处于公司治理失范，经营风险居高不下的困境。另外，作为浙江省第一家解散的小额贷款公司，金华市金东区广利恒小额贷款公司是一个典型代表。尽管浙江省相关文件规定小额贷款公司发起人持股不得超过 20%，其他自然人和公司股东则不得超过 10%。为了符合规定，小额贷款公司股东们之间签订了隐名协议，使得表面上看起来股东分散，但实际上被少数股东所控制。以公司股东"正鹏公司"和"新华公司"以及自然人股东楼晓红为例，他们合计占小额贷款公司股份 30%，出资 2400 万元，但通过担保变相贷款资金 4400 万元，对注册资金 8000 万元的广利恒小额贷款公司而言，几乎贷走了公司 55% 的资本金。[①] 最终，广利恒小额贷款公司因股东矛盾无法调和，股东间起诉导致其被法院解散。

　　小额贷款公司总经理由董事会聘任，并授权总经理组建自己的经营团队。根据业务需求设置各职能部门并成立专门的审贷委员会，人员组成一般有 5 人。其中，总经理 1 人，会计 1 人，信贷员 3 人。在所有人员中，总经理和会计大多是兼职或金融机构退休人员，其他人员也大多没有信贷业务方面的经验，对信贷业务不甚了解。从调查结果来看，小额贷款公司一部分人员是从大股东企业转过来的，缺乏金融知识和从业经验。另一部分人员从社会上招聘，其中具有银行工作经验的人员比例为 16.2%，金融专业人员比例为 12.05%，人员构成中具备从业经验或金融专业知识的人员较少，从业人员整体金融知识水平和业务操作能力偏低。根据 2015年 12 月的数据显示，全国小额贷款公司平均从业人员 13.2 人。[②] 大部分小额贷款公司由于规模和能力的限制，很难自主建立有效的内部风控体

---

① 《金华"广利恒"成浙江省首家解散的小贷公司》，《钱江晚报》2013 年 5 月 23 日。
② 《2015 年小额贷款公司统计数据报告》，中国人民银行网站。

系。目前小额贷款公司组织发展主要存在大而全、组织运行不规范、重叠设置等问题。

小额贷款公司业务流程大多沿用大型商业银行的做法，与服务小微型企业和农户要求的"灵活、便利"相悖。小额贷款公司的贷款程序也不规范，虽然建立了审贷分离制度，但多数在业务操作中并没有严格执行，半数以上的公司在授信额度方面缺乏明确的划分。从2015年浙江绍兴越信小额贷款股份有限公司的员工违法放贷的刑事案件反映，理应要求小额贷款公司建立健全贷款管理制度，明确贷前调查、贷时审查和贷后检查业务流程和操作规范，在实际操作中却未能真正落实。[1] 员工之间的互相监督、制衡机制也流于形式，这将加大信用风险和操作风险暴露的可能性。小额贷款公司目前没有加入央行征信系统，由此引起的信用信息不通畅可能导致小额贷款公司从业人员无法高效率地全面了解贷款对象及项目的有关情况，也会增加贷款成本、加大贷款风险，从而影响小额贷款公司业务的正常开展。如2014年广西东兴市置业小额贷款有限责任公司的法人代表通过伪造36份贷款合同，虚构34个借款人，自批自用，侵占置业公司贷款5400万元，内部的监督制衡机制全然失效。[2]

由于小额贷款公司是"只贷不存"的非银行金融机构，它不属于《商业银行法》的调整范畴，又由于其从事的是金融服务，《公司法》也不能完全覆盖。然而截止到2009年5月，监管部门只出台了《关于小额贷款公司试点的指导意见》以及《小额贷款公司转制设立村镇银行暂行规定》两个指导性文件，小额贷款公司适用的法律法规很不健全。同样，现有的规范文件并没有明确小额贷款公司监管主体，各地小额贷款公司审批缺乏规范且准入条件不统一。小额贷款公司面临着多头监管带来责任不明，效率较低等一些弊端。自2015年开始，小额贷款公司的机构数量和从业人员规模呈现"双降"趋势。

三　农村资金互助社内部控制的现状及其问题

农村资金互助社是由农村地区的农民和农村小企业发起设立的为入股社员服务、实行社员民主管理的社区性信用合作组织。根据中国银监会

---

[1]　http：//www.360doc.com/content/17/0213/16/40316358_628707218.shtml。
[2]　《小额贷款公司违规放贷行为的刑法适用》，http：//www.zjblf.com/zxlgview.asp？id=2958&bcg_id=186。

2007 年 1 月 22 日发布的《农村资金互助社管理暂行规定》（银监发〔2007〕7 号），农村资金互助社是指经银行业监督管理机构批准，由乡（镇）、行政村农民和农村小企业自愿入股组成，为社员提供存款、贷款、结算等业务的社区互助性银行业金融机构。农村资金互助社是独立的企业法人，对由社员股金、积累及合法取得的其他资产业务所形成的法人财产，享有占有、使用、收益和处分的权利，并以上述财产对债务承担责任，农村资金互助社社员以其社员股金和在本社的社员积累为限对该社承担责任。可见，农村资金互助社虽然名称上是群团组织，但它具有有限责任制企业的性质，农村资金互助社事实上是一个银行机构。

按照《农村资金互助社管理暂行规定》，农村资金互助社的内部治理结构由成员（代表）大会、理事会和监事会和成员组成。成员大会由全体入股成员组成，是互助社的最高权力机构，决定互助社的重大事项；理事会为互助社的日常管理机构，主要负责资金的审批、发放、回收及日常管理等具体事务性工作；监事会是互助社的监督机构，负责监督理事会的日常活动。股金分为资格股、投资股、流通股和社会公共股；借款利率实行期限管理和市场定价；通过借款及股金的设计来控制风险。然而，从农村资金互助合作社发展的现实状况看，法人治理结构不完善和内控机制不健全问题突出。农村资金互助社大多是由地方政府积极推动下建立起来的，囿于人财物等方面限制，农村资金互助社极易陷入"人情操作"而忽视规章制度建设。由于资金互助社规模小，为了节省成本考虑，许多农村资金互助社在组织机构设立上并没有将成员大会、理事会和监事会三类机构设全，既使设立三类机构也被处于优势地位的村干部和投入资本较多的种养大户等乡村精英实质性操纵和控制，而处于劣势地位、投入资本较少的普通社员受制于自身的谈判能力，很难在现有的条件下维护自己权益。根据对浙江省 4 家农村资金互助社的调查发现，普通成员均没有实质的选举权，只有出资较多的大股东才有资格成为成员代表，进而被选为理事会及监事会代表，参与社员代表大会和日常管理工作。在这种情况下，选举出来的理事会代表所主张的往往不是全体社员的利益，而更多倾向于自身的利益。① 农村资金互助社的社员自治能力不高，缺乏充分运用自己的权利对其实施民主管理和监督的积极性和主动性，众多社员对权利的运

---

① 孙保营：《河南省村镇银行的发展困局与现实应对》，《郑州大学学报》（哲学社会科学版）2015 年第 3 期。

用流于形式。在调查中发现，普通社员均表示不关心其他社员的贷款、还贷情况，对已获得贷款社员的贷款用途及还贷情况的监督跟踪工作完全由信贷员负责。同时，随机调查了 40 名参与社员，有 36 名（占 90%）反映，他们对互助社分红的额度和方式是不清楚的。[①] 因此，农村资金互助社的内部治理缺乏有效的制衡机制，管理上缺乏民主性，运作上缺乏公开性，农村互助社还不能实现"民有"和"民管"状态。

农村资金互助社虽然是农村小型金融组织，但是麻雀虽小五脏俱全，按《农村资金互助社管理暂行规定》大多数已在形式上建立了合规经营和风险管理的内控制度、业务流程和操作规范，基本做到了会计、出纳和贷款审查、审批的合理分离。但目前农村资金互助社工作人员基本上是从农户直接转型过来，只经过了简单的岗位培训，工作人员普遍文化水平低、业务能力不强和金融知识欠缺。虽然一些农村资金互助社聘用从农村信用社退下来或以前在合作基金会工作过的财务人员，但仍不能满足日益扩大的需要。农村资金互助社的理事长、经理等金融管理人员，了解的财会和金融专业基础知识不扎实。由于机构小，收入低，不可能吸引到专业人才。因此，农村资金互助社管理人员大多是农户兼职，缺乏既能胜任工作又甘愿无私奉献的专业管理人才。在这种情况下，内部控制的各项规章制度能否严格执行、操作风险能否规避等问题不可避免地凸显出来。事实上，从已经披露的材料显示，一些农村资金互助社在实际运营中出现财务管理账目单一，没有设立总账、分账户，做不到很好地整合分析，只是利用微型电脑机记录业务发生的流水账；甚至出现会计人员无"会计证"上岗，看不懂财务报表，也不会做财务报表；还有的农村资金互助社没有专业会计，每月临时聘用一个会计帮忙做账；农村资金互助社出现贷款发放回收不够规范，逾期贷款处理方式不够适当等问题，给互助社造成潜在的风险隐患。而这些问题的解决与否制约着农村资金互助社内部控制机制的完善，影响到农村资金互助社的进一步发展。

村镇银行、小额贷款公司和农村资金互助社自设立以来政府监管部门、股东投资者以及互助社员们非常重视加强内部控制系统建设，内部控制建设取得了很大程度的进步，对农村小型金融组织的业务经营和发展起到了积极的促进作用。但是，由于受内、外部等各种因素制约，目前的农

---

① 孙保营：《河南省村镇银行的发展困局与现实应对》，《郑州大学学报》（哲学社会科学版）2015 年第 3 期。

村小型金融组织内部控制存在众多问题，除上述所述村镇银行、小额贷款公司和农村资金互助社各自问题之外，其普遍存在的内部控制问题可归纳为以下几个方面：

（一）公司治理机构不完善，内部治理缺乏有效的制衡机制

村镇银行均建立了股东大会、董事会和监事会制度，实行了由董事会领导的行长负责制。但村镇银行股东形式上的比例分散以及事实上的股权相对集中的股东构成决定了村镇银行的法人治理不是一个平衡的结构，居于强势地位的最大股东银行金融机构的控制与影响是其他分散的弱势股东难以抗拒的。村镇银行都建立了"三会"制度，制定了相关制度和具体规定，但"三会"作用没有充分发挥，多数流于形式。尽管法律法规要求农村小型金融组织建立股东大会（社员大会）、董事会（理事会）和监事会，形成完善的公司治理机构，但大多数小额贷款公司只设立董事会，而没有设立股东大会和监事会。根据调查分析，小额贷款公司董事会人数规模普遍较小，董事会平均有1.54人，最多也只有11人。而且公司管理层和第一大股东的平均持股比例比较多，一股独大现象严重。为了节省成本考虑，许多农村资金互助社在组织机构设立上并没有将成员大会、理事会和监事会三类机构设全，既使设立三类机构也被村干部实质性操纵和控制。相当多的股东大会（社员代表大会）不能按照股东和社员代表意愿和职责来有效实施表决权，只是"走过场"而已。董事会虽然对高级经理层具有监督职能，但在实际运行中，董事会对高级管理层的监督职能被弱化，监督效果不明显。许多小型金融组织董事会成员由部分管理人员（村镇银行行长、小额贷款公司经理、互助社主任）兼任，实施公司经营决策的董事会与从事日常经营事务的管理层在企业的实际管理中职责重复，内部人控制现象比较严重，内部控制起不到应有的作用。监事会的工作职责界限不清晰，监事不能对管理层经营决策、履职职责情况进行监督，监事会作用发挥有限，监督效果不明显。可见，农村小型金融组织内部治理存在较多问题，一股独大、独立董事不独立、监事会形同虚设等问题普遍存在，决策权、监督权、执行权没有得到有效分离，股东大会、董事会、监事会和管理层还没有形成相互制衡机制。

（二）风险管理体系不健全，风险评估能力不高

不同于一般金融组织，农村小型金融组织资金来源限制性较多，资金运用大多局限于单一的贷款业务，再加上贷款服务对象较为特殊，主要是

中低收入农户、个体工商户和小微型农村企业等弱势群体。这些群体更容易受到外部环境包括自然灾害、经济衰退和经营失败等因素的影响，使其贷款无法按时偿还，这就决定了农村小型金融组织所面临的主要风险是信用风险。从业务活动来看，农村小型金融组织面向农户的贷款一般金额较小，手续简便，采用信用担保形式，缺乏实质性的风险保障，这大大增加了农村小型金融组织的风险。面临着如此众多风险的农村小型金融组织还没有建立起完整、科学的风险管理体系，风险评估还处于探索阶段。主要表现在：第一，由于农村小型金融组织都没有被纳入人民银行的征信系统，其自身也无力构建像商业银行一样的风险预警体系和完备的风险管理体系。农村信用评级制度的缺失和滞后，再加上农村小型金融组织的员工风险鉴别能力、化解能力以及自我约束能力较弱，存在重经验管理轻制度控制的现象，要对风险做出准确的识别和分析还有很多困难，构建完备的风险管理体系还面临着许多障碍。第二，在风险识别、评估方法和手段上落后，风险评估能力不高。风险评估指标体系不健全，往往局限于历史的信用记录，缺乏其他评估指标的支撑，风险评估表面化，导致风险评估的不准确性增加。风险分析和评估主要以定性分析为主，主观性较强，缺乏相应评估模型（违约概率模型、基于风险量化的信用评分模型）的支持，在对农户和企业经营能力和项目效益进行评估及前景预测时，容易造成评价信息失真，难以真实地反映农户和企业经营和风险状况。第三，农村小型金融组织授权分责管理不严格，资产负债比例管理还处于软约束阶段，管理制度和评估方法不完善，缺乏局部风险和整体风险控制以及信贷风险和交易管理监控手段。

（三）内部控制制度执行不力，控制活动难以落实

农村小型金融组织的内部制度大多照搬或模仿商业银行的内控制度，制定的规章制度与自身实际有相当大的距离，可行性差。有些规章制度过于简单化，可操作性差。内部控制制度的健全性和有效性不足，使得农村小型金融组织中普遍存在内控制度执行不力，控制活动难以落实问题，具体表现在以下几个方面：第一，不相容职务分离制度建设显得滞后，一些信贷业务活动的调查、审核、经办岗位未按规定相分离或职责划分不清现象较突出，尤其是规模较小的农村小型金融组织由于人员少，一人多岗现象普遍，不能满足岗位的必要牵制和制衡要求。第二，尽管制度明确各岗位办理业务和事项的权限范围、审批程序和相应的职责，但岗位责任制和

责任追究制并不健全，规章制度原则化多，细致的操作规程少，加之员工执行内控制度的意识不强，滥用职权情况屡禁不止，违规、违法事件之后相互推诿、无法问责的情况时有发生。会计管理松弛，会计核算混乱，账面不清、做账随意、数据不真实现象在小额贷款公司和农村资金互助社更为严重。第三，运营情况分析制度还没有在大部分农村小型金融组织建立起来，管理层对运营情况的了解只停留在历史的财务报表、企业内部管理报表上，还无法使用因素分析、对比分析、趋势分析等方法。第四，考核机制不完善，绩效考核指标体系不合理，突出财务指标完成的结果考核，内控合规指标权重普遍不高，忽视内控管理要求的过程考核。过程考核内容简单、形式粗放，不能全面反映被考核单位内控合规的实际情况。

（四）信息沟通渠道不畅，信息系统建设滞后

信息交流与反馈是指企业通过适宜的信息交流与沟通的方法，保证管理层和广大员工能够及时地获取、传递、交换和反馈内部控制与风险管理的相关信息。目前，农村小型金融组织信息的覆盖面和传递效率上存在很大的问题，尤其是信息管理系统建设滞后。首先，获取信息的机制不完善，信息的收集处理的手段比较落后。由于规模小、人员少和技术条件的限制，农村小型金融组织的信息收集活动还不能涵盖组织内部及外部、正式与非正式，并影响组织内部环境、风险评估、控制活动及内部监督的信息。收集的信息容量小而且存在失真现象，自然无法全面、准确地反映组织的经营管理状况存在的问题。其次，农村小型金融组织的计算机应用主要停留在业务操作层面的会计信息系统，现有的系统仅能提供内部业务和经营基础数据，还没有建立起面向管理层面的信息决策系统，信息不能及时准确地提供给管理者，导致其不能发挥在内部控制中的重要作用，影响到管理者决策的及时性和准确性。最后，农村小型金融组织由于规模小，资金实力有限，对信息系统建设的投入明显不足。

（五）内部监督的有效性不高

内部监督对内部控制的有效运行，以及内部控制的不断完善起着重要的作用，是内部控制得以有效实施的机制保障。然而，内部监督却是农村小型金融组织内部控制基本要素中最为薄弱的环节，内部监督作用发挥不够，内部监督的有效性还需进一步提高。第一，内部稽核审计资源能力明显不足。大多数农村小型金融组织没有设置专门的稽核审计部门，稽核审计工作由其他部门兼任。一些虽设有专门的稽核审计部门，但人员配备不

足。农村小型金融组织稽核人员普遍人数偏少，内部稽核力量明显不足，适应不了日益扩大和更新的内部监管工作需要。第二，受农村小型金融组织整体人力资源素质较低的影响，大多数稽核审计人员业务水平较低与技能单一，缺乏各项业务精通、使用计算机熟练和综合能力强的复合型人才，内部稽核审计人员素质与内部监管不相适应。第三，内部稽核审计的监督层次不高，缺乏权威性、独立性。在农村小型金融组织内，稽核审计人员往往保持了与被监督对象千丝万缕的联系，使审计人员的独立性受到牵制。第四，缺乏完整的内部稽核审计规章制度、统一的稽核审计标准和规范的稽核审计工作程序，导致内部稽核审计的频率偏低，覆盖面不够。第五，内部稽核审计方式使用不得当，内部稽核审计方式还主要限于对业务的专项稽核审计和突击检查等实质性审计，主要以事后监督为主，没有发挥内部稽核审计中日常监督的作用，往往是发现了违章、违规问题才去处理，不能及时发现经营中潜在的问题。

第三节　农村小型金融组织内部控制问题的原因分析

造成农村小型金融组织内部控制问题存在的原因是多方面的，既有外部客观条件的限制，也有内部主观意识不强和文化素质较低的约束，概括起来，基本有以下几方面原因：

一　双重目标和组织特点决定了内部控制的先天不足

农村小型金融组织具有可持续性发展的经营目标与服务中低收入农户和小微型企业的社会目标。即一方面通过适当的组织形式和有效的管理技术，以合理的利率向低收入农户和小微企业提供信贷服务，通过扩大目标客户的覆盖范围，帮助更多农户实施自己生产经营项目，提高收入水平，实现服务低收入农户和小微企业的社会功能。另一方面克服小额信贷交易成本高、信息不对称和抵押品缺乏等固有劣势，保持较高的贷款偿还率，并进而实现盈利和财务可持续性发展。那么，农村小型金融组织的内部控制建设如何在这两者之间平衡，没有现成的经验可借鉴。

不同于一般金融组织，农村小型金融组织资金来源限制性较多，资金运用大多局限于单一的贷款业务，再加上贷款服务对象较为特殊，主要是低收入农户、个体工商户和小微型农村企业等弱势群体。这些群体更容易受到外部环境包括自然灾害、经济衰退和经营失败等因素的影响，使其贷款无法按时偿还，这就决定了农村小型金融组织所面临的主要风险是信用风险。从业务活动来看，缺乏有效的担保品大大增加了农村小型金融组织的信用风险。出于防范风险的需要，一般商业银行提供贷款服务的先决条件是借款人必须具备有效的担保和抵押手段，而农村小型金融组织则不然，面向农户的贷款一般金额较小，手续简便，采用信用担保形式，缺乏实质性的风险保障。因此，农村小型金融组织的内部控制需要创新。

农村小型金融组织发展历史不长，组织规模依然较小，资金实力不足，人员数量少，人员素质不高，自我管理能力差，抗风险能力较弱。农村小型金融组织都没有被纳入人民银行的征信系统，其自身也无力构建像商业银行一样的风险预警体系和完备的风险管理体系。农村信用评级制度的缺失和滞后，再加上农村小型金融组织的人员风险鉴别能力、化解能力以及自我约束能力较弱，构建完备的风险管理体系还面临较大困难。

农村小型金融组织定位于主要服务农村中低收入农户和小微型企业，具有一定的社会属性。信贷投放额度小且分散，这就决定了其服务具有高成本、高风险、低收益特点，但政府并没有给农村小型金融组织做出合理补偿，在财政补贴、呆账核销、税收优惠等方面也没有给予较多的政策倾斜。

这些问题的存在使得农村小型金融组织内部控制基础薄弱，实施内部控制理难度加大，同时内部控制建设和内部制度执行要求更加迫切。

二　产权结构的不合理导致法人治理结构失衡

根据中国银监会 2007 年 1 月 22 日发布的《村镇银行管理暂行规定》，村镇银行是指经银监会依据有关法律、法规批准，由境内外金融机构、境内非金融机构企业法人、境内自然人出资，在农村地区设立的主要为当地农民、农业和农村经济发展提供金融服务的银行业金融机构。

在机构设立条件方面，《村镇银行管理暂行规定》明确要求发起人或出资人至少有一家银行业金融机构且必须是最大股东或唯一股东，最大银行业金融机构股东持股比例不能低于村镇银行股本总额的 20%，后来调整为 15%。单个自然人股东及关联方持股比例不得超过村镇银行股本总额的 10%，单一非银行金融机构或单一非金融机构企业法人及其关联方持股比例不得超过村镇银行股本总额的 10%。可见，银行业金融机构必须控股或者全资经营村镇银行。2007 年 3 月 1 日，全国首家村镇银行"四川仪陇县惠民村镇银行有限责任公司"正式开业经营。2007 年 12 月 13 日，国内首家外资村镇银行"湖北随州曾都汇丰村镇银行有限责任公司"正式开业。在一系列政策的支持下，村镇银行得到了较快发展。从各地发展情况来看，村镇银行的发起人或最大股东绝大多数是地方性中小商业银行，也有一些是农村信用合作社甚至外资银行。这种产权结构可保证村镇银行股东形式上的比例分散同时保持了事实上的股权相对集中，也使得村镇银行具有较强的专业性。股东形式上的比例分散以及事实上的股权相对集中的股东构成决定了村镇银行的法人治理不是一个平衡的结构，居于强势地位的最大股东银行金融机构的控制与影响是其他分散的弱势股东难以抗拒的，控股银行的资本力量、管理方式、风险控制、人员管理、社会信誉和企业文化等都对村镇银行发挥着巨大影响作用。所以，在实际经营过程中村镇银行名义上是独立的一级法人机构，但实质上更像是控股银行的一个分支行。

按照《关于小额贷款公司试点指导意见》要求，小额贷款公司股东需要符合法定人数规定。有限责任公司应由 50 个以下股东出资设立；股份有限公司应有 2—200 名发起人，其中须有半数以上的发起人在中国境内有住所。单一自然人、企业法人、其他社会组织及其关联方持有的股份，不得超过小额贷款公司注册资本总额的 10%。按照《公司法》的要求小额贷款公司应该设立股东大会、董事会和监事会三类机构。一些小额贷款公司按照要求设立公司设股东大会，选举产生董事会、监事会，董事会内设薪酬、审计、预算、执行等专门委员会，董事会聘任总经理、副总经理、财务负责人及董事会秘书，具备较为规范的公司治理结构。但基于节省经营成本的需要，大多数小额贷款公司只设立董事会，而没有设立股东大会和监事会。根据调查分析，小额贷款公司董事会人数规模普遍较小，董事会平均有 1.54 人，最多也只有 11 人。而且公司管理层和第一大股东的平均持股比例比较多，一股独大现象严重。因此，小额贷款公司的内部治理缺乏有效的制衡机制，特别是缺乏监督机制，容易引发内部人控制问题。

根据《农村资金互助社管理暂行规定》（银监发〔2007〕7 号），农村资金互助社是指经银行业监督管理机构批准，由乡（镇）、行政村农民和农村小企业自愿入股组成。农村资金互助社社员参加社员大会，享有一票基本表决权；出资额较大的社员按照章程规定，可以享有附加表决权。该社的附加表决权总票数，不得超过该社社员基本表决权总票数的20%。这种分散化的产权结构导致了社员股东中没有人有绝对的发言权和控制权，股东的主人翁观念淡薄。

　　农村资金互助社大多是由地方政府积极推动下建立起来的，资金互助社规模小，为了节省成本考虑，许多农村资金互助社在组织机构设立上并没有将成员大会、理事会和监事会三类机构设全，既使设立三类机构也被村干部实质性操纵和控制。农村资金互助社的社员自治能力不高，缺乏充分运用自己的权利对其实施民主管理和监督的积极性和主动性，众多社员对权利的运用流于形式。因此，农村资金互助社的内部治理缺乏有效的制衡机制，管理上缺乏民主性，运作上缺乏公开性，农村互助社还不能实现"民有"和"民管"状态。

三　制度文化缺失使得内部控制环境基础薄弱

　　企业文化是企业的经营理念、经营制度以及依存于企业而存在的共同价值观念的组合。在良好的企业文化基础上所建立的内部控制制度，必然会成为员工们的行为规范。制度文化是企业文化的骨架，保证企业文化价值理念达成和经营目标的实现。制度文化体现为员工对企业内部控制制度建立和完善统一行为标准产生强烈的认同感，在长期遵守和执行内部控制制度过程中达成价值观的共识。企业内部控制制度的执行需要企业提供文化氛围和实施环境。另外，在内部控制制度实行过程中不断丰富企业文化的内涵。农村小型金融组织由于经营时间不长，农村小型金融组织的制度文化还未真正形成，许多管理者并未真正理解和掌握农村小型金融组织内部控制的内涵，只是简单地把内部控制理解为一般的规章制度和执行的组合体，理解为国家法律规章制度的实施细则和具体化，在制度建设方面形式上或书面上的多，对"合规经营"的传统"硬控制"强调多，而对员工道德观念、企业价值观、制度文化、行为文化等属于内控范畴的"软控制"重视度不够，广大员工尚未形成对组织内部控制制度建立和完善统一行为标准的认同感，农村小型金融组织缺少内部控制的经验积累和制度文化沉淀。在缺乏制度文化氛围和实施环境的情况下，管理者会更注重任期内经营规模扩张和业务发展而忽略内部控制长期制度建立，更注重短期经营成果而忽视实质性违规和内部控制问题的存在。在内部控制制度执行过程中，员工会产生歧义或误解进而影响到内部控制制度的执行力。在这种情况下，价值取向和行为选择上以制度为主进行内部控制的内在动力丧失，内部控制制度建设和有效运转无从谈起。

四　人员业务素质不高、文化水平偏低影响内部控制的实施

人是控制环境中一个最为活跃的控制因素，公司中执行内部控制的主体是员工，高素质的人员力量能够有效地促进内部控制在企业中顺利实施，并保证其实施的质量。但是农村小型金融组织不同于商业银行，人员的素质不高，文化水平相对较低。

村镇银行人员一般由两部分组成，一部分是发起行派去的金融从业人员，人数较少，充当主要管理者，具有金融专业知识和从业经验，但不一定了解农村金融环境和业务；另一部分是在当地招聘的工作人员并且大部分是应届毕业生。由于村镇银行大多设立在经济相对比较落后的区县，机构规模小，很难招聘到优秀的专业人才。这就导致村镇银行从业人员整体素质偏低，经验不足，效率低下，极容易产生对内部控制制度的认识偏差和执行不到位的状况。从调查结果来看，小额贷款公司一部分人员是从大股东企业转过来的，缺乏金融知识和从业经验。另一部分人员从社会上招聘，其中具有银行工作经验的人员比例为16.2%，金融专业人员比例为12.05%，人员构成中具备从业经验或金融专业知识的人员较少，从业人员整体金融知识水平和业务操作能力偏低。目前，农村资金互助社工作人员基本上是从农户直接转型过来，只经过了简单的岗位培训，工作人员普遍文化水平低、业务能力不强和金融知识欠缺。由于机构小，收入低，不可能吸引到专业人才。因此，农村资金互助社管理人员大多是农户兼职，缺乏既能胜任工作又甘愿无私奉献的专业管理人才。在这种情况下，内部控制的各项规章制度能否严格执行、操作风险能否规避等问题不可避免地凸显出来。而这些问题的解决与否制约着农村资金互助社内部控制机制的完善，影响到农村资金互助社的进一步发展。

员工培训和继续教育是提高员工素质最重要的方式，但农村小型金融组织由于员工少、费用有限以及缺少培训设施，对员工的培训支持力度不够。农村小型金融组织能给予员工参加继续教育的机会不多，有机会培训也是内容单调、形式单一的岗位适应性培训，内部控制和专业培训等少之又少。在内部控制的实施过程中，人员素质偏低导致员工理解力差、执行

力差、操作风险高等。这也意味着内部环境基础差，实施内部控制难度大。

第四节　完善农村小型金融组织内部控制对策

内部控制是一种完整的体系，同时也是一个动态的过程，处于不断地调整和完善之中。内部控制是农村小型金融组织稳健经营的必要条件，但也是其普遍存在的薄弱环节，内部控制体系的建立、运行、维护和改进是农村小型金融组织工作中的重点和难点之一。农村小型金融组织具有的双重目标以及组织特点决定了其内部控制的差异性，在上述分析的基础上，借鉴中国农村大中型金融机构内部控制建设的经验，提出对完善农村小型金融组织内部控制的几点对策建议。

一　优化内部控制环境

（一）完善法人治理结构

合理的公司治理结构能够发挥其固有的相互监督、相互制约、相互牵制的功能。应当着力建立健全公司治理结构，不断强化内部控制，提升可持续发展能力。

1. 优化产权结构

大部分村镇银行、小额贷款公司往往由个别股东控股，股权过于集中，一股独大现象突出，这种产权结构容易产生"内部人控制"，不利于农村小型金融组织改善内部治理结构。因此，应改变农村小型金融组织设立的股权结构限制，修改村镇银行组建过程中发起人的资格限制，放松股权结构中金融机构绝对控股的要求和民间资本在村镇银行股权结构中最高比例限制。小额贷款公司应该建立适当分散的股权结构，不断优化产权结构。

2. 健全内部治理架构

在优化产权结构的同时，农村小型金融组织应通过完善治理结构来形成有效相互制衡机制。对于规模较大的、业务量大的农村小型金融组织应建立名副其实的董事会、监事会和股东会，要限制高级管理人员兼任董事会人数，选择责任心强、业务水平高、能坚持原则的人担任独立董事。明确细化董事会、监事会和管理层的职责、运行程序和议事规则，充分发挥董事会、监事会的作用。完善决策流程，提高决策透明度和质量。对于规模小、业务量小的小额贷款公司和农村资金互助社应重点完善公司组织架构，尤其要建立责权明晰的财务、风险和稽核审计等部门。

（二）积极培育企业文化

制度是由人来制定并最终由人来执行的，因而内部控制建立的成败最终是由人来决定的，经营理念、经营制度以及依存于企业而存在的共同价值观念所构成的企业文化约束和规范着员工的行为。因此，农村小型金融组织要有意识地推动和培育自己的企业文化，使企业文化能够为其发展提供强大的助力。一是在经营过程中构建自己的企业精神文化，形成企业经营哲学、道德观念以及企业价值观等，为企业的各种活动提供指导思想。二是建立企业制度文化。根据各自企业状况有针对性地进行制度构建和创新，包括企业法规、企业经营制度和企业管理制度等。三是培养企业行为文化。在企业的经营中培养员工爱岗敬业、诚实守信、廉洁自律、忠于职守、刻苦钻研、勤勉尽责的行为规范。建立良好的企业文化氛围，激发员工的责任感和创造力，使内部控制制度更加合理。另外，通过道德约束、制度约束和行为规范，增强员工遵守内部控制制度的自觉性。

（三）加强员工的培训，提高人员素质

建立员工定期培训制度，以提高综合素质、更新观念、改善知识结构为重点，突出服务培训、技术培训和业务培训三结合的培训。要按照重点核心岗位优先原则，优先对重点岗位人员进行培训，增强他们处理复杂问题、开拓创新、综合竞争能力。注意从实际出发，不同层次培训采用不同的培训方式。调整优化员工结构，吸纳优秀的财经类应届高校毕业生进入团队，这是人才最基本的来源，也是农村小型金融组织发展的后续力量。同时也可以从社会上吸纳具有管理经验的人才，这是加强农村小型金融组织内部控制、提升自身形象的途径之一。

二　建立健全的风险管理体系

农村小型金融组织应尽快建立起完整、科学的风险管理体系，提高风险评估能力。第一，建立风险规避机制。一方面，尽快将农村小型金融组织都纳入人民银行的征信系统，与其他农村金融组织建立信用信息共享机制，另一方面，农村小型金融组织应与当地政府和社会组织一起加快推动信用村、信用户建设活动。加强与村委会和社区委员会的联系，建立起与客户沟通的纽带，因为这些组织都对客户更加了解。建立客户信贷征信系统，对每个辖区的客户设立个人信用档案，加强业务人员的风险控制和识别能力，并应用网络实现联网，如有类似案例可以进行信用类比。第二，完善风险预警机制。在辖区金融协会的统一协调下与其他农村金融机构一起建立一个系统性的风险评估指标体系，风险分析和评估除了定性分析以外，还应引进相应评估模型（违约概率模型、基于风险量化的信用评分模型）的支持，对农户和企业经营能力和项目效益进行评估及前景预测。第三，健全风险保障机制。为了有效地控制贷款风险，创新多元化的担保与抵押方式，除了继续完善小组联保制度之外，还要探索与新型农村经济组织和经营模式相适应的信用担保制度，如以"企业+协会+农户""企业+农户"的贷款模式设计出龙头企业、专业协会为专业户、种养大户提供担保或损失分担等多种形式的信用制度，以便于拓宽信用担保制度形式。第四，农村小型金融组织要严格授权分责管理，严格实行资产负债比例管理，提升管理制度和评估方法。

三　建立良好的控制活动

控制活动是农村小型金融组织内部控制体系的核心和关键，是指有助于确保管理层指令得以执行的一系列政策及相关实施程序，它贯穿于农村小型金融组织的所有层级和各个部门。

（一）落实岗位设计，明确职责

根据不相容职务分离控制要求，农村小型金融组织对信贷业务活动的调查、审核、经办岗位要按规定应当尽可能做到相互独立，如果不能做到完全分离，也必须通过其他适当的控制程序来弥补。制定规范的岗位责任制度、严格的操作程序和合理的工作标准，并按照不同的岗位，明确工作任务，赋予各岗位相应的责权和职权，形成职能分离，相互制约，稳健高效的业务运作关系，以控制业务流程中的风险。

（二）细化操作流程，规范经营行为

针对业务发展和操作流程的变化，及时梳理相关规章制度，建立、补充、修订和完善各类规章制度和办法，要确保规章制度能覆盖各项业务控制的关键风险点。切实规范业务流程，要细分业务操作过程中的风险点，按业务品种研究制定标准的操作流程，把规章制度、风险防范措施纳入每个操作岗位中，让每位员工都能明确自身岗位职责和内部控制要点，形成

统一、标准、完善的岗位操作手册，全面提升农村小型金融组织内部控制管理的规范化、流程化、标准化水平。

（三）建立健全考核处罚制度，提高内部控制水平

充实完善并建立健全考核处罚制度，强调执行制度的严肃性。将各职能部门内部控制状况作为重要的考核内容，督促职能部门主管狠抓内部建设，将内部制度落实到每个岗位、每个环节、每项操作中、每段任务上。

四　建立有效的内部控制信息系统

农村小型金融组织应尽快建立健全组织内部控制信息系统，保障农村小型金融组织实施内部控制的信息需求。首先，加快内部控制信息系统的建设步伐。信息系统的建设是需要巨大投入，这就需要农村小型金融组织长期持久的建设。信息系统的建设必须是要能够涵盖农村小型金融组织全部业务活动的领域。其次，要充分利用现代化的信息处理和通信技术，建立灵敏的信息收集、加工、反馈系统，建立完整的信息反馈制度。信息收集主要是建立全员收集信息制度，要求各业务人员发现问题第一时间及时向相关信息部门上报，确保有关人员知晓必要的业务信息。最后，农村小型金融组织要充分利用在基层，贴近群众的优势，在做好细致信贷调查的基础上建立农户个人、联保小组资信信息库，信息库里记录下农户家庭状况、社会关系、生产经营活动、借贷款情况等信息，同时也要收集隐藏于社会经济活动中各个方面的"软信息"。

五　完善内部稽核审计体系

（一）加强对内部稽核审计的建设

加大内部稽核审计资源能力投入力度。没有设置专门稽核审计部门的农村小型金融组织要尽快设立，稽核审计工作不能由与业务相关的部门来兼任。一些设有专门稽核审计部门的农村小型金融组织，要加强稽核审计力量，拓宽多种渠道，选拔素质高、能力强、思想过硬、熟知财经与法律知识的人，以加强稽核审计部门工作能力，并对稽核审计人员进行业务培训和提升，提高稽核审计人员整体业务素质。

（二）提升稽核部门的独立地位

应该进一步健全完善内部审计工作垂直领导机制，构建独立、专职的

内审部门，直接对董事会（理事会）负责。必须把稽核部门的权威性树立起来，使其权益受到保护，稽核人员不与其他部门产生任何经济利益纠葛，其所有费用都单独核算，大胆行使内部稽核的权力。同时还可以充分利用外部审计手段和审计成果，不断提高内部审计的效率和工作质量。

（三）改进审计方法，提高审计效率

为保证审计结果的准确性和正确性，在优化传统审计方法的同时借鉴先进的审计方法，如非现场监管和现场审计相结合的方法，对审计方法进行革新，提高审计的效率与质量。将传统的审计业务转向全方位、多角度的审核，并构建一个完善的审计体系。加强内部审计强度，提高稽核审计频率，制定以风险为导向的审计规划、重点和方案。

村镇银行、小额贷款公司以及农村资金互助社是中国农村小型金融组织的"主力军"，其内部控制具有兼顾农户的覆盖面和组织的可持续性发展双重经营目标，在信贷运作机制中面临着抵押替代机制、贷款定价机制和偿还激励机制重新设计，完善的内部法人治理机制，其主要体现在产权结构和内部治理架构两个方面，除了政府部门发展政策以及监督当局的监管法规等制度环境之外，农村小型金融组织内在地与本土文化契合度较高。

中国农村小型金融组织在监管部门各种规章制度的规范和引导下，建立了股东（社员）大会、董事会（理事会）和监事会等机构，在一定意义上形成相对完备的内部法人治理结构。在大股东或政府部门的指导下，引入或沿用控股股东原有的内部控制制度，建立起自己的内部控制制度。借鉴国际小额信贷发展经验的基础上，植入本土文化中社会资本创新出来小组联保、动态激励贷款等模式，一定程度上克服了信息不对称和抵押担保缺失问题。但由于农村小型金融组织所具有的特殊股权结构以及经营的双重目标，再加上环境条件和人员素质制约，农村小型金融组织的内部控制一直面临挑战。内部控制成败的关键除了具备完善的内部控制制度之外，还需要有效地实施内部控制制度，这方面中国农村小型金融组织还有很长的路要走。

第十章

农村小组联保制度激励与
约束的理论与经验分析

　　小组联保制度最早起源于孟加拉国格莱珉银行（GB），是指缺乏抵押担保的多个小额贷款需求的社区居民，在自愿的基础上组成联保小组，共同向金融机构申请贷款，并由联保小组成员相互承担连带保证责任的一种联保互助制度。作为微型金融制度创新，它对促进微型金融的发展起着至关重要的作用。从理论上讲，农村小型金融组织信用制度核心之一小组联保可以形成对贷款人的有效约束，规避逆向选择和道德风险，从而降低小型金融组织的信用风险，促进农村小型金融组织有效扩展金融服务。但从中国农村小型金融组织的实际运行过程来看，其小组联保制度的实施并未达到预期效果，出现诸如小组成员之间的风险推诿和集体违约，由之制约农村小型金融组织开展小额信贷业务的积极性和主动性，农村小型金融组织或采取传统的信用保证方式，或偏离服务对象，以规避可能出现的风险，彰显出在一些国家、地区广为流行且行之有效的小组联保信用制度在中国出现消化不良症状。分析中国实施小组联保制度的实践，可以发现其潜在缺陷是小组成员努力工作的激励不足以及横向监督约束缺失，从而导致农村小组联保制度有效性的下降。通过对小组联保制度激励与约束机制的理论刻画以及对中国农村小组联保制度的经验分析，将有助于揭示农村小组联保制度失效的多重因素并寻求改进措施，以促进中国农村微型金融的发展。

第一节　信用联保制度的相关研究

　　自小额贷款产生以来，国外学者就开始对其赖以生存和发展的信用联保制度的运行机制和实践进行了深入的研究。施蒂格利茨和和瓦里安（Stiglitz and Varian，1990）从信息经济学的角度最早研究了联保制度的互相监督机制，认为联保制度具有监督对方行为并缓解道德风险的经济学意义。加塔克（Ghatak，1999）、艾金（Aghion，2000）、康宁（Conning，1999）、坦塞尔（Tassel，2004）从博弈论的角度也进行了理论模型分析，认为这种制度的共同责任设计能够利用村民相互了解，自动匹配组成联保小组，缓解农村金融机构对借款人信息不充分状况，解决逆向选择、道德风险、高监督成本、控制约束等阻碍低收入人群贷款的基本问题。加塔克和吉南（Ghatak and Guinnane，1999）将监督成本和社会制裁引入他们的分析并得出结论，如果社会制裁力度足够大或者横向监督成本足够小，联保责任制度是有效的。贝斯利和科特（Besley and Coate，1995）、阿门达里兹（Armendariz de Aghio，2000）建立了偿还动态博弈来分析联保制度中借款人事后的道德风险问题，他们认为，社会制裁是对策略违约者的惩罚机制，横向监督引发的社会制裁可以降低借款人的事后道德风险，降低借款人策略违约的可能性，从而提高借款者的期望收益，进而提高还款率。维迪克（Wydick，1999）和赫密斯（Hermes，2003；2005）经验研究证实，内部监督机制的引入的确有助于解决借款人的道德风险问题。卡兰（Karlan，2005）从虚拟资本理论的角度对联保制度进行了理论分析，认为共享的规范、成员间所建立起来的网络关系以及其他认识型和结构型社会资本的成功运作是小额信贷取得成功的关键。乔杜里（Chowdhury，2005）、阿尼凯特（Aniket，2007）、卡森、冈加达兰和迈特拉（Cason，angadharan and Maitra，2008）、奥库拉和张伟（Okura and Zhang Wei，2010）的"次序贷款"模型也对具有成本的横向监督和社会制裁联保制度进行了分析。

　　中国自引入农户联保贷款制度后，国内学者也对小组联保制度进行了研究。赵岩青、何广文（2007）考察了联保贷款的有效性，研究表明：联保小组的形成、借贷双方重复博弈机制的形成、信用社对于风险的甄别与控制、法律能否有效发挥惩罚作用等前提条件在当前农村金融市场中未得到满足，加之农业经营本身就存在较大风险，这些因素导致农户联保贷款难以发挥应有的作用。江能、邹平等（2008）通过构建联保贷款与传统贷款还款模型，对联保贷款与传统贷款还款率进行比较分析研究发现，联保机制对提高贷款还款率既有优点也有缺陷。当社会惩罚有效时，联保小组成员之间的互助合作有利于提高贷款还款率；否则，联保贷款内生的责任推诿机制对借款人还款行为存在负激励。江能等（2009）认为，应通过加强联保贷款客户筛选工作、增强违约威慑的可置信度等措施来降低联保贷款的违约风险。张婷（2009）提出，设计不同利率和贷款额度的合同菜单使借款人进行风险自我披露，为农户联保贷款可持续发展提供保障。杨峰（2011）认为，中国农户联保贷款的运行不理想原因在于制度缺陷，主要体现为：自动匹配机制效果有限、联保小组内部责权易流于形式、信用约束的有效性不高、小组成员合谋欺骗导致联保无效等。张正平等（2012）构建了一个研究中国农户联保贷款制度的演化博弈分析框架，从农户加入联保贷款小组和偿还贷款的角度分析了影响其发展的基本因素。吴敬（2012）利用显示性原理的机制设计理论，探讨了由于农户的有限理性导致的联保贷款中的合谋问题，在一定程度上解释了中国2002—2005 年联保贷款产生大面积不良的原因。在此基础上，给出了解决该问题的机制设计。国内文献多数集中于对小组联保制度的发展状况、实施成效和存在问题进行分析，也有一些文献从理论层面分析其发展机制，但对于中国农村小组联保制度的激励约束机制还缺乏理论上的深入研究。本章将在借鉴张伟（2008）理论框架的基础上，通过引入制度设计理论，分析联保小组成员合作行为形成和维持的基本条件，以一般均衡理论为工具分析影响小组联保制度的激励与约束因素，并对中国农村联保小组成员合作的均衡条件以及激励与约束进行剖析。

第二节　小组联保制度激励约束的理论分析

一　模型的建立

在小组联保制度下，小组成员之间彼此仍旧存在信息不对称的局面。小组成员虽然能够对其他成员进行调查了解并获知他们的风险状况，但却无法肯定是否掌握其他成员的真实情况，而对其贷款后是否能够还款、联保小组能否长期保持并不清楚。在不全信息的情况下，小组成员的目标都是追求自身效益最大化。

假设联保小组都是由关系紧密的农村社区居民组成，他们之间应非常了解对方的品德和行为习惯，但他们之间所拥有彼此的信息并不完全。假设小组成员获得贷款数量均为单位 1，利率为 R，连带责任偿付是 A，即投资成功的借款人必须为投资失败的同组成员偿还的债务部分，连带责任偿付的水平 A 由放贷银行决定。θ ∈ [0, 1] 是联保小组成员的连带责任比例，那么连带责任偿付 A=θR。

为了分析的方便，我们不妨假设联保小组只有两个成员 i 和 j。当银行确定了贷款利率 R 后，小组成员 i 将选择合作工作努力水平 p_i ∈ (0, 1) 来最大化其预期收益。工作努力水平越高，投资成功的概率也就越高以及还款的概率也越高，在这里小组成员不存在投资成功后不还款的赖账行为。因此可以设定投资成功和还款的概率均为 p_i，并且有 $p_i > 0$。在每一期投资期末，小组成员的投资收益是概率 p_i 下的 Y（$Y > 0$）或者是概率（$1-p_i$）下的零收益。工作付出努力会引致相关成本，用 $C = \alpha p_i^2 / 2$ 表示工作努力的负效应成本，α 是固定的成本因子，它衡量的是小组成员实施投资时工作努力的边际成本，一般有 $Y < \alpha$。小组成员之间相互监督以确保对方按照协商决定的工作努力水平行事，目的在于降低为对方偿还贷款的概率，并且监督失败一方及时偿还贷款。假设小组成员 i 选择的监督强度 m ∈ [0, 1]，那么他观察到小组其他成员真实行为的概率为 m_i，而他接受到完全无信息信号的概率为 $1-m_i$。

如果观察到对方的工作努力水平偏离了协商决定的工作努力水平，或者对方失败而没有偿还贷款时，那么小组成员 i 将其施加非货币的社区压力或社会制裁 $W > 0$，迫使其回到合作的工作努力水平或偿还贷款。而监督其他成员努力工作或偿还贷款是需要花费成本的，我们假设监督成本是二次方程 $C = \beta m^2 / 2$，$\beta > 0$ 是固定的成本因子。在第一期投资结束后，若小组成员中有一个成员成功，另一个成员失败，则成功的小组成员需要偿还的债务为 R+A。如果小组债务完全被偿还，银行将会再次贷给小组，即小组成员再次获得贷款的概率为 1；如果小组债务没有被完全偿还，那么小组成员再次获得贷款的概率是 λ ∈ (0, 1)。那么小组成员 i 的预期收益为：

$$E_i = p_i p_j (Y-R) + p_i (1-p_j)(Y-R-A) + [1-(1-p_i)(1-p_j)]V +$$

$$[(1-p_i)(1-p_j)]\lambda V - (1-p_i)m_j W + (1-p_j)m_i \eta W - \frac{\beta m_i^2}{2} - \frac{\alpha p_i^2}{2}$$

$$= p_i[Y-R-(1-p_j)A] + [1-(1-p_i)(1-p_j)]V + [(1-p_i)$$

$$(1-p_j)]\lambda V - (1-p_i)m_j W + (1-p_j)m_i \eta W - \frac{\beta m_i^2}{2} - \frac{\alpha p_i^2}{2}$$

$$(10.1)$$

其中，$p_i p_j$（Y-R）表示 i 和 j 的投资都成功时，i 第一期的预期收益；p_i(1-p_j)（Y-R-A）表示 i 的投资成功，j 的投资失败时，i 第一期的预期收益；[1-(1-p_i)(1-p_j)] 表示 i 和 j 至少有一个人投资成功的概率，V 表示 i 第二期的预期收益的贴现值；[(1-p_i)(1-p_j)]λV 表示 i 和 j 两个人投资都失败后，i 第二期的预期收益；(1-p_i)m_jW 表示 i 偷懒或赖账行为被 j 发现后，i 将受到 j 施加的社会制裁 W；(1-p_j)m_iW 表示 i 发现 j 偷懒和赖账行为后，i 对 j 施加的社会制裁 W；(1-p_j)$m_i\eta$W 表示 i 发现 j 偷懒或赖账行为后，i 从 j 处得到的非货币补偿——"劳动或农业生产工具的提供等"（Ghatak，2000），(1-p_j)$m_i\eta$W 是 (1-p_j)m_iW 中的一部分，$\eta \in$（0，1）。

由式（10.1）可见，每一个联保小组成员的预期收益是连带责任、停贷威胁、横向监督及横向监督成本、社会制裁的函数，小组成员在合作的博弈过程中最大化其预期收益。透过此理论模型可以发现，小组成员工作努力水平和横向监督水平的决定因素，横向监督和社会制裁克服事前道德风险的激励作用以及横向监督成本条件是如何影响小组成员经济收益，同时还可以分析出联保小组成员合作博弈的经济效率优势得以保持的条件。

二　联保小组成员努力水平的激励因素

一个理性的小组成员会选择一个能使得自己预期收益最大化的工作努力水平，利益的追逐使得小组成员 i 和 j 之间的每一个可能的双边行为中面临着合作和不合作两种行为策略选择。在小组成员利益完全一致的重复协调博弈中，合作行为可以自发形成而且可以自我维持。但事实上，小组成员的利益并非完全一致，小组成员的人际交往动机各异，特别是在信用交往中更具有冲突的利益关系。在这种情况下，合作行为得以形成和维持需要四个基本条件即博弈无限重复、行为规则成为共同信念、行为规则内部化以及与已有规则相适应。小组联保制度通过小组中心会议制度、成员资格等有效的声誉保证机制可以弱化博弈无限次重复的要求；在连带责任制的要求下，合作行为规范会成为小组成员们遵守的共同信念；小组联保制度是通过自愿参加原则和违约惩罚机制来满足内部化的条件要求；有效地利用"熟人社会"的民间规则、习惯、道德、伦理和宗族等社会资源，小组联保可以降低行动成本来适应于已有的规则。正因为如此，小组联保制度的设计在理论上满足了合作行为形成和维持的基本条件，使得合作行为成为小组成员之间博弈的均衡策略。假设小组成员合作时博弈均衡的工作努力水平为 p*，由于形成均衡过程中小组成员 i 与 j 之间是对称的，那么两个小组成员选择的工作努力水平都为均衡水平即 $p_i = p_j = p^*$。否则，任何低于均衡工作水平的小组成员都将面临着另外小组成员的监督甚至惩罚，直至努力工作水平达到均衡水平 p*。此时，监督水平也达到一致的稳定均衡，即 $m_i = m_j = m^*$。在均衡的时候，联保小组成员的预期收益为：

$$E = p^* [Y - R - (1 - p^*)A] + [1 - (1 - p^*)2]V + [(1 - p^*)^2]\lambda V -$$

$$(1 - p^*)m^*W + (1 - p^*)m^*\eta W - \frac{\beta m^{*2}}{2} - \frac{\alpha p^{*2}}{2} \qquad (10.2)$$

为得出预期收益的最优化解，可令：

$$\frac{\partial E}{\partial p^*} = 0$$

从中可以得出均衡时预期收益最大化下的最优工作努力水平，即：

$$p^* = \frac{(Y - R - A) + 2(1 - \lambda)V + (1 - \eta)m^*W}{\alpha - 2A + 2(1 - \lambda)V} \qquad (10.3)$$

从式（10.3）可以得出以下结论：

（1）小组成员均衡工作水平 p* 与投资收益 Y 成正比。投资收益越高，小组成员努力工作的净收益越高，小组成员越是努力工作。

（2）小组成员均衡工作水平 p* 与利率 R 成反比。利率越高，小组成员努力工作的净收益越小，小组成员努力工作水平也越低。

（3）小组成员均衡工作水平 p* 与均衡时的监督强度 m* 成正比。监督强度越大，小组成员偷懒或违约被施加的社会制裁的概率也就越大，因而小组成员努力工作的水平也就越高。

（4）小组成员均衡工作水平 p* 与社会制裁 W 成正比。社会制裁越大，小组成员偷懒或违约被发现所付出的成本就越高，小组成员努力工作的水平也越高。

（5）由于 $p^* < 1$，可知 $Y - R + A - \alpha + (1 + \eta)m^*W < 0$，由此可知：

$$\frac{\partial p^*}{\partial V} = \frac{-2(1 - \lambda)[Y - R + A - \alpha + (1 - \eta)m^*W]}{[\alpha - 2A + 2(1 - \lambda)V]^2} > 0,$$

所以小组成员均衡工作水平 p* 与第二期获取的预期收益贴现值 V 成正比。V 代表了小组成员失去再次贷款的机会成本，机会成本越大，小组成员努力工作的水平越高。

（6）由于 $p^* = 1 + \dfrac{Y - R + A - \alpha + (1 - \eta)m^*W}{\alpha - 2A + 2(1 - \lambda)V}$，所以，

$-1 < \dfrac{Y - R + A - \alpha + (1 - \eta)m^*W}{\alpha - 2A + 2(1 - \lambda)V} < 0$，而 $Y - R + A - \alpha + (1 - \eta)m^*W < 0$，那么 $\alpha - 2A + 2(1 - \lambda)V > 0$

$$\frac{\partial p^*}{\partial A} = \frac{[\alpha - 2A + 2(1 - \lambda)V] + 2[Y - R + A - \alpha + (1 - \eta)m^*W]}{[\alpha - 2A + 2(1 - \lambda)V]^2}$$

$$(10.4)$$

在式（10.4）中，当 $p^* < \dfrac{1}{2}$ 时，$\dfrac{\partial p^*}{\partial A} < 0$；$p^* > \dfrac{1}{2}$ 时，$\dfrac{\partial p^*}{\partial A} > 0$

由此可见，在小组成员均衡工作水平较低阶段，均衡工作水平 p^* 与连带责任 A 成反比；而在均衡工作水平较高阶段，均衡工作水平 p^* 与连带责任 A 成正比。即连带责任对努力工作水平的提高只有在较高水平上才会有促进作用，而在较低水平上反而有消极作用。

（7）由于 $(Y - R - A) + 2(1 - \lambda)V + (1 - \eta)m^*W < \alpha - 2A + 2(1 - \lambda)V$，所以有，

$$\frac{\partial p^*}{\partial \lambda} = \frac{-2V[\alpha - 2A + 2(1 - \lambda)V] + 2V[(Y - R - A) + 2(1 - \lambda)V + (1 - \eta)m^*W]}{[\alpha - 2A + 2(1 - \lambda)V]^2} < 0$$

因而，小组成员均衡工作水平 p^* 与小组债务没有完全偿还时再次获得贷款的概率 λ 成反比。再次获得贷款的概率越小，也就是银行停止贷款的威胁程度越大，小组成员努力工作的水平越高。事实上，有效杜绝小组成员集体违约时再次获得贷款的机会为零，即 λ=0 是银行的最优选择。

（8）由于 $\alpha - 2A + 2(1 - \lambda)V > 0$，故此有：

$$\frac{\partial p^*}{\partial \eta} = \frac{-m^*W}{\alpha - 2A + 2(1 - \lambda)V} < 0 \qquad\qquad (10.5)$$

式（10.5）说明，小组成员均衡工作水平 p^* 与获得另一方的非货币补偿比例 η 成反比。小组成员从另一方获得的补偿越多，其努力工作的水平越低。可见，小组成员之间的共谋行为将导致小组成员们努力工作水平下降，形成共同偷懒或违约的局面。

通过上述结论可知，小组联保制度的设计在理论上满足合作行为形成和维持的基本条件，能使得合作行为成为小组成员之间博弈的均衡策略，两个小组成员工作水平最终都能达到均衡工作水平 p^*，但均衡工作水平的高低却决定于投资收益、利率、监督强度、社会制

裁、再次贷款的机会成本、连带责任、停止贷款威胁以及共谋行为等众多因素。

三 联保小组成员监督水平的约束因素

从式（10.3）中我们可以求出均衡时小组成员彼此最优监督强度为：

$$m^* = \frac{\alpha p^* - Y + R + (1-2p^*) A - 2(1-\lambda)(1-p^*) V}{(1-\eta) W} \qquad (10.6)$$

从式（10.6）可以得出以下结论：

（1）均衡时小组成员受到的监督强度 m^* 与投资收益 Y 成反比。投资收益越高，小组成员的净收益越高，自觉工作的积极性也就越高，需要的监督强度相应也就越小。

（2）均衡时小组成员受到的监督强度 m^* 与利率成正比。利率越高，小组成员获得的剩余收益也就越少，自觉工作的积极性也就越低，因而需要的监督强度相应也就越大。

（3）由于 $\frac{\partial m^*}{\partial A} = \frac{1-2p^*}{(1-\eta)W}$，当 $p^* > \frac{1}{2}$ 时，$\frac{\partial m^*}{\partial A} < 0$；当 $p^* < \frac{1}{2}$ 时，$\frac{\partial m^*}{\partial A} > 0$。

由此可知，均衡时监督强度 m^* 与连带责任在较高工作水平阶段成反比，在较低工作水平阶段成正比。

（4）均衡时小组成员受到的监督强度 m^* 与再次贷款的机会成本 V 成反比。原因在于失去再次贷款的机会成本越大，那么阻止偷懒行为所需要的监督强度也就越小。

（5）均衡时小组成员受到的监督强度 m^* 与小组债务没有完全偿还时再次获得贷款的概率 λ 成正比。再次获得贷款的概率越大，也就是银行停止贷款的威胁程度越小，小组成员偷懒也就越有可能，因此需要更强的监督。

（6）均衡时小组成员受到的监督强度 m^* 与社会制裁 W 成反比。社会制裁越大，小组成员偷懒或违约被发现所付出的成本就越高，小组成员偷懒或违约的动机下降，因而所需要的监督强度也就越小。

以上揭示出，小组联保制度的设计最终会使得博弈的小组成员在均衡时选择最优的彼此监督强度，但监督水平却受到了投资收益、利率、连带责任、再次贷款的机会成本、停贷威胁以及社会制裁等因素的约束。

第三节 中国农村小组联保制度的经验分析

为缓解农户融资难问题，在国家政策的引导和监管机构的推动下，农村信用合作社、中国农业银行等涉农金融机构自 2000 年开始为农户提供并发放农户联保贷款。随后，中国邮政储蓄银行、农村商业银行、村镇银行等金融机构也开始涉足联保贷款领域。农户联保贷款业务一度呈快速扩张态势，但随着业务活动所面临的主客观条件的变化，农户联保贷款自 2011 年开始呈现萎缩趋势。从课题组对经济发达地区农户联保贷款的调研情况来看，受农户联保贷款不良率较高影响，涉农金融机构正逐步收缩农户联保贷款业务，一些不良率极高的金融机构则自 2014 年通过核销后便停止农户联保贷款业务，转向依托农业龙头企业的 "公司+农户" 模式控制信贷风险。课题组对广东省 19 地市开展农户联保贷款的 52 家涉农金融机构调查显示，2011—2013 年农户联保贷款余额呈逐年下降态势。在这三年间，52 家涉农金融机构农户联保贷款发放户数分别为 4.56 万户、3.81 万户和 3.68 万户，贷款余额分别为 21.52 亿元、20.64 亿元、15.69 亿元，贷款余额连续两年下降幅度为 4.1% 和 23.96%。其中，农业银行和邮储行前期业务量较大，后期下降最为明显，2013 年下降幅度分别达到 68.76% 和 23.91%。调查显示，46.15%（24 家）的金融机构表示目前对农户联保贷款只收不贷，邮储银行、农业银行等主要投放机构的农户联保贷款不良率较高（见表 10-1）。调研中，农业银行清远分行更是反映，其农户联保贷款不良余额占农户小额不良贷款的比例高达 92.6%，农户联保贷款不良形势严峻。

表 10-1 2011—2013 年广东省 52 家涉农金融机构发放的农户联保贷款

机构	2011 年			2012 年			2013 年		
	户数（户）	余额（万元）	不良率（%）	户数（户）	余额（万元）	不良率（%）	户数（户）	余额（万元）	不良率（%）
中国邮政储蓄银行（11 家）	29688	142966.5	1.52	27856	142680	1.97	30971	108572	6.89
中国农业银行（9 家）	13004	47445.6	2.45	7115	23839	7.72	2665	7447.4	24.93
农村信用合作社（18 家）	1141	14610.25	1.28	1788	14146	2.81	1770	13870	2.51

机构	2011 年			2012 年			2013 年		
	户数（户）	余额（万元）	不良率（%）	户数（户）	余额（万元）	不良率（%）	户数（户）	余额（万元）	不良率（%）
农村商业银行（11 家）	1701	10116	5.48	999	22887	1.37	979	23358	1.12
村镇银行（3 家）	16	88	0	334	2840.5	1.4	447	3701	2.17
合计	45550	215226.35	1.89	38092	206392.5	2.62	36832	156948.4	6.39

资料来源：课题组调研获得。

虽然不良贷款产生的原因包括农户种养经营遭受严重的自然灾害等不可抗拒因素，但农户信用意识不强、违约传染效应也是造成不良率高的重要原因。被调查的涉农金融机构反映，在均有贷款情况下，一旦联保小组一个成员不能及时还款，即使其他成员及时还完自身贷款也会有不良信用记录，这就造成有还贷能力的其他成员也不愿还贷，形成了违约传染效应。67.31%（35 家）的金融机构认为，互相担保导致信贷风险向正常还款客户扩散是贷款质量变差的重要原因。如茂名高州 3 农户于 2011 年 10 月 12 日向茂名高州农行申请了农户小额联保贷款分别为 5 万元、5 万元、3 万元，其中 2 户无法偿还到期贷款，另一户虽然有还款能力，也拒绝还款，最终这 3 笔贷款都归为损失类贷款。

一　联保小组成员合作条件缺失

合作行为得以形成和维持的基本条件是博弈无限重复、行为规则成为共同信念、行为规则内部化以及与已有规则相适应。通过小组中心会议制度、成员资格等有效的声誉保证机制小组联保制度可以弱化博弈无限次重复的要求。在连带责任制的要求下，合作行为规范会成为小组成员们遵守的共同信念。通过自愿参加原则和违约惩罚机制小组联保制度满足内部化的条件要求，有效地利用"熟人社会"的民间规则、习惯、道德、伦理和宗族等社会资源小组联保制度可以降低行动成本来适应已有的规则。因此，小组联保制度可以满足博弈的均衡条件，在理论上联保小组成员之间经过博弈最终会形成合作均衡。然而，中国农村联保小组制度在实践中，联保小组成员之间合作行为得以形成和维持的条件缺失，小组成员之间相互监督制衡的博弈均衡难以达到。

（一）联保小组短期化，小组成员之间关系不稳定性

中国农村联保小组构建流于形式，只注重联保小组成员数量，不注重成员信用条件。经济行为主体在自发形成组织时，小组成员间既没有可资证明的保证契约关系，也没有责任约束和权益维护的章程，仅靠道义和信任维系的关系随时可以解散。在实践中许多联保小组是发放贷款的金融组织或村干部撮合而成，调研中发现，57.3%的农户是村干部指定参加联保小组，超过一半的农户被指定联保小组。农户加入联保小组更多是通过与牵头方联系增加融资便利，而且大部分农户贷款的借款期限在1年及1年期以内，这种借款期限的短期化导致小组成员借贷行为的短期化，在小组债务完全偿还完毕后联保小组也就随之解散，小组联保制度缺乏长期稳定的组织结构。一些联保小组几乎很少定期开会见面了解合作伙伴的情况，成员能真正集中在一起也就是在与金融组织签订贷款合同时。之后，贷款如何使用、用到哪里，成员之间也很少过问。中心会议制度基本没有得到执行，小组中心名存实亡，小组成员之间关系不稳定，使得农户小组联保信用制度的声誉保障机制失去作用，无法有效进行相互监督。

（二）守信意识并未成为联保小组的共同信念

小组成员没有共同的守信意识，也就无法形成联保小组良好的守信道德规范。中国农村联保小组成员之间只是简单规定了连带责任的承担，很多农户由于缺乏守信意识和相关的法律知识，并不能从实质上理解连带责任的性质，守信的认知内容和协调内容并未成为小组成员的共同信念，真正让其承担连带还款义务是非常困难的。联保小组成员贷款不能按期偿还时，其他成员不愿代为清偿。在广东农业银行茂名分行调查发现，高州3农户于2011年10月12日向高州农行申请了5万元、5万元、3万元的农户小额联保贷款，其中2户无法偿还到期贷款，另一户虽然有还款能力，但该户农户拒绝还款，也不承担其他两户的担保责任，导致该3笔农户小额联保贷款演变为损失类贷款。

（三）违约惩罚机制还未形成

中国小组联保制度内部化条件还未实现，联保小组成员资格的贬值降低了违约者的道德成本。一些联保小组由于构成的强制性以及其存续的短期性，参加联保小组的农户对维持小组成员资格并不看重，个别农户因为违约被取消联保小组成员资格持无所谓态度。由于我国缺乏规范个人征信

信息采集、使用及个人破产等方面的法律，联保小组成员蓄意违约，金融组织能否向法院起诉强制个人破产还贷，信用评级机构向银行提供虚假信息，给金融组织造成损失如何赔偿等都没有明确的法律规范。从广东农业银行清远分行反映的实例看，部分农户因种养业失败外出打工谋生，擅自变更联系方式，银行信贷员通过各种方式都无法联系到贷款者本人。如联保贷款农户蒋某某，银行信贷员上门催收，借款人已离家外出打工且手机联系中断，而担保人也从原工作单位离职，导致银行无法联系到该担保人。针对此类情况，银行信贷员在春节期间专门上门催收，但蒋某某选择春节不回家以躲避银行，类似情况使得银行追收欠款难度加大。不得已，许多银行对农户联保贷款中的不良贷款，先是催收，催收无效之后，最终通过银行核销的方式进行剥离。因此，缺乏科学的失信者法律惩罚机制，在现行的法律法规下联保小组成员违约，也难以追究其责任。还有一些联保小组由同一个家族成员或亲戚之间构成，即使出现违约现象，也不会使违约人在居住地区难以立足，达不到震慑作用。

（四）未能有效地利用社会资本

农村熟人社会形成的信息和信用约束机制能够保障联保小组信用安全，但现实中小组联保还未能有效地利用"熟人社会"的民间规则、习惯、道德、伦理和宗族等社会资本。一些小组成员来自不熟悉的村落，失去了这种"熟人社会"的压力，其还款的动力也随之降低。根据农户联保贷款管理办法，"联保小组人数为3—4人时，小组成员之间不能有直系亲属关系存在，如亲兄弟姐妹、父子、夫妻关系等；小组人数为5人时，最多允许两个组员之间存在直系亲属关系，且这两个组员不处于同一家庭，经济须独立"。由于组建联保小组不易，小组联保贷款中的机会主义行为屡禁不止。为满足农户联保的条件，一些农村基层干部利用自己的地位和信誉以及一定的经济利益为报酬鼓动一些农户组成联保小组，以这些人的名义贷款然后转给村集体使用，也就是"户贷村用"。另一些不符合条件的企业和个体工商户也经常利用自己在农村的一些亲友，用同样的手段套骗联保贷款。在农村金融组织的撮合下，一些急需贷款的农户为了尽快获得贷款拼凑在一起组成联保小组。如此农户虽彼此之间较为熟悉，但并非是真正的"知根知底"。由于一个联保小组的农户来自几个不同的社区，相互间更难以做到"抬头不见低头见"。失去了"熟人社会"中的社会资本约束，在巨额的连带偿还数额面前，小组成员已经没有面子问题，相互观望，互不信任，其他人不偿还自己也不愿意还，或者只肯偿还自己的借款，而不可能督促和帮助其他成员履行偿还合同。从实际调研的情况来看，相比起传统的农户联保贷款模式，农村金融组织更愿意通过引入"农民专业合作社""农业龙头企业"等农村中介组织，通过发挥农民专业合作社社员间、农民专业合作社与农户社员间、农业龙头企业与农户间相互熟识的优势，控制信用风险，发放小额贷款。

可见，中国虽然建立起农村小组联保制度的正式制度形式，但其所蕴含着的联保小组成员博弈的均衡条件即非正式制度却并未积累形成，其结果是联保小组内成员的非合作行为如欺骗、偷懒和违约等不绝于耳，小组联保制度在中国许多农村金融市场中流于形式，这已影响到农村小型金融组织开展小额信贷业务的积极性和主动性。

二　制度缺陷导致联保小组成员激励与约束失效

农村小型金融组织的小组联保贷款运行并未达到预期效果，小组联保制度对小组成员的激励约束失效，失信违约问题时有发生发生，重要原因也在于制度缺陷。

（一）自动匹配机制效果有限

小组成员工作水平越高，其成功的概率也越大，这时候连带责任会促使其以更高的工作水平，确保项目的成功；小组成员工作水平越低，其成功的概率也越小，这时候连带责任的增加会加重其负担，工作的动力反而下降。因此，连带责任的激励约束效应是强者越强，弱者越弱。中国农村居民的经济水平和经营能力分化严重，从事多种经营或规模化种植和养殖业户以及农村小型工商企业主毕竟是少数，大多数还是从事小规模、家庭式的种植和养殖业户。农村居民普遍存在联强不联弱的心理，经济比较富裕且经营能力相对较强的农村居民相互之间比较信任，容易自愿组建联保小组，而没有一定的共同经济利益关系的农村居民则较难组建联保小组。于是强强联保、弱弱联保成为中国小组联保制度中普遍存在的两种结构模式。由于弱弱联保小组抗风险能力较低，贷款风险也较大，一些经济实力弱的农村居民考虑到自身能力有限，不愿意参加联保小组为别人承担责任。因而，小组联保制度并未在中国农村一般性居民中普遍实行，更多的只是在那些从事多种经营或规模化种植和养殖业户以及农村小型工商企业主中推行。

（二）联保小组内部责权利流于形式

在收益率不变的条件下，投资收益与联保贷款额度成正比。因此，贷款额度的增加会带来投资收益的提高，进而会促进联保小组成员努力的工作水平。但实践中"农户联保贷款"单户贷款限额绝大多数不超过 5 万元，对于那些小规模、家庭式的种植业户和养殖业户来说，农户联保贷款基本能满足资金需求，而对于多种经营或规模化种养殖业户以及农村小型工商企业主来说，农户联保贷款仍是杯水车薪，无法满足需要。这些种养殖业户和小型企业主的边际生产率在农村是最高的，对资金的需求也是最为旺盛的。单户额度的限制迫使他们动员亲属组成联保小组，形成家族式联保。名义是五户联保，实质上贷款资金却是由一户使用。这虽会提高资金使用户的努力工作水平，但客观上也带来了贷款资金的集中性风险，当然小组联保制度的内部监督也就失去了意义。

（三）信用约束的有效性不高

小组联保制度假设小组成员是理性的合作者，成员通过相互之间的筛选和监督可以提高均衡时的努力工作水平以及降低违约的风险概率，但这一假设的合理性存在着争议。因为相互监督的约束机制是否有效在很大程度上取决于联保小组内部的默契和导向，如果小组成员从另一方获得的补偿足够多，联保小组成员都可能是潜在的合谋欺骗者。在中国小组联保制度实际运行中，联保小组构成松散，缺乏成员经营、去向等信息的主动传递和监督措施，小组长缺乏强制性和有效的协调、督促手段。甚至已出现联保小组成员互相仿效、共同隐瞒等私下合谋或集体违约，以及借款人转让、转借或合谋集中使用贷款人贷给联保小组其他成员的贷款的现象，这在家族式联保中尤为凸显。

（四）联保贷款利率偏高

自然条件和规模限制决定了农业收益相对较小，联保贷款利率基本上是以人民银行基准利率上浮 40%—60%（2014 年中国人民银行一年期贷款基准利率为 5.60%）。较高的年利率要求农户从事的生产经营项目收益率要在 9%以上。如果农户从事一般性种养殖生产且规模较小，这一利率明显较高，较高利率的直接后果是一般性农户支付利息后的净收益下降。目前，小组联保贷款管理主要依据 2000 年中国人民银行颁布的《农村信用社农户联保贷款管理指导意见》（以下简称《指导意见》）和 2004 年中国银行业监督管理委员会颁布的《农村信用社农户联保贷款指引》（以下简称《指引》），《指引》第二十条规定"农户联保贷款利率及结息方式由贷款人在适当优惠的前提下，根据小组成员的存款利率、费用成本和贷款风险等情况与借款人协商确定，但利率不得高于同期法定的最高浮动范围"。目前农户联保贷款与一般普通贷款利率定价方式基本相同，按照不同客户类型执行不同贷款利率，并没有因其是农户联保贷款而适当降低，联保贷款利率执行一般较高，"一浮到顶"现象突出。一般性农户拥有的要素资源量低，开发市场和创业能力弱，往往面临着生产经营收益低和还贷支出高的困境，这使得一般性农户净收益很低或无利可图。因此，一般性农户参与小组联保贷款的积极性不会高，即使参与了联保小组其努力工作水平也会很低下，在既"得罪人"又"收益低"的不对称情况下，联保小组成员的内部监督也失去了激励。

（五）社会制裁效力弱化

社会制裁是小组联保制度正常运行不可或缺的外部约束条件，社会制裁力大小衡量着小组成员偷懒或违约的成本大小，进而决定着小组成员努力工作的水平或违约概率。中国社会制裁效力的发挥面临许多困难：一是小组联保制度的法律不完善。目前，小组联保的法律依据是《中华人民共和国担保法》《中华人民共和国商业银行法》《贷款通则》等法律法规。其直接依据只有《指导意见》和《指引》两个部门规章，法律效力不高，约束力不强。二是法律执行难度大。当前条件下中国农村地区法律执行难度大，导致违约贷款清收困难，其结果是社会惩罚成本不高。三是中国农村社会圈层的压力弱化。大量的农村劳动力进入城市，带来的是村庄共同体的解体，传统地方性习俗规则以及信任秩序效力趋于弱化，依靠熟人压力和圈内声誉不足以激励小组成员努力工作，难以约束违约成员。

（六）缺乏长期稳定的组织结构

有效杜绝小组成员集体违约时再次获得贷款的机会为零，即 $\lambda = 0$ 是银行的最优选择。停止贷款威胁和再次贷款的机会成本在长期的动态博弈中是一个有效的均衡条件。中国小组联保制度中，农村居民违约后，小组债务没有完全偿还时金融机构都会停止给小组所有成员贷款，小组所有成员再次贷款的机会成本很大。但问题在于上述均衡是基于长期动态博弈过程，而中国许多联保小组的贷款行为却是一次性的，在小组债务完全偿还完毕后联保小组也就随之解散，小组联保制度缺乏长期稳定的组织结构。

在中国农村地区个人征信体系仍然缺位，违约信息不能在农村金融机构之间共享的情况下，违约投机行为是不可避免的。

第四节　优化农村小组联保制度的对策

基于以上对小组联保制度激励约束的理论和中国农村小组联保制度缺陷的分析，可以看出，照搬国际流行的小组联保模式是不适宜的，应该借鉴其先进经验，结合中国农村社会、经济和文化等方面的实际，更注重联保小组成员合作条件的生成和联保小组制度方面优化。

一　逐步形成联保小组成员合作的条件

一是积极引导良好民间信用规则、习惯、伦理道德和宗族传统的形成，充分利用这些非正式规则约束违约失信行为。优化社区管理方式，强化传统农村基于地缘、亲缘的圈层特征，提高对小组成员的社会监督和约束。二是完善小组成员之间的契约关系和小组章程，明晰小组成员的经济责任和法律责任，同时完善相关法律法规和加大执法力度，形成有效的违约者法律惩罚机制。三是切实执行小组中心会议制度，通过信息交流和知识技能培训，形成违约信息共享或通报机制和知识学习机制。四是严格联保小组成员资格标准，坚持农户自愿组合原则。在对小组成员的经济状况、信誉程度、经营能力、与其他成员关系等保持必要的限制性条件的基础上，给农户最大限度的选择空间，是比较理性的选择。

二　完善联保小组成员的激励与约束机制

应完善中国农村联保小组成员的激励与约束机制。为此，一是在短期内农业收益不可能有较大提高的情况下，联保贷款利率要差异化定价，适当降低联保贷款利率，以确保一般性农户的净收益与工作水平和监督强度匹配；二是社会制裁既是均衡形成的条件又是激励约束机制的一环，要创新违约惩罚机制的有效形式以提高社会制裁的强度，如通过"银行+协会+互助性担保公司+联保小组"四重监督惩罚功能来加大小组成员的策略性违约成本；三是实行有区别性的连带责任机制，对于强强联保小组可以加大连带责任的比例，以促进其工作水平的提高，但对于弱弱联保小组的连带责任比例要适当，过高的比例反而会招致更大违约风险；四是限制家族式的联保，以减少联保小组成员可能的合谋欺骗；五是构建长期稳定的小组联保组织结构，只有在重复博弈下形成的声誉效应能够有效约束小组成员行为；六是加快中国农村地区个人征信体系建设，同时加大农村金融机构之间的信息共享，防止小组成员的违约投机。

第十一章

结论与展望

　　促进农业增产、农民增收和农村发展需要加强农村金融服务，增加农村信贷供给，而要达到这一目的必须改变农村金融中存在的服务体系不健全和体制改革滞后的状况。在全国深化改革的大背景下，推进新一轮深化农村金融改革，重点是健全完善农村金融体系，这似乎已经成为了理论研究者和管理当局的共识。中国农村经济主要是以家庭为单位的小农商品经济，况且其中拥有的贫困和低收入人口绝大多数分布在广大农村地区。这就决定了农村金融需求具有分散性强、单笔额度小、流动性大和普惠性的特点。而国内大型商业银行又缺乏针对农村中低收入农户和农村小微型企业金融需求提供服务的动机和有效模式，大型商业性金融难以适应中国农村经济发展的现实需要。农村信用合作社改革已经逐渐偏离原有方向，商业化发展的趋势已不可逆转。因此，农村金融改革须创新思路。应根据农村金融需求日益差异化和多样性的特点，鼓励和支持适合农村中低收入农户和农村小微型企业需求特征的金融组织创新，从基于市场竞争、市场公平和效率角度出发来考虑农村金融资源的配置，构建既有竞争又相互补充的农村金融组织体系。正是在这样的背景下，改革创新成为了中国农村金融发展的国家战略。自 2004 年以来，连续发布的八个中央一号文件都是围绕"三农"问题，提出加快金融体制的改革和创新，从单一农信社向构建多层次农村金融机构转变，鼓励民间资本进入农村金融服务领域，发展多元化金融机构，鼓励社会资金投资设立适应中低收入农户和小微型企业需要的各类新型金融组织，有序发展村镇银行、农村资金互助组织和小额信贷组织等。

　　农村小型金融组织作为中国农村金融组织体系新生的重要部分，在其快速发展的过程中也面临着诸多问题。实践中部分农村小型金融组织发生了信贷偏离、信用制度"瓶颈"、持续发展约束、制度约束和政策约束等问题。这些问题成为制约农村小型金融组织可持续发展的重要障碍。农村小型金融要成为解决农村地区特别是中低收入农户和小微型企业金融服务短缺的有力后备军,如何解决上述问题是不可或缺的必要条件。中国农村小型金融组织发展中出现的问题,已有研究也给出了不同的解释,但系统性的理论研究与实际调查研究不多。

正是基于上述背景,本书对中国农村小型金融组织发展中的一些问题进行研究,寻找出问题发生的理论基础和现实因素,为解决中国农村小型金融组织发展中出现的问题提供理论依据和政策支持。

第一节 基本结论

本书以系统性为研究视角,采用"问题—理论分析—调查分析—理论分析—政策措施"的研究范式,突出理论因素与实际因素在农村小型金融组织问题分析中的重要作用。以众多问题入手,从理论分析、调查研究、政策措施三个层面对农村小型金融组织问题进行深入研究,深化了对中国农村小型金融组织及其发展规律的认识。本书得出了以下基本结论。

一 农村小型金融组织是农村金融体系的重要构成元素

中国农村经济主要是以家庭为单位的小农商品经济,况且其中的贫困和低收入人口绝大多数分布在广大农村地区。这就决定了农村金融需求具有分散性强、单笔额度小、流动性大和普惠性的特点。而国内大型商业银行又缺乏针对农村金融需求提供服务的动机和有效模式,大型商业性金融难以适应中国农村经济发展的现实需要。农村信用合作性改革已经逐渐偏离原有的方向,商业化发展的趋势已不可逆转。因此,农村金融改革须创新思路。应根据农村金融需求日益差异化和多样性的特点,鼓励和支持适合农村需求特征的金融组织创新,从基于市场竞争、市场公平和效率角度出发来考虑农村金融资源的配置,构建既有竞争又相互补充的农村金融组织体系。

与大中型商业性金融组织相比,蓬勃发展的农村小型金融组织具有明显的特征。从单体来看,可总结为"三小",即规模小、服务对象小、借贷额度小;但从整体来看,农村小型金融组织又呈现出"三大",即覆盖范围大、贷款总额大、社会责任大。因此，农村小型金融组织的出现正迎合了中国农村对金融服务需求小额分散的特点，故而受到农户广泛欢迎；同时也抑制了大量资金从农村流入城市的势头，实现将农村资金留在农村和激发农村金融市场活力的目标成为可能。

然而，我们也要看到，农村小型金融组织作为中国农村金融组织体系新生的重要部分，在其快速发展过程中也面临着诸多问题。一方面农村小型金融组织的发展极大地改善了农村金融服务需求短缺的问题，激发了农村金融市场的竞争活力。另一方面，农村小型金融组织数量的急剧扩张过程中也出现了信贷偏离、信用制度"瓶颈"、持续发展约束、制度约束和政策约束等问题。虽然农村小型金融组织发展前途是光明的，但在目前的发展状况下中国农村小型金融组织面临着既要履行扶贫、扶弱、助小的社会责任，又要保证其能可持续发展的艰难困境，而要缓解这种发展困境解决上述农村小型金融组织发展中出现的问题是至关重要的。

二　农村小型金融组织信贷偏离行为是组织同形现象，必须完善组织场域才能抑制信贷方向偏离

农村小型金融组织的信贷偏离是由于其所在的"组织场域"特点导致的，因此政策制定者应更多地考虑规划对作为一个整体场域结构的影响，而不是仅仅注意其规划对个别组织的影响。必须完善农村小型金融组织的"组织场域"，才能确保农村小型金融组织在实现风险可控、财务可持续的同时真正服务于农村中低收入阶层，抑制信贷方向偏离。具体如下：

（一）营造具有激励约束效力的制度环境

一要加入社会责任，要在相关制度中细化农村小型金融组织的目标定位，明确其社会责任，并在此基础上，制定包括小额信贷覆盖深度、覆盖广度、中低收入农户客户比例、女性客户比例等指标在内的社会绩效考核体系，采用不同于存量金融机构的评价方式和监管手段，形成正向激励和逆向惩戒机制来保障农村小型金融组织真正承担起"支农支小"的社会责任。二是制定激励扶持政策，制定和完善相关保障机制，以保证农村小型金融组织财务上实现可持续发展。三是提升现有农村小型金融组织的法律位阶，将已有的规定、政策等上升到法律层面，在发展前景上应给予明确稳定的预期。

（二）加入村庄信任，创新小额信贷技术

为了消除信息不对称，必须结合农村的实际情况创新小额信贷技术。可考虑在小组联保、动态激励、分期还款、担保替代等传统小额信贷的基础上，嵌入村庄信任，利用村庄信用机制对中低收入农户进行甄别和筛选。可考虑以下几种模式：一是金融部门吸收来自乡村、熟悉乡村的村民或农户作为信贷员开展信贷服务工作。二是借助于村庄自治组织村委会、村民小组开展信贷调查，发挥村级自治组织对农村金融发展的推动作用。三是由村里的干部或者是农村声望较高、经济实力较强、具有稳定收入的农户、能人为普通农户担任保证人，通过以强带弱，以大带小，发挥种养大户与普通农户因长期合作而形成的相互之间知根知底的信息优势。

（三）在农村"熟人社会"基础上构建针对低收入农户的农村信用体系

在构建农村信用体系过程中，应考虑将农户的"软信息"、农户生产生活的"隐性征信"转换成"显性征信"。一是采取村民互评、村委会评价等方式收集农户家庭结构、家庭责任感、信用状况、社会信誉、社会关系、资本存量、生产经营能力、资金投向、偿债能力等信息，建立信用档案。二是将众多的扶贫性质的村级互助资金组织与农户长期合作、交易所获得的信息融合到农村信用体系中。

（四）培育适度竞争的农村金融市场

一是将在县域的金融机构全部纳入"新增存款用于当地贷款"的考核范围，引导金融机构在县域增加信贷投放，增加竞争。二是进一步放宽农村金融市场的准入限制，引导农村小型金融组织将总部或分支机构网点设在乡镇一级，真正将服务延伸到乡镇和行政村一级。三是对长期以来经营稳健的村级资金互助社和真正从事扶贫小额信贷的非政府组织给予合法身份，以激励其更好地在农村地区开展信贷服务。

三　加快构建农村小型金融组织信用制度以及优化小组联保制度，以此突破信用制度"瓶颈"

（一）农村小型金融组织的信用制度构建除了设计恰当的正式制度外，还需要实施机制的建设以及非正式制度的积累

1. 加快声誉保障机制的建设

围绕以农村土地承包经营权、宅基地使用权和自主房屋所有权等为核

心的农村产权改革工作，调整农村小组金融组织信用评价体系建设的指标设计和权重分配，探索在资产抵押、担保和转让等方面做出具体的金融支持措施安排。地方政府应积极推动农村信用中介组织建设，协调组建实力较为雄厚、运营合法规范的信用评级机构。农村小型金融组织信贷系统农户信用信息尽快实现与人民银行征信系统信用信息的联网，将农村金融组织所有网点接入个人信用信息基础数据库，并统一由人民银行对个人信用信息进行集中管理，为各个农村金融组织提供一个信用信息数据共享平台。切实执行小组中心会议制度，严格联保小组成员资格标准，坚持农户自愿组合原则。

2. 加强诚实守信社会道德的培育

开展对农户的金融与信用知识的普及，加大对农村信用管理专业人才的培养和农村信贷人员的培训。利用新闻媒体、广播电视和乡村文化活动等形式，加大宣传和弘扬诚实守信为荣的理念。

3. 建立健全守信激励与失信惩罚机制

应充分考虑中国现有法律和信用活动的特征，对现有相关法律进行调整、整合和完善。完善信用监督管理机制。由地方政府倡导，构建由政府监管部门、司法部门、农村金融组织（包括农村小型金融组织）、信用中介机构等及社会经济主体包括个人及企业组成的社会联防网络。

4. 结合农村社会经济形态特征创新信用制度

继承中国传统诚信道德中优良的合理成分，注重吸收契约伦理、法治文化等西方文明的精华，对传统信用道德进行创造性的改造和转化，建立起与正式信用制度相容的信用道德体系。

5. 除了继续完善小组联保制度之外，还要积极探索与新型农村经济组织和经营模式相适应的信用担保制度

一是短期内可依托农民专业合作社大力开展"专业合作社担保+农户""专业合作社担保+农户联保""农民专业合作社入社农户联保"等方式的信用担保制度建设。二是中期可在农民专业合作社生产合作的基础上，鼓励入社农户开展以资金互助为主的信用合作。三是从长远来看，可从逐步放宽农村土地承包经营权和住房财产权抵押担保的政策限制，鼓励农村小型金融组织开展包括农村土地承包经营权抵押担保、住房抵押担保等信用担保制度的探索。

（二）优化小组联保制度更应注重联保小组成员合作条件的生成以及激励与约束机制的完善

1. 逐步形成联保小组成员合作的条件

一是积极培育良好的民间信用规则、习惯、伦理道德和宗族传统，充分利用这些非正式规则约束违约失信行为。优化社区管理方式，强化传统农村基于地缘、亲缘的圈层特征，提高对小组成员的社会监督和约束。二是完善小组成员之间的契约关系和小组章程，明晰小组成员的经济责任和法律责任；同时完善相关法律法规和加大执法力度，形成有效的违约者法律惩罚机制。三是切实执行小组中心会议制度，通过信息交流和知识技能培训，形成违约信息共享或通报机制和知识学习机制。四是严格联保小组成员资格标准，坚持农户自愿组合原则。在对小组成员的经济状况、信誉程度、经营能力、与其他成员关系等保持必要的限制性条件的基础上，给农户最大限度的选择空间，是比较理性的选择。

2. 应完善中国农村联保小组成员的激励与约束机制

一是在短期内农业收益不可能有较大提高的情况下，联保贷款利率要差异化定价，对一般性农村居民的联保贷款利率要适当降低，以确保一般性农户的净收益与工作水平和监督强度相匹配。二是社会制裁既是均衡形成的条件又是激励约束机制的一环，要创新违约惩罚机制的有效形式以提高社会制裁的强度，如通过"银行+协会+互助性担保公司+联保小组"四重监督惩罚功能来加大小组成员的策略性违约成本。三是实行有区别性的连带责任机制，对于强强联保小组可以加大连带责任的比例，以促进其工作水平的提高，但对于弱弱联保小组的连带责任比例要适当，过高的比例反而会招致更大违约风险。四是限制家族式联保，以减少联保小组成员可能的合谋欺骗。五是构建长期稳定的小组联保组织结构，只有在重复博弈下形成的声誉效应能够有效约束小组成员行为。六是加快中国农村地区个人征信体系建设，同时加大农村金融机构之间的信息共享，防止小组成员的违约投机。

四　打破农村小型金融组织的持续发展约束应多方着力

制约农村小型金融组织持续发展的主要因素有，一是资金规模不足，资金来源渠道有限。二是服务功能不足，业务产品单一。三是经营理念滞后，服务手段不足。四是内部控制不健全，人员素质相对较低。因此，打破农村小型金融组织的持续发展约束应当从以下几方面着手考虑：

　　（一）壮大资金规模，拓展资金来源渠道

　　首先，扩充资本金规模，建立适度多元化、本土化的股权结构。发展初期农村小型金融组织资本金规模较小，随着业务的发展，原有资本规模难以满足发展需求，出现单户贷款占比过高，风险承担能力弱等情况。对于依法合规经营、运行规范良好、服务"三农"和小微企业成效显著、需要补充资本的农村小型金融组织可允许其在业务稳健运行的条件下，按规定程序实施增资扩股，增加资本金，提升业务规模扩展的能力。2010年5月国务院《关于鼓励和引导民间投资健康发展的若干意见》中明确提出，允许民间资本兴办金融机构，鼓励民间资本发起或参加设立村镇银行、贷款公司、农村资金互助社等金融机构。2012年5月，中国银监会《关于鼓励和引导民间资本进入银行业的实施意见》中也提出，"支持民间资本与其他资本按同等条件进入银行业，支持民营企业参与村镇银行发起设立或增资扩股"。2014年2月，中国银监会办公厅《关于做好2014年农村金融服务工作的通知》指出，村镇银行"要进一步提高民间资本的参与度，坚持股东本土化和股权多元化""优先引入当地优质企业和种养大户投资入股，科学调整主发起行与其他股东的持股比例"。目前，各级监管部门应不失时机地贯彻落实上述文件精神，解除民间资本参与的各种限制政策和不作为的消极态度。在具体操作方式上，可以考虑在保持发起行相对控股的前提下，逐步提高单个自然人股东及关联方持股比例和单一非银行金融机构或单一非金融机构企业法人在村镇银行的持股比例，引导民间资本入股。应在股东中更多地注入本地资本，既可通过适度的股权多元化减轻发起行投资负担，又能增加地方的支持，提高在本地区域的社会影响力，从而缓解资金规模不足的问题。可以逐步提高甚至放开小额贷款公司的注册资本金额度上限，适当调高主发起人（最大股东）及关联方合计持股比例至50%，以吸引更多有实力大股东的资金投资，增加其经营资金实力和抵抗风险的能力。降低小额贷款公司增资扩股的难度，简化增资扩股的手续，允许小额贷款公司成立一定期限后可以增加资本金，扩大经营规模。增加资本金既可以是由原股东增加，也可以经发起人同意，由非发起人的自然人或法人投资入股。对于依法经营且效益不错的小额贷款公司，甚至可以允许它们在一定条件下提前增资。在控制并适度发展资金互助社规模的前提下，允许农村资金互助社吸纳新社员进行增资扩股，扩大资金互助社股本金规模，提高可贷资金量，提升合作社的盈利水平。

其次，扩展资金来源渠道。面对村镇银行吸储困难，一是可考虑引进强制储蓄机制，对贷款人存款忠诚度做出相应要求，为贷款人开设特别账户，要求借款人将贷款额的一定比例强制性存储，如此既可增加资金来源，也强化了贷款担保。二是利用各种媒体和平台向公众宣传推介村镇银行品牌，介绍村镇银行的性质、经营宗旨、业务范围和发展方向等，正面引导公众充分了解并认可村镇银行。三是积极争取乡镇行政、事业单位到村镇银行开设账户，将地方本级财政支农资金、上级财政政策配套资金优先归口村镇银行办理。四是在保证良性发展的前提下，鼓励符合条件的村镇银行增设营业网点，扩大服务半径，引导公众将闲置资金存到村镇银行。五是加快村镇银行基础设施和业务信息系统建设如银行间的支付清算系统等，以现代化的手段和差异化的服务吸引客户的加盟。

解决小额贷款公司融资问题，应建立有效的多元化融资渠道。这可从以下途径解决：一是提高融资比例。根据目前的政策规定，小额贷款公司只能向银行业金融机构融入不超过资本净额 50% 的资金转贷给自己的客户，而国外对小额贷款公司的融资比例最高达到资本净额的 8 倍，茅于轼先生认为"就一般正常的公司运作而言，转贷比达到 10 倍还是安全的"。因此，对运营状况良好、内控能力强的小额贷款公司，根据其具体经营情况，应允许将融资比例提高到其资本净额的 1—3 倍。同时，应对《关于小额贷款公司试点的指导意见》中"以同期'上海银行间同业拆放利率'为基准加点确定"的原则进行适当调整，应明确最高加点限制，小额贷款公司向银行融资的利率不得超过同业拆放利率的 2 倍，以降低小额贷款公司融资成本。二是可允许小额贷款公司拆借股东的自有资金用作发放贷款。股东是小额贷款公司经营的利益相关者，通常对公司的经营状况比较了解，允许股东适度地向小额贷款公司短期拆借资金，既可以增加可贷资金来源，也不会因此引发不良社会影响。在起步阶段，为审慎起见，主管部门可对小额贷款公司股东的银行负债和信用状况进行审查，满足一定条件方可允许，同时也要对资金自有比例、拆借比例、拆借期限等方面作出具体规定。三是在加强监管的前提下，允许小额贷款公司经营如票据业务、资产转让业务、委托贷款业务等一些低风险业务以增加流动资金，并允许其开发与自身特点相符的理财产品，如贷款信用产品。

对于农村资金互助社融资难问题，应当从其互助性质特征和经营状况出发，主要采取货币扶持政策来解决。一是扩大存款利率浮动区间，允许农村资金互助社适当提高存款利率，从而吸收更多的会员存款。至于利率浮动的区间，政府可以试验的方式逐步放大。二是为调动农民的参与积极性，可以实施诸如贷款与存款相挂钩、实行额度阶梯利率、对存款者的奖励和存款保险等储蓄激励政策。三是建立与正规金融机构的资金连接和合作机制。允许农村资金互助社从银行和非银行金融机构拆借资金，农业银行、农村信用社等金融机构也可以将农业贷款委托给农村资金互助社发放。发挥资金互助社的信息充分和低成本优势，出台商业银行向农村资金互助社批发资金的具体政策。四是依托农民专业合作社大力发展农村资金互助社。通过资金互助社与专业合作社对接，保证资金互助社的商业可持续性发展。

最后，建立稳定的资金补充机制。一是中国人民银行对村镇银行发放的支农再贷款的覆盖面应进一步扩大，给予农村资金互助社使用中国人民银行支农再贷款的权力，因为农村资金互助社最能保证支农贷款用于支持农业。二是为了建立稳定的资金来源渠道，政府管理部门应协调当地农业银行、农村商业银行、农村信用社和邮政储蓄银行与农村小型金融组织建立长期稳定的资金批发机制，由这些金融机构以较低的利率向农村小型金融组织提供循环式的批发资金支持，并且强制规定上述金融机构的涉农贷款比例，尤其是小额信贷的贷款比例，这部分资金规定批发给农村小型金融组织用于发放农户或农村小微企业贷款，财政给予补贴或贴息。此举还将有助于将人民银行和银监会提出的"鼓励县域法人金融机构将新增存款一定比例用于当地贷款"的政策落到实处。三是建立农村小型金融组织再融资基金。可由国家财政、政策性银行、其他金融机构以及地方政府财政共同出资，在省（或市）层面成立农村小型金融组织再融资基金，将资金"批发"给符合其条件的农村小型金融组织，由其充当信贷零售商，按照"小额、分散"的原则，重点解决农户和农村小企业的资金需求问题。

（二）扩大服务功能，丰富业务产品

首先，村镇银行要拓展业务范围，扩大服务功能。一是中国人民银行对待村镇银行进入全国支付结算系统应该与其他银行业金融机构有所区别，对满足一定条件的村镇银行应尽快接入中国人民银行的支付结算系统、电子对账系统、银行卡跨行支付系统和同城票据交换系统，使其能开展汇兑和结算业务。二是除传统存贷款业务之外，村镇银行还应积极开展与信贷业务配套的代理保险、代办理财、代理新农保、新农合、代理国库券发行与兑换等中间业务。三是创新业务产品。积极利用当地信息、担保替代、信用贷款、分期还款、动态激励等方式开发新的信贷产品。对农业产业化龙头企业和种养业基地项目，可推行公司担保贷款、订单担保贷款、仓单质押贷款；大力拓展农村住房、教育和消费品信贷市场，创办大型农机具抵押贷款业务，开办商家协会、农民专业合作社、农户联保贷款等。通过不断的金融创新，丰富村镇银行的业务产品。

其次，积极鼓励小额贷款公司创新金融产品。一是开发服务"三农、小微"，并符合"小额、分散"特点的精细化金融产品，利用农户和企业的经营特征进行业务产品创新。例如：利用订单农业对农户和企业进行农业订单贷款，利用农业合作社对社员进行"分贷统还"式贷款，利用农业产业园区开展对园区企业进行"孵化式融资"贷款，利用企业股权及资产的有效性进行"贷转权"的投资性贷款。二是在风险可控的前提下，允许小额贷款公司开展贷款资产转让业务，以扩大小额贷款公司资金来源，做大资产规模。三是小额贷款公司可利用自身的信息和资金优势，对一些竞争优势强、成长潜力大但发展资金缺乏的中小企业进行股权投资，获取股息分红、股权转让等超额投资回报。四是应积极与有客户资源优势、资金技术优势的同业、银行、保险公司等机构合作开展贷款业务，以便分散信贷风险。五是放开部分金融业务牌照，允许小额贷款公司放开跨区经营，增强小额贷款公司盈利能力。

最后，农村资金互助社应发挥灵活方便的优势，创新经营方式。一是农村资金互助社虽不具有与商业银行相同的服务功能，但可以凭借其贴近农村实际，门槛低，贷款范围广，熟悉服务对象的优势，在社员存、贷款和结算业务方面采取更为灵活多样的方式，要贴近农村生产生活特点，紧紧围绕着农户需求设计业务产品。二是可以利用行业信息优势，为入股社员提供必要的经济、金融信息，充当生产、理财顾问，增强服务功能。三是对接农民专业合作社，创新经营方式。农民专业合作社在生产、销售及技术上具有优势，而农村资金互助社具有金融服务的资格和能力，通过信用合作使两者实现对接，实现优势资源的整合。从资金互助社角度看，能够发展更有实力的会员，不但能够增加资金来源，更能提高贷款归还的保证性；从专业合作社角度看，有力的信用支持，也能有效地促进农民专业合作组织的发展。也就是说，其不但经营资金互助社业务，也经营农民专业合作社业务，即农村资金互助社与农民专业合作社实现了对接，共同发展。

(三) 更新经营理念，完善服务手段

农村小型金融组织应以服务"三农"为宗旨，将市场定位于满足当地农户和农村小微型企业的金融服务需求，通过金融创新，更新经营理念，提供个性化服务，与传统的农村商业金融机构展开错位竞争。首先，村镇银行应充分利用比大中型商业银行更贴近中小客户、更人性化服务、更灵活机制的优势，比当地农村信用社和邮政储蓄机构更先进的服务渠道、更高服务水平的优势，根据当地经济社会发展状况细分农村金融市场，本着弥补市场空缺原则，大力挖掘与培育各自较为稳定的优质客户群体。在服务方面更应能体现出响应速度高，反应速度快的特点，甚至可以采取"上门服务""挎包经营"等方式。在服务质量方面应加快业务办理流程的优化，提高决策效率。实行较为弹性的贷款管理，在还款期限和还本付息方式上可更为灵活处理。应深入农村市场调研，分析农户、个体工商户、小微企业生产经营中的金融服务需求，及时开发各类满足客户实际需求、针对性强的金融产品。其次，小额贷款公司立足当地的地缘、亲缘、血缘优势，积极探索并推行多样化、有差别的产品服务策略，进一步提高管理水平，降低服务成本，增强经营能力。最后，农村资金互助社应充分发挥贷款审批程序简化，办理效率高，社员借款反应快速的优势，在经营方式上要更加灵活多样、更加贴近农民和小微企业。应改变等客上门的经营作风，深入田间地头，深入企业和农户家庭，关注社员的生产与生活变化，了解社员的金融需求情况，调整业务流程、动态实施授信，有针对性地开展业务。

现阶段，我国农村小型金融组织应着力解决行业基础设施较为原始，服务手段落后的问题。一是村镇银行应完善企业基础设施建设，增设营业网点或者自动服务终端，拓展银行网络功能，提高获取和处理信息的能力。应尽快接入中国人民银行的支付结算系统，为村镇银行搭建安全、高效的支付结算平台。有效推动村镇银行纳入人民银行征信范围，尽快完成村镇银行与企业、个人信用信息基础数据库的对接。鼓励村镇银行加入银联系统，支持其开展银行卡业务。二是小额贷款公司应积极推广使用适合小额贷款行业的小额信贷技术，充分利用现代科技、网络技术和手段，创新营销方式，降低信息不对称风险，降低运营成本，解决人力不足问题。应采用"小额、分散"的风险控制策略，实行"统一授信、尽职调查、审贷分离"的现代风险管理体系，改变单纯依靠"熟人金融"的单一风险控制模式。小额贷款公司应充分利用其他商业银行共有的客户信用体系，可通过与商业银行签订代理协议实现信用数据的报送和查询。三是监管部门应尽快协调解决农村资金互助社在结算、会计科目、报表报送等方面的问题，并在贷款业务流程规范、账务处理软件和信贷管理技术等方面提供必要帮助。

（四）健全内部控制，提高人员素质

在当前尚存在着诸多制度约束的条件下，农村小型金融组织需强化内部管理和制度建设，优化内部控制环境、建立健全的风险管理体系、建立良好的控制活动、建立有效的内部控制信息系统、完善内部稽核审计体系等环节。提高人员素质是竞争力提升和内部控制健全的基础，从农村小型金融组织自身来说要制定人力资源战略规划，创新用人机制，建立现代人力资源管理模式。采取招聘引进、选派学习、交流实践等方式，多渠道培养专业人才，逐步优化员工队伍。一是通过适当的优惠待遇和发展上升空间，积极从高等院校招聘复合型的金融专业人才，从大中型商业银行引进业务熟练的专业人才。二是加大现有人员的培训力度，定期选派有一定业务特长、工作经验和培养前途的业务骨干到专业院校或业务培训机构进行业务知识和操作技能培训，或者实地交流到大中型商业银行，学习先进的管理方法和经营理念。从监管部门来说应建立对农村小型金融组织从业人员教育培训的支持机制，切实提高其经营管理水平。针对单个农村小型金融组织开展教育培训成本高的问题，监管部门应从外部积极为其创造条件，提供从业人员教育培训的公共平台。

五　制度约束需要制度创新来解决

针对我国农村小型金融组织的内在制度性缺陷，必须对农村小型金融组织进行制度创新，才能打破农村小型金融组织持续发展壮大的制度性障碍，使其真正成为农村金融市场中不可或缺的重要力量。

（一）改革村镇银行的市场准入制度

为了鼓励当地民间资本和其他各类资本参与村镇银行的积极性，优化村镇银行的股权结构，应拓宽市场准入的广度与深度，放宽对村镇银行的发起主体以及股东持股比例的限制。一是适度扩大发起人的范围。在加强监管和满足银监会一定的审慎性条件下，可以考虑适当降低村镇银行发起人的准入门槛，允许资产管理公司、信托投资公司、保险公司等非银行金融机构以及符合条件的证券保险类机构发起设立村镇银行。同时，也可以规定一些符合条件的当地非金融机构（包括民营企业）也能作为村镇银行的发起人。政策的放开有利于村镇银行扩大资金来源渠道和客户资源，也有利于引进非银行金融机构先进的管理经验和创新产品服务，推进构建多元发起主体设立村镇银行的竞争格局。二是逐步放宽股东持股比例的限制。应对《村镇银行管理暂行规定》中有关限制股东持股比例的条款加以修改，逐步放宽单个自然人股东及关联方持股比例和单一非银行金融机构或单一非金融机构企业法人比例的限制。可以考虑在保持发起行相对控股的前提下，循序渐进地将单个自然人股东及关联方持股比例和单一非银行金融机构或单一非金融机构企业法人在村镇银行的持股比例从 10% 提高 15%，以提升社会资本在村镇银行的话语权，激发更多的社会资本入股村镇银行。三是村镇银行的股权结构设置应根据地区经济发达程度的差异进行区别性规定。2012 年 12 月 31 日，中国银监会颁布了《关于银行业金融机构做好老少边穷地区农村金融服务工作有关事项的通知》，旨在进一步放开银行业金融机构准入政策，鼓励各类银行业金融机构在老、少、边、穷地区增设机构网点，但政策效果并不明显。因此，监管部门在村镇银行的股权结构设置方面应提供更为灵活性的安排，以吸引更多的投资主体到这些经济欠发达地区，从而缓解村镇银行存在的区域失衡、县乡失衡问题。

（二）明确小额贷款公司的法律地位

《关于小额贷款公司试点的指导意见》中将小额贷款公司认定为企业法人，但没有指出是属于金融性企业还是非金融性企业，这种身份上的困惑，已经成为小额贷款公司持续发展的障碍。小额贷款公司到底是普通公司还是金融组织，其身份亟待定位，因为小额贷款公司发展需要一个清晰的制度框架。一是在法律上明确小额贷款公司的身份地位。我们认为，小额贷款公司应界定为非银行金融机构。因为无论从国际上小额贷款组织的兴起与发展趋势看，还是从我国小额贷款公司的实践看，小额贷款公司都从事小额放贷和融资等金融活动，属于金融性组织，但其不具有传统银行业所应具有的吸储功能。因此,应及时调整相关法规,从法律上明确小额贷款公司非银行金融机构的法人地位和经营范围,赋予其非银行金融机构的相关政策待遇,使其能够更为方便地融资和开展各种业务。二是中国银监会、央行和财政部等部委应通过立法等形式将小额贷款公司纳入"新型农村金融组织"范畴,更准确地说是"新型农村非银行金融机构"。因为财政部印发的财金〔2009〕31号《中央财政新型农村金融机构定向费用补贴资金管理暂行办法》中规定,"新型农村金融机构"是经中国银行业监督管理委员会批准设立的村镇银行、贷款公司、农村资金互助社三类农村金融机构,因此小额贷款公司还不具备"新型农村金融机构"的身份。另外还有银监发〔2006〕90号《关于调整放宽农村地区银行业金融机构准入政策 更好支持社会主义新农村建设的若干意见》、银监发〔2008〕137号《关于村镇银行、贷款公司、农村资金互助社、小额贷款公司有关政策的通知》、财金〔2009〕15号《关于实行新型农村金融机构定向费用补贴的通知》、银监发〔2009〕72号《新型农村金融机构2009—2011年总体工作安排》等文件均把小额贷款公司排除在优惠政策之外,没有把小额贷款公司列入发展规划。三是若小额贷款公司被认定为非银行金融机构,对其机构和业务的监管应由银监会来行使,立法及相关规章应赋予银监会以监管职权。事实上,一旦确定了小额贷款公司的非银行金融机构性质,甚至是新型农村非银行金融机构性质,那么小额贷款公司获得央行再贷款、进入同业拆借市场交易和享受财政税收优惠等问题将得以解决,小额贷款公司监管主体的确定问题也将不再是难事。

(三) 适当放宽小额贷款公司转制为村镇银行的约束条件

2008年5月,中国银监会发布了《关于小额贷款公司试点指导意见》,其中明确规定,"小额贷款公司依法合规经营,没有不良信用记录的,可在股东自愿的基础上,按照《村镇银行组建审批工作指引》和《村镇银行管理暂行规定》规范改造为村镇银行"。这一系列的政策文件从制度层面为小额贷款公司的可持续发展建立了一条后续的通道,但按照上述规定的要求,转制为村镇银行其主发起人必须为银行业金融机构,而将原有股东排斥在主发起人之外,也即转制使得现有股东面临着丧失对小额贷款公司的控股权,控股权和经营权的易手使得不少小额贷款公司缺乏改制成村镇银行的积极性。况且随后2009年中国银监会出台的《小额贷款公司改制设立村镇银行暂行规定》,又进一步设置了更为严格的限制性指标条件。比如，最近四个季度末贷款余额占总资产余额的比例原则上不低于75%、涉农贷款比例不低于60%等。而从目前的经营现实状况来看，小额贷款公司普遍达不到所规定的条件。因此，建议应从发挥小额贷款公司原有股东的积极性和地域优势出发，适度调整小额贷款公司改制村镇银行的准入条件和标准，以让更多小额贷款公司满足改制条件。如在股权结构问题上，允许小贷公司原股东为村镇银行主发起人，但须有银行业金融机构参股。这样小额贷款公司的法人不仅仍保持一定的权力，又达到了改制村镇银行的目的，这是小额贷款公司能够接受的。同时，考虑到目前小额贷款公司的实际经营状况以及风险控制的要求，应适当放宽改制具体指标要求，以促进小额贷款公司向村镇银行的改制。

（四）出台农村资金互助组织相关法律，改革农村资金互助社监管

由各地政府部门批准农民自发成立的非正规资金互助社形式多样，且数量众多，这上万家的资金互助组织虽没有获得金融许可证，但却事实地存在于广大农村，对解决农民贷款难、存款难起到了积极作用。无论这些农村资金互助组织是否应该或能够申请金融许可证得以"转正"，资金互助社在中国农村的合法地位应该得到法律的保障，就如同保护农民专业合作社一样为农村资金合作组织的健康稳定发展提供制度保障。因此，国家应尽快出台农村资金互助组织相关配套法律法规，明确农村互助资金组织的法律地位，对其性质、产权、治理等问题做出明文规定，使农村资金互助组织规范有序发展，更好地服务"三农"。鉴于农村资金合作组织数量众多，已超出了银监部门的监管能力范围，可将农村资金互助组织的监督管理交给地方政府统一实施，明确地方政府在农村资金互助组织运作过程中的主导监督职责，银监部门起辅助监督职责。由于农村资金互助组织具有自愿性、互助共济、民主管理的性质，金融服务仅限于资金互助社社员，因此政府部门不能将适用于商业银行的监管制度直接套用于农村资金互助组织，而应实施差别化的监督管理，建立符合农村合作金融特点的监管制度，为农村资金互助组织健康发展营造一个良好的内外部环境。

目前，与农村资金互助社监管直接相关的政策文件主要是《农村资金互助社管理暂行规定》和《农村资金互助社组建审批工作指引》，但上述文件忽视了农村资金互助社自身的特性，而且过高的监管要求也使得不发达地区经济和筹备环境均难以达到《农村资金互助社管理暂行规定》有关要求。因此，要根据实际情况，因地制宜地改革对农村资金互助社的

监管。一是适当降低对注册资本金、营业场所、机构设置和安全防范设施等方面的要求，切实减轻其负担。二是对于管理人员的要求不能脱离农村实际，许多农村优秀人才学历并不高，但他们民间放贷的风险控制能力很强，不必非按照正规金融机构从业人员的标准来衡量农村资金互助社管理人员的从业资格，可以适度降低从业人员标准要求。即便如此，政府和监管部门也应对农民资金互助社成员进行必要的培训，保障农村资金互助社健康发展。三是制定符合实际情况的风险管理制度，根据农村资金互助社的规模及自身状况合理控制风险。不搞"一刀切"的形式监督标准，实行分散监管或非审慎监督等。

六　加快有关扶持政策的落实以消解政策约束

各级政府相关部门已经出台的一系列扶持政策，包括财税收优惠政策、支农再贷款政策、利率政策、加入人民银行支付结算系统等政策要落实到位。

(一) 加强财税支持政策力度

财税优惠政策对农村小型金融组织的发展起到了积极的促进作用，对已有的财政支持政策一方面要落实到位；另一方面也要优化农村金融税收政策，完善农村小型金融组织的税收优惠政策。一是在定向补贴政策方面，建议统一将全国村镇银行和农村资金互助社等新型农村金融机构定向费用补贴政策期限适当延长，增加奖补范围，改进奖补方式方法。二是将村镇银行列入财政专户准入名单。建议对村镇银行的财政开户准入条件进行调整，主要参考主发起行的准入条件。若主发起行为财政资金专户准许的开立机构，其发起的村镇银行也可纳入准许开立财政资金专户的机构清单中。三是延长现有税收优惠政策执行期限，使其成为常态化政策。在此基础上，谋求更大程度的税收优惠提高农户小额贷款免征营业税和减征所得税的起点。应争取将村镇银行和农村资金互助社作为服务"三农"的社区性金融组织，可比照农村信用社享受所得税减半和营业税减免的优惠政策。建议将西部地区村镇银行和农村资金互助社明确纳入《西部地区鼓励类产业目录》中，充分享受西部大开发相关优惠税收政策。

对于小额贷款公司发放的"三农"贷款和农村中小企业贷款，应加大补贴力度，给予风险补贴，实行退税贴息并享受财政部的"定向费用补贴"政策。此外，还要尽快明确小额贷款公司的补贴条件和补贴办法，使小额贷款公司的财税补贴政策有据可依、有章可循，真正将小额贷款公司的财政补贴政策落实到位。应争取小额贷款公司的非银行金融机构地位，给予其与农村信用社、村镇银行等农村金融机构同等的税收优惠政策。对小额贷款公司的涉农贷款和中小企业贷款，比照金融企业的税收优惠政策执行，允许计提一定的贷款损失准备金在企业所得税前扣除，对农户小额贷款的利息收入减计收入总额，对其营业税率减按 3% 计税等。

（二）改进货币金融支持政策

在存款准备金方面，目前给予村镇银行与农村信用社相同标准，然可根据实际情况适当再行降低标准。货币政策中的支农支小再贷款政策对补充村镇银行的资金和增加对"三农"和"小微"的金融服务有较好的促进作用，但还需要进一步的制度改进。要增强支农再贷款利率的灵活度，兼顾村镇银行与贷款客户双方利益实行更为优惠的再贷款利率。对于西部边远农村地区的村镇银行，延长支农再贷款的期限，以解决支农再贷款与支农贷款发放期限不匹配的问题。根据农村小型金融组织的经营特点放宽支农支小再贷款的申请条件，对村镇银行支农支小再贷款政策覆盖面应进一步扩大，给予合规的农村资金互助社使用中国人民银行支农支小再贷款的权力。

适当降低村镇银行加入大小额支付系统、征信系统、银联入网和存款保险体系等的准入门槛和费用，允许村镇银行加入银行间同业拆借市场。也应允许农村资金互助社进行同业拆借，减少经营成本，降低放贷风险，提高竞争能力。在落实小额贷款公司非银行类金融机构的法律身份之后，应制定小额贷款公司开展同业协作业务的实施细则和相关配套政策。当前，应进一步完善担保法对农村担保品的法律规定，加快发展农业政策性保险和农村信用体系建设，降低农村小型金融组织涉农信贷的系统性风险。

（三）完善差异化监管政策

一是放开村镇银行合意贷款规模控制。建议对村镇银行这类专门发放小微、三农贷款的金融机构，放开合意贷款规模限制，调动投放贷款的积极性。二是对村镇银行主要监管指标差异化管理。建议对主发起行具有相应资质、自身规模处于一定水平的村镇银行，在存款偏离度、流动性管理、拨贷比和拨备覆盖率等方面，适当调整监管指标要求。三是农村资金互助社风险监管的差异化。根据农村资金互助社的特点适度调整监管要求。应综合考虑农村地区经济发展的不平衡性，对农村资金互助社做出一个弹性的规定，可针对不同的区域而规定不同的注册资本最低数额，还应该精简那些约束农村资金互助社发展的严苛条件，适当降低监管标准，不搞"一刀切"的形式监督标准，实行分散监管或非审慎监督等。

第二节　研究展望

农村金融改革须创新思路，应根据农村金融需求日益差异化和多样性的特点，鼓励和支持适合农村需求特征的金融组织创新，从基于市场竞争、市场公平和效率角度出发来考虑农村金融资源的配置，构建既有竞争又相互补充的农村金融组织体系。农村小型金融组织的研究是一个动态发展的过程，伴随着农村小型金融组织的发展，对其研究需要不断地深入。本书在研究视角、方法和内容等方面进行了探索，对中国农村小型金融组织发展中的一些问题进行研究，力图寻找出问题产生的理论基础和现实因素，为解决中国农村小型金融组织发展中出现的问题提供理论依据和政策支持。

但是，本书还存在一些不足，有待于今后进一步探讨：

第一，本书对于村镇银行、小额贷款公司和农村资金互助社存在的问题表现特性上未作更深入的区分，有待于进一步分析。村镇银行、小额贷款公司和农村资金互助社发起股东背景具有较大差异，三者在内部治理、资金实力、业务规模、管理制度和人员素质等方面存在较大差异。因此，三者对于发展中存在的问题应该具有不同的表现特性。但是，由于众多因素的制约，在现有条件下还难以对此进行深入准确的区分。

第二，本书对于农村小型金融组织信贷偏离影响因素未作计量上的实证研究，有待于进一步研究。由于农村小型金融组织发展历史较短，并且相关的数据资料难以获得，故本书仅对于调查对象中农村小型金融组织进行了统计描述分析，对农户的信贷行为和融资偏好以及农户对信用担保的参与意愿、影响因素等进行了计量实证，但对农村小型金融组织信贷偏离等问题未作计量实证。

第三，本书实地调查的只是几个典型省份的农村小型金融组织，比如四川省的村镇银行、广东省的小额贷款公司以及青海省的农村资金互助社。尽管选取这些对象具有一定的典型性和代表性，但我国农村地域广大，经济金融发展差异较大，农村小型金融组织发展中出现的问题在各地的表现不尽相同。农村金融研究具有较强的实践性，仅仅依靠理论分析是不够的，还需要与调查研究、实证分析相结合。因此，实地调查中获取第一手资料是十分重要的。但是，由于受到客观条件的限制，本书的问卷调查与实地考察的样本还不够广泛，这有待于今后的研究工作扩大调查的地域范围和机构数量，进一步增强样本的代表性。

虽然我们已做了大量的工作，但由于受到数据资料、研究时间以及本人能力等诸多因素所限，对农村小型金融组织问题的研究还存在不少缺陷，需要在今后的研究中进一步探索完善。我们也恳请相关专家批评指正，为进一步深化农村小型金融组织的研究，从而推动中国农村小型金融组织更好地发展做出贡献。

附　　录

农户金融信用状况问卷调查表

您好！

按照农村金融服务需求特点来发展农村小型金融组织是解决广大农民存取不便、贷款困难等金融服务缺失问题的现实要求，我们受国家社会科学基金管理办公室的委托，承担了《农村小型金融组织发展问题研究》（编号：12BJY097）课题，现对全国农村金融信用状况进行抽样调查。本问卷表由农民家庭填写，不需要署名，如果需要填写名称或数量，请直接填写；如果是选择请在上打"√"；如有排序请填写"1、2、3、……"！我们对您个人信息严格保密，仅提供研究决策参考使用。请如实填写为盼，谢谢支持！

《农村小型金融组织发展问题研究》课题组

1. 到您家最近的金融机构有多远？

1公里；3公里；5公里；5公里以外

2. 您在金融机构存钱的目的依次是：

应急（个人事件或自然灾害）；准备子女教育；建房和其他投资需要；应付养老；婚丧嫁娶；购买耐用消费品

3. 您选择存款机构考虑的重点依次为：

离家或工作地点较近；该机构比较可靠；需要时比较容易提取现金；该机构利息较高；该机构能提供贷款

4. 您知道周围有没有地下的或私人的高息存款或放贷？

有；没有；不知道

5. 您觉得当前存款取款方便吗?

很方便;比较方便;不太方便;很不方便

6. 您觉得当前从农业银行和信用社贷款方便吗?

很方便;比较方便;不太方便;很不方便

7. 如果您认为当前农业银行和信用社存款取款不方便,主要困难和问题是什么(限选三项)?

银行服务网点太少;存款取款银行太远;银行服务态度不好;存款利息太低;没有私人借款方便

8. 您当前想借款或贷款吗?

需要;不需要

如果需要,您想贷多少钱_____(万元)?主要用于什么?_____

(请写出数量和用途)

9. 如果要借款和贷款,您准备从哪里借款?

从农业银行贷款;从信用社贷款;从村镇银行贷款;农村资金互助社贷款;从亲戚朋友借款;借高利贷

10. 您知道村镇银行、小额贷款公司、农村资金互助社吗?

知道;不知道

11. 您对村镇银行、小额贷款公司和资金互助社信任吗?

信任;比较信任;不信任

如果不信任,您认为主要原因是?

规模小;不熟悉;风险高;贷款少

12. 您认为发展村镇银行、小额贷款公司和资金互助社可行吗?

有必要,可行;有必要,但有风险;不可行,风险太大

13. 您对村镇银行、小额贷款公司和资金互助社的满意度:

借款额度是否合适:是;否

借款手续是否简单:是;否

服务态度是否满意:是;否

工作人员有吃回扣:是;否

有不公平现象:是;否

14. 如果您认为向村镇银行等小型金融机构贷款困难,主要困难和原因是什么?(限选三项)

放款数量太少,不够用

手续太复杂，不方便

贷款利息比较高，受不了

没有抵押的财产，贷不了

没有关系，贷不到

15. 您认为为了贷款是否应该允许自己承包的土地来抵押？

应该；不应该

16. 您认为为了贷款是否应该允许用自己房屋抵押？

应该；不应该

17. 如果您从金融机构贷了款，到期还款时您准备怎么做？

有钱积极还；有钱先拖着；有钱也不想还；没钱设法还；没钱就不还

18. 如果不还金融机构的贷款，您认为对您有什么影响？

以后从金融机构贷不上款；村里人不信任；没有什么影响

19. 您们村搞信用村建设活动没有？

有；没有；没听说

20. 您们村的信用建设活动是谁来主持的？

政府主持；银行主持；村民自己主持

21. 您们村的信用建设活动除了信用评级之外还有哪些做法：_____

22. 您们家被评为信用户了吗？

是；没有

如果您家被评为信用户，您觉得以后贷款更方便了吗？

更容易；没变化；不容易

23. 您参加过农户联保小组吗？

参加；没有参加；不知道

24. 您是自己选择参加农户联保小组的还是村干部指定的？

自己选择的；村干部指定的

如果是自己选择，您会选择什么样的人参加联保小组？

亲戚；邻居；朋友；同村的人；有信誉的人都可以

25. 您参加的农户联保小组经常开会相互见面吗？

经常开会；有时开会；没开过会

26. 您认为通过参加农户联保小组向金融机构贷款更容易吗？

更容易；没变化；不容易

27. 您通过农户联保小组担保获得小型金融机构的贷款，您能按时归还吗？

能；不能

如果还不上钱，您认为会给您造成什么影响？

失去面子；担心无法继续和人交往；在村里不能待

28. 您认为现在的村规民约有没有用？

很有用；有点用；没有用

29. 您认为现在的人们守信用吗？

守信用；不守信用；不好说

30. 您同时借了私人的钱和金融机构的钱，您是先还私人的还是先还金融机构的，为什么？

先还私人的；先还金融机构的；同时还

31. 您参加了资金互助社吗？

参加了；没有参加；村里没有资金互助社

32. 您向农村资金互助社入股_____次，其中，入股金额分别为_____（百元）、_____（百元）、_____（百元）、_____（百元）

33. 您能从资金互助社借到钱吗？

能借到；借不到；没有借过

如能借到钱，您认为这部分钱能解决您当前遇到的问题吗？

能；部分能；不能

如果借不到，您是否还想继续参加资金互助社？

继续参加；不想参加；不知道

34. 您参与资金互助社的管理吗？

参与；想参与但没法参与；不想参与

非常感谢您参与此项调查！如有对村镇银行、小额贷款公司和农村资金互助社的其他建议、希望和要求请写出；对村里的信用建设活动还有什么好建议也一并请写出：

<table>
<tr><td colspan="6" align="center">一、基本情况</td></tr>
<tr><td>家庭地址</td><td colspan="5">省　　　市　　　区（县）　　　乡（镇）　　　村</td></tr>
<tr><td>户主年龄</td><td></td><td>户主性别</td><td></td><td>户主文化程度</td><td></td></tr>
<tr><td>家庭人数</td><td></td><td>在家务农人数</td><td></td><td>外出打工人数</td><td></td></tr>
<tr><td colspan="6" align="center">二、近两年以来收支状况</td></tr>
<tr><td>年均收入（元）</td><td></td><td colspan="2">年均支出（元）</td><td colspan="2"></td></tr>
<tr><td colspan="6" align="center">三、近两年以来申请贷款情况</td></tr>
<tr><td>申请贷款数（次）</td><td></td><td colspan="2">实际获得贷款数（次）</td><td colspan="2"></td></tr>
<tr><td colspan="6" align="center">四、当年金融状况</td></tr>
<tr><td>金融机构存款</td><td>（元）</td><td colspan="2">金融机构贷款</td><td colspan="2">（元）</td></tr>
<tr><td>农业银行存款</td><td></td><td colspan="2">农业银行贷款</td><td colspan="2"></td></tr>
<tr><td>信用社存款</td><td></td><td colspan="2">信用社贷款</td><td colspan="2"></td></tr>
<tr><td>村镇银行存款</td><td></td><td colspan="2">村镇银行贷款</td><td colspan="2"></td></tr>
<tr><td>资金互助社存款</td><td></td><td colspan="2">资金互助社贷款</td><td colspan="2"></td></tr>
<tr><td>手持现金</td><td></td><td colspan="2">小额贷款公司贷款</td><td colspan="2"></td></tr>
<tr><td>借与他人</td><td></td><td colspan="2">其中</td><td colspan="2"></td></tr>
<tr><td>购买有价证券</td><td></td><td colspan="2">信用贷款</td><td colspan="2"></td></tr>
<tr><td>购买保险</td><td></td><td colspan="2">抵押贷款</td><td colspan="2"></td></tr>
<tr><td>其他</td><td></td><td colspan="2">私人借款</td><td colspan="2"></td></tr>
<tr><td colspan="6" align="center">五、借款用途</td></tr>
<tr><td colspan="5">资金周转（临时应急性资金）</td><td>（笔）</td></tr>
<tr><td colspan="5">农业生产（包括种养殖业、设施农业（大棚）、购置农业机械等）</td><td>（笔）</td></tr>
<tr><td colspan="5">工商业（包括运输、购置出租车客车、承包工程、个体工商业、建库房等）</td><td>（笔）</td></tr>
<tr><td colspan="5">生活用途（包括买房、教育结婚等）</td><td>（笔）</td></tr>
<tr><td colspan="2">六、生产经营中遇到的问题</td><td colspan="2" align="center">是</td><td colspan="2" align="center">否</td></tr>
<tr><td colspan="2">生产经营中是否遇到困难</td><td colspan="2"></td><td colspan="2"></td></tr>
<tr><td colspan="2">是否缺少项目</td><td colspan="2"></td><td colspan="2"></td></tr>
<tr><td colspan="2">是否缺少资金</td><td colspan="2"></td><td colspan="2"></td></tr>
<tr><td colspan="2">是否缺少技术</td><td colspan="2"></td><td colspan="2"></td></tr>
<tr><td colspan="2">缺少思路</td><td colspan="2"></td><td colspan="2"></td></tr>
<tr><td colspan="2">没有市场</td><td colspan="2"></td><td colspan="2"></td></tr>
</table>

调查人员信息

姓名：

学校名称：

年级专业：

联系电话：

E-mail：

农村小型金融机构调查表

一、基本信息		
机构类型（村镇银行、小额贷款公司、农村资金互助社）		
员工人数		营业网点数
成立时间		注册资本（万元）
批准机构		
股东构成	所占股份比例（%）	
商业银行		
非银行金融机构		
信用合作社		
企业		
团体		
个人		
其他		

二、业务运营				
资金运用		资金来源		
3个月以内贷款		存款		
6个月贷款		其他负债		
1年以上贷款		资本金		
其他资产				
贷款对象	农户	个体工商户	专业合作社	微小型企业	其他企业
户数（户）					
余额（万元）					
贷款用途	农业	商贸易流通	服务业	工业	其他
余额（万元）					
资产状况	损失类比例（%）		正常类比例（%）		
近三年利润收入增长率（%）	2010年	2011年	2012年		
贷款方式	占总贷款比例（%）		平均利率		
抵押					

信用		
担保		
农户小组联保		

三、内部管理

董事会是否完备		监事会是否完备		行长（或总经理）外部聘任或内部任命	
内部管理部门数			管理人员数占比（%）		

调研提纲

　　基本内容：与农村小型金融组织相关信息，包括农村小型金融组织的组织结构、资本结构、治理结构、资产负债结构、工作人员组成，业务运作、信用风险管理，农村信用制度环境，乡村民俗习惯等。（注意关注民间借贷）

　　1. 农村小型金融组织发展还存在哪些制约因素？

　　2. 农村小型金融组织贷款主要投向非农项目，而远离了三农，您认为原因有哪些？

　　3. 如何使农村小型金融组织既能服务于三农，又能可持续性发展？您认为发展的动力是什么？

　　4. 贵单位的贷款安全保障机制有哪些特点？

　　5. 您认为小组联保贷款对保障贷款安全的作用如何？如何改进？

　　6. 您认为信用放款还缺乏哪些制约条件？农村中开展的信用村、信用户评级效果如何？

　　7. 贵单位的内部管理措施与商业银行相比有什么差异？

　　8. 您认为对农村小型金融组织的监管是否过度？还需要哪些方面的改革？

　　9. 您希望得到政府什么样的支持？

专业合作社负责人访谈问卷

1. 成立时间：A. 1—2 年　　B. 3—5 年　　C. 5 年以上

2. 入社社员：A. 20 人以下　　B. 20—50 人　　C. 50—100 人　　D. 100 人以上

3. 合作社社员的年龄结构：　　A. 45 岁以下　　B. 45 岁以上

4. 注册资本：A. 50 万元以内　　B. 50 万—100 万元　　C. 100 万元以上

5. 运作模式：A. 合作社租了农户的地　　B. 农户自己的地替合作社种，由合作社收购　　C. 两种均有

6. 合作社主要业务：A. 种植业　　B. 畜牧业　　C. 渔业　　D. 林业　　E. 农机　　F. 其他

7. 以什么形式获得贷款：A. 合作社资产　　B. 私人资产

8. 与社员农户的资金结算方式：A. 现金结算　　B. 转账

9. 社员的资金需求一般为多大，主要用途、利率、期限，社员间有没有互相借贷行为，获得银行贷款的社员多不多？

10. 合作社与社员关系是否紧密、进入退出频不频繁？

11. 如果农户需要贷款，愿不愿意为农户提供担保？

12. 如果银行贷了款给合作社的农户，你认为如何控制违约风险？

13. 在农户出现违约时，是否愿意协助银行控制信贷风险？

14. 当农户不能按时还款时，农民专业合作社有什么办法可以让农户还款？（咨询农民专业合作社负责人）

15. 合作社在没有抵押的情况下怎样获得贷款，突破融资困境？（负责人的想法、信用社信贷员的想法）

16. 有没有听说过资金互助社？鼓励信用合作？

17. 如果要为农户贷款做担保的话，您认为要满足什么条件（　　　　）

A. 由合作社对农户进行筛选　　B. 农户信贷资金由合作社代管，仅限用于农业生产　　C. 还款由合作社收购农产品时代扣　　D. 要求各农户间互保，并为合作社提供反担保

专业合作社社员（农户）访谈问卷

一、基本情况

1. 性别

A. 男　B. 女

2. 年龄

A. 18—35 岁　B. 36—45 岁　C. 45 岁以上

3. 文化水平

A. 小学以下　B. 初中　C. 高中　D. 大专以上

4. 是否有外出打工经历？

A. 是　　B. 否

5. 是否为党员？

A. 是　B. 否

6. 是否为村干部或是否曾担任过村干部？

A. 是　　B. 否

7. 是否参加过"公司+农户"的养殖或种植（如天农、温氏）？

A. 是　B. 否

二、加入专业合作社后情况

8. 怎么加入农民专业合作社的？

A. 自己主动打听并加入　B. 其他社员介绍　C. 村委会介绍

9. 加入农民专业合作社时间？

A. 1 年　B. 2 年　C. 3 年　D. 3 年以上

10. 你的家庭年纯收入（收入减去支出剩下多少）？

A. 1 万元以内　B. 1 万—3 万元　　C. 3 万—5 万元　　D. 5 万元以上

11. 你当前的生产经营规模情况？

A. 1 万—5 万元　B. 5 万—8 万元　C. 8 万—10 万元　D. 10 万元以上

12. 你加入合作社的目的是？

A. 解决农产品销售难问题　B. 可得到物美价廉的化肥、农药等农资

　C. 解决生产技术问题　D. 保护价收购农产品，可以抵御市场风险

E. 可以使自己生产的产品有品牌，提高竞争力

13. 加入合作社后，你们家的经济效益改变情况（请打"√"）

经营规模	A. 减少	B. 不变	C. 扩大
生产产量	A. 减少	B. 不变	C. 扩大
产品价格	A. 减少	B. 不变	C. 扩大
生产成本	A. 减少	B. 不变	C. 扩大
产品收益	A. 减少	B. 不变	C. 扩大

14. 是否有租入别人家的土地？

A. 有　B. 没有

15. 你所在的农民专业合作社为你提供哪些服务内容？

A. 统一销售　B. 统一提供生产资料　C. 技术培训和指导　D. 直接提供贷款　E. 提供担保，帮助从银行获得贷款

16. 如果收入提高了，大概有多大比例（　　）是由于加入农民专业合作社获得的？

17. 你对农民专业合作社信任吗？

A. 信任　　B. 有些顾虑　　C. 不信任

三、金融服务情况

加入农民专业合作社之前申请贷款情况			
私人借款次数：	（次）		
申请银行贷款数	（次）	实际获得银行贷款数	（次）
借款用途			
资金周转（临时应急性资金）			（笔）
农业生产（包括种养殖业、设施农业（大棚）、购置农业机械等）			（笔）
工商业（包括运输、购置出租车客车、承包工程、个体工商业、建库房等）			（笔）
生活用途（包括买房、教育、结婚等）			（笔）
加入农民专业合作社后申请贷款情况			
私人借款次数：	（次）		
申请银行贷款数	（次）	实际获得银行贷款数	（次）
借款用途			
资金周转（临时应急性资金）			（笔）
农业生产（包括种养殖业、设施农业（大棚）、购置农业机械等）			（笔）
工商业（包括运输、购置出租车客车、承包工程、个体工商业、建库房等）			（笔）
生活用途（包括买房、教育、结婚等）			（笔）

18. 你家到镇上多少公里？

A. 1—5 公里　B. 5—8 公里　C. 8—10 公里　D. 10 公里以上

19. 近期是否有资金需求？

A. 有　B. 没有

如果有，想借多少钱？（无需求，不需填写）

A. 1 万—5 万元　B. 5 万—8 万元　C. 8 万—10 万元　D. 10 万元以上

如果有，想借多长时间？（无需求，不需填写）

A. 1 年　B. 2 年　C. 3 年　D. 4 年以上

借款用途是什么？

如果想借钱，您家庭计划的借贷途径为（无需求，不需填写）：

A. 私人借贷　B. 农业银行　C. 农村信用社　D. 邮政银行　E. 小额贷款公司

20. 你家现在购买了哪些保险？

A. 种植业保险　B. 畜牧保险 C. 财产保险　D. 人寿保险

21. 你家是否有亲戚在政府、学校上班？

A. 有　B. 没有

如果有，他们愿意为你提供担保向银行申请贷款吗？

A. 愿意　B. 不愿意　C. 不知道或者不清楚

22. 你对网上银行、自助银行（ATM）了解程度

A. 不知道　B. 听说过　C. 使用过

23. 你现在到银行办事是用存折还是银行卡？

A. 用存折，排队等候　B. 用银行卡，排队等候　C. 用银行卡，在自动柜员机操作（ATM 机）

24. 你对支农贷款产品如农户小额信用贷款、林权抵押贷款、联保贷款的了解程度

A. 不知道，没听说过　B. 听说过　C. 尝试过申请

25. 如果你从银行贷了款，到时还款时你准备怎么做？

A. 积极主动还　B. 有钱先拖着　C. 有钱也不想还　D. 没钱就不还

26. 如果不还银行的贷款，你认为对你有什么影响？

A. 以后从银行贷不上款　B. 村里人不信任，其他农户不信任

C. 没有什么影响

27. 你同时借了私人的钱和银行的钱，你是先还私人的还是银行的？

A. 先还私人的　　B. 先还银行的　　C. 同时还

28. 如果农民专业合作社愿意为你出面担保，你愿意借款吗？

A. 愿意　B. 不愿意

29. 如果合作社出面担保，你获得银行贷款后，到时还款是你准备怎么做？

A. 积极主动还　　B. 有钱先拖着　　C. 有钱也不想还　　D. 没钱就不还

30. 如果专业合作社为你进行了担保，你是否同意通过扣减货款来偿还银行贷款？

A. 同意　B. 不同意

四、开展互助合作意愿情况

31. 加入农民专业合作社的农户是否大多为同一个村的？

A. 是同一个村的　　B. 有同村的，也要隔壁村的

32. 与其他社员平时见面多不多

A. 经常见面　B. 较少见面，联系不多　　C. 从不联系

33. 对农民专业合作社社员熟悉程度

A. 与 3—5 户熟悉　　B. 与 6—8 户熟悉　　C. 与 9 户以上熟悉

34. 你是否知道专业合作社社员的手机号码或电话号码？

A. 知道　B. 对于熟悉的就知道，对于不熟悉的就不知道　　C. 都不知道

35. 你认为其他社员是否讲信用？

A. 大部分都讲信用　B. 大部分都不讲信用　　C. 自己熟悉的一般都是讲信用的　　D. 不好说

36. 你现在是否借过钱给其他社员？

A. 有　　B. 没有

37. 其他社员是否借过钱给你？

A. 有　　B. 没有

38. 如果有松动的资金，是否愿意借给其他你熟悉的社员？

A. 有　　B. 没有

39. 你是否愿意与其他熟悉的农户组成联保小组，共同向银行申请贷款，共同承担责任？

A. 有　B. 没有

40. 如果你借了款给其他社员，怎么样保证他会按时还款？

41. 如果联保贷款中有成员不还银行贷款，你作为联保小组成员，是否愿意协助银行提醒农户还款？

A. 为了以后自己能贷到款，愿意协助　B. 不愿意协助，怕得罪他

42. 如果国家政策允许，你认为为了贷款是否应该允许自己承包的土地来抵押？

A. 同意　B. 不同意

43. 如果国家政策允许，你认为为了贷款是否允许自己的房屋拿来抵押？

A. 同意　B. 不同意

44. 是否愿意在专业合作社的基础上，入股 1 千元到 2 千元，这笔资金是大家出的，组建资金互助社，将资金按照银行利率贷给其他社员农户？

A. 愿意　B. 不愿意

45. 如果成立资金互助社，它能为你提供比银行方便快捷、手续简单的贷款服务，你觉得会对你以后的生产、生活有作用吗？

A. 有作用　B. 不清楚或不知道　C. 没作用

46. 如果成立资金互助社，你认为你所在的专业合作社有这样的人能管好这些资金吗？

A. 有　B. 没有

47. 如果成立的资金互助社借了款给社员，你认为他（她）会按时还款吗？

A. 会　B. 不会　C. 不清楚或不知道

参考文献

蔡伟：《关于商业性小额贷款公司可持续发展的思考》，《金融纵横》2009 年第 7 期。

柴瑞娟：《村镇银行发展研究》，《理论探索》2012 年第 4 期。

陈立辉、刘西川：《农村资金互助社异化与治理制度重构》，《南京农业大学学报》（社会科学版）2016 年第 5 期。

陈雨露、马勇：《中国农村金融论纲》，中国金融出版社 2010 年版。

程恩江、Abdullahi D. Ahmed：《信贷需求：小额信贷覆盖率的决定因素之——来自中国北方四县调查的证据》，《经济学（季刊）》2008 年第 4 期。

池国华：《内部控制学》，北京大学出版社 2013 年版。

戴序、张世鸿、邓勇：《我国微型金融可持续发展的战略选择》，《吉林金融研究》2013 年第 3 期。

董志强：《制度及其演化的一般理论》，《管理世界》2008 年第 5 期。

杜晓山：《商业化、可持续小额信贷的新发展》，《中国农村经济》2003 年第 10 期。

杜晓山：《中国小额信贷十年》，社会科学文献出版社 2005 年版。

杜晓山、刘文璞：《小额信贷原理及运作》，上海财经大学出版社 2001 年版。

杜晓山、刘文璞、张保民等：《中国公益性小额信贷》，社会科学文献出版社 2008 年版。

杜晓山、孙若梅：《中国小额信贷的实践和政策思考》，《财贸经济》2000 年第 7 期。

范香梅、彭建刚：《国际小额信贷模式运作机制比较研究》，《国际经贸探索》2007 年第 6 期。

高改芳：《村镇银行起步艰难》，《中国证券报》2008 年第 5 期。

葛永波、周倬君、马云倩：《新型农村金融机构可持续发展的影响因素与对策透视》，《农业经济问题》2011 年第 12 期。

谷卓桐、陈俊求：《微型金融可持续发展研究文献综述》，《上海金融》2014 年第 9 期。

何广文：《"只贷不存"机构运作机制的特征与创新》，《银行家》2006 年第 11 期。

何广文：《以金融创新促进农村信用合作社小额贷款业务健康发展》，《中国农村信用合作》2002 年第 2 期。

何广文、杨虎锋：《小额贷款公司制度目标及其实现路径探讨》，《农村金融研究》2012 年第 6 期。

何文广、李莉莉：《正规金融机构小额信贷运行机制及其绩效评价》，中国财政经济出版社 2005 年版。

胡必亮、刘强、李晖：《农村金融与村庄发展：基本理论、国际经验与实证分析》，商务印书馆 2006 年版。

胡聪慧：《小额贷款公司的信贷风险及其控制——基于平遥模式的调查与思考》，《理论探索》2008 年第 1 期。

江能、邹平：《联保贷款违约传染机制研究》，《特区经济》2009 年第 12 期。

江能、邹平：《联保机制对贷款还款率的影响研究》，《统计与决策》2008 年第 5 期。

焦瑾璞：《微型金融学》，中国金融出版社 2013 年版。

焦瑾璞、杨骏：《小额信贷和农村金融》，中国金融出版社 2006 年版。

［美］雷蒙德·W. 戈德史密斯：《金融结构与金融发展》周朔译，上海三联书店 1994 年版。

李波：《对微型金融的认识及发展建议》，《武汉金融》2009 年第 3 期。

李长生、蔡波：《农村微型金融可持续发展及其影响因素研究》，《江西农业大学学报》（社会科学版）2012 年第 12 期。

李成：《金融学》，科学出版社 2009 年版。

李虹：《激励、合作范围与担保制度创新：李庄模式研究》，《金融研究》2006 年第 3 期。

李瑾、罗剑朝、王佳楣：《新型农村金融机构政策支持问题研究》，《财会月刊》2013 年第 7 期。

李明贤、周孟亮：《我国小额信贷公司的扩张与目标偏移研究》，《农业经济问题》2010 年第 12 期。

李锐、李超：《农户借贷行为和偏好的计量分析》，《中国农村经济》2007 年第 8 期。

李岳云、聂振平：《产权安排与微型金融机构的社会责任——基于江苏 375 家小额贷款公司的实证分析》，《江海学刊》2014 年第 5 期。

李镇西：《微型金融机构社会绩效管理研究》，中国金融出版社 2012 年版。

［美］理查德·斯科特、杰拉尔德·F. 戴维斯：《组织理论——理性、自然与开放系统的视角》，高俊山译，中国人民大学出版社 2011 年版。

廖继伟：《村镇银行经营行为趋势与发展方向——基于对四川省村镇银行的实证分析》，《现代经济探讨》2010 年第 12 期。

廖进球：《产业组织理论》，上海财经大学出版社 2012 年版。

刘丹冰、许燕：《村镇银行的发展现状、问题与法律对策——以西北地区的调查为依据》，《西北大学学报》2015 年第 9 期。

刘文璞：《非政府组织小额信贷的可持续发展：中国小额信贷十年》，社会科学文献出版社 2005 年版。

刘西川、黄祖辉、程恩江：《小额信贷的目标上移：现象描述与理论解释——基于三省（区）小额信贷项目区的农户调查》，《中国农村经济》2007 年第 8 期。

刘锡良、洪正：《多机构共存下的小额信贷市场均衡》，《金融研究》2005 年第 3 期。

茅于轼：《小额贷款机构的所有权》，《农村金融研究》2008 年第 2 期。

诺思：《新制度经济学及其发展》，载孙宽平主编《转轨、规制与制度选择》，社会科学文献出版社 2004 年版。

欧阳红兵、胡瑞丽：《微型金融在我国的发展》，《金融财税研究》

2007 年第 10 期。

欧阳敏华:《基于模糊综合的商业小额信贷可持续发展评价》,《商业时代》2009 年第 5 期。

邱子建、李继山:《农村合作资金互助社——合作与互补》,《中国农村信用合作》2007 年第 5 期。

任常青:《市场定位决定村镇银行的可持续性》,《中国金融》2011年第 2 期。

任常青:《新型农村金融机构——村镇银行、贷款公司和农村资金互助社》,经济科学出版社 2012 年版。

石涛:《农村金融机构风险补贴与可持续运营研究评述》,《中南财经政法大学研究生学报》2011 年第 5 期。

孙保营:《河南省村镇银行的发展困局与现实应对》,《郑州大学学报》(哲学社会科学版) 2015 年第 3 期。

孙若梅:《小额信贷与农民收入——理论与来自扶贫合作社的经验数》,中国经济出版社 2006 年版。

孙若梅:《小额信贷在农村信贷市场中作用的探讨》,《中国农村经济》2006 年第 8 期。

汤文东:《对小额信贷组织可持续发展的思考》,《金融理论与实践》2009 年第 1 期。

汪三贵:《中国小额信贷可持续发展的障碍和前景》,《农业经济问题》2000 年第 12 期。

汪万明:《对黔江县域小额贷款公司发展现状的调查》,《金融参考》2013 年第 1 期。

王国良、褚利明:《微型金融与农村扶贫开发》,中国财政经济出版社 2009 年版。

王美智:《村镇银行涉农业务分析及政策建议——以天津市为例》,《金融观察学报》2013 年第 5 期。

王曙光:《新型农村金融机构运行绩效与机制创新》,《中共中央党校学报》2008 年第 12 期。

王维:《微型金融组织治理结构研究》,中国金融出版社 2012 年版。

王兴顺、马兰青:《困境与出路——青海省乐都兴乐农村资金互助社调查》,《青海金融》2011 年第 10 期。

王修华、贺小金、何婧:《村镇银行发展制度约束及优化设计》,《农业经济问题》2010 年第 8 期。

王修华、刘志远、杨刚:《村镇银行运行格局、发展偏差及应对策略》,《湖南大学学报》2013 年第 1 期。

王煜宇:《新型农村金融服务主体与发展定位:解析村镇银行》,《改革》2012 年第 4 期。

韦伯:《儒教与道教》,江苏人民出版社 1993 年版。

[美] 沃尔特·W. 鲍威尔:《组织分析的新制度主义》,姚伟译,上海人民出版社 2008 年版。

吴国宝:《扶贫模式——中国小额信贷扶贫研究》,中国经济出版社 2001 年版。

吴敬:《基于有限理性的农村联保贷款合谋防范机制设计》,《上海金融》2012 年第 7 期。

吴晓灵、焦瑾璞:《中国小额信贷蓝皮书(2009—2010)》,经济科学出版社 2011 年版。

W. 理查德·斯科特:《制度与组织——思想观念与物质利益》,中国人民大学出版社 2010 年版。

谢升峰:《微型金融与低收入群体信贷——理论及对我国新型农村金融机构的解析》,《宏观经济研究》2010 年第 9 期。

熊芳、龚萍、马志峰:《经营能力对微型金融机构社会扶贫功能影响的实证研究》,《金融发展研究》2013 年第 1 期。

熊学萍、阮红新、易法海:《农户金融行为、融资需求及其融资制度需求指向研究——基于湖北省天门市的农户调查》,《金融研究》2007 年第 8 期。

杨峰:《中国农户联保贷款的制度缺陷与优化》,《农村经济》2011 年第 10 期。

杨亦民、肖金桂:《农村新型金融组织双重目标的冲突与协调》,《湖南农业大学学报》(社会科学版)2012 年第 2 期。

袁泽清:《小额贷款公司的公司治理结构评析》,《南方金融》2008 年第 6 期。

岳彩申、刘中杰:《农村金融制度改革路径的反思与转换》,《金融法论坛》2013 年第 1 期。

张世春：《小额信贷目标偏离解构：粤赣两省证据》，《改革》2010年第9期。

张婷：《农户联保贷款的风险管理探析》，《统计与决策》2009年第3期。

张伟：《微型金融理论》，中国金融出版社2011年版。

张正平：《中国农户联保贷款的发展条件：基于演化博弈论的分析》，《农业技术经济》2012年第5期。

张正平、何广文：《国际小额信贷可持续发展的绩效、经验及其启示》，《金融理论与实践》2012年第11期。

赵冬青、王康康：《微型金融的历史与发展综述》，《金融发展研究》2009年第1期。

赵天荣：《农村微型金融组织的制度缺陷与功能异化》，《经济问题》2012年第4期。

赵岩青、何广文：《农户联保贷款有效性分析》，《金融研究》2007年第7期。

赵岩青、何广文：《声誉机制、信任机制与小额信贷》，《金融论坛》2008年第1期。

中国农村金融学会：《中国农村金融改革发展三十年》，中国金融出版社2008年版。

中国社会科学院：《社会蓝皮书：2016年中国社会形势分析与预测》，社会科学文献出版社2015年版。

钟春平、孙焕民、徐长生：《信贷约束、信贷需求与农户借贷行为：安徽的经验证据》，《金融研究》2010年第11期。

周小斌、耿洁、李秉龙：《影响中国农户借贷需求的因素分析》，《中国农村经济》2004年第8期。

周雪光：《组织社会学十讲》，社会科学文献出版社2003年版。

周振海：《基于垄断和价格管制条件下的中国农村小额信贷市场分析》，《金融研究》2007年第8期。

朱乾宇：《中国农村小额信贷影响研究》，人民出版社2010年版。

Aghion，B. and J. Morduch. Microfinance，"Beyond Group Lending"，*Economics of Transition*，August 2000.

Ahmad Nawaz，"Performance of Microfinance：The Role of Subsidies"，

CEB Working Paper, 2009.

Aniket, K., "Sequential Group Lending With Moral Hazard", *ESE Discussion Paper*, No. 136, 2007.

Armendáriz de Aghion, B., Morduchet et al., *The Economics of Microfinance*, Cambridge, MA: The MIT Press, 2005.

Armendáriz de Aghion, B., Morduch. et al., "Microfinance beyond Group Lendding", *The Economics of Transition*, Vol. 8, No. 2, 2000.

Armendáriz, B., and A. Szafarz, *On Mission Drift of Microfinance*, Brussels: Université Libre de Bruxelles, Institutions CEB Working Papers Series, 2009, pp. 9–15.

Aubert, Janvry and Sadoulet, "Designing Credit Agent Incentives to Prevent Mission Drift in Pro-poor Microfinance Institutions", *Journal of Development Economics*, Vol. 90, 2009.

Axelrod, Robert, *The Evolution of Cooperation*, New York: Basic Books, 1984.

Ayi Gavriel Ayayi, Maty Sene, "What Drives Microfinance Institution's Financial Sustainability", *The Journal of Developing Areas*, Vol. 44, No. 1, 2010.

Bakhtiari, S., "Microfinance and Poverty Reduction", *International Business and Economics Research Journal*, Vol. 5, No. 12, 2006.

Balkenhol, B., *Microfinance and Public Policy: Outreach, Performance and Efficiency*, New York: Palgrave Editinon, 2007.

Beatriz Armendariz, Ariane Szafarz, "On Mission Drift in Microfinance Institutions", *Working Papers CEB*, 2009.

Beatriz Armendáriz, Jonathan Morduch, *The Economics of Microfinance, Second Edition*, Massachusetts: The MIT Press, 2010.

Besley, T., Coate, S., "Group Lending, Repayment Incentives and Social Collateral", *Journal of Development Economics*, No. 2, 1995.

Bhatt, N. and Shui-Yan Tang, "Delivering Microfi-nance in Developing countries", *Policy Studies Journal*, Vol. 29, No. 2, 2001.

Cason, T. N., Gangadharan, et al., "Moral Hazard and Peer Monitoring in Alaboratory Microfinance Experiment. Institute for Research in the Behavioral,

Economic, and Management Sciences", *Working Paper*, No. 1208. http: // www. krannert. purdue. edu/programs/phd/Working － paper － series/Year － 2008/1208. pdf, 2008.

Chowdhury, P. R. , "Group Lending: Sequential Financing, Lender Monitoring and Joint Liability", *Journal of Development Economics*, No. 77, 2005.

Chowdhury, P. R. , "Group Lending with Sequential Financing, Contingent Renewal and Social Capital", *Journal of Development Economics*, No. 84, 2007.

Christen, Rhyne, Vogel, *Maximizing the Outreach of Microenterprise Finance: An Analysis of Successful Microfinance Programs*, USAID Program and Operagramstions As Sessment Report, No. 8, 1995.

Christen, R. P. , Rhyne, E. , *Maximizing the Outreach of Microenterprise Finance*, The Emerging Lessons of Successful Programs. USAID, CAER_ Consulting Assistance on Economic Reform, Discussion Paper, 1995.

Christen, P. , "*Commercialization and Mission Drift*", Occasional Paper, Washington D. C.: CGAP, 2001.

Christen, R. P. , Mc Donald, J. , *The Microbanking Bulletin*, The Economics Institute Boulder, Vol. 1, 1997.

Conning, J. , "Outreach, Sustainability and Leverage in Monitored and Peer-Monitored Lending", *Journal of Development Economics*, Vol. 60, No. 5, 1999.

CUAP, "Financial Institutions with a Double Bottomline; Implications for the Future of Microfinance", *Occasional Paper*, No. 8, 2004.

Cull, R. , Demirguc－Kunt A. , Morduch, J. , "Microfinance Meets the Market", *Journal of Economic Perspectives*, Vol. 23, No. 1, 2009, pp. 167-192.

Drake, D. , E. Rhyne, *The Commercialization of Microfinance: Balancing Business and Development*, Bloomfield, CT: Kumarian Press, 2002.

Frank, C. , *Stemming the Tide of Mission Drift: Microfinance Transformations and the Double Bottom Line. Focus Note*, April 17, Women's World Banking, 2008.

Freixas, X. , Rochet, J. C. , *Microeconomics of banking*, Cambridge, MA: MIT Press, 1997.

Ghatak, M. , Guinnane, T. W. , "The Economics of Lending with Joint

Liability: Theory and Practice", *Journal of Development Economics*, Vol. 60, No. 21999, pp. 195-228.

Ghatak, M., "Group Lending, Local Information and Peer Selection", *Journal of Development Economics*, Vol. 60, No. 1, 1999.

Ghatak, M., "Screening by the Company You Keep: Joint Liability Lending and the Peer Selection Effect", *The Economic Journal*, Vol. 110, No. 465, 2000.

Ghosh, S., and E. Van Tassel, *A Model of Mission Drift in Microfinance Institutions*, November 25. Available at http: // home. fau. edu/sghosh/web/ images/ MDNovember25. pdf, 2008.

Gulli, H., *Microfinance and poverty*, New York: International American Development Bank, 1998.

Gunman, J. M., "Assortative Matching, Adverse Selection and Group Lending", *Journal of Development Economics*, *Elsevier*, Vol. 87, No. 1, 2008.

Hartarska, V., "Governance and Performance of Microfinance Institutions in Central and Eastern Europe and The Newly Independent States", *World Development*, Vol. 33, No. 10, 2005, pp. 1627-1643.

Hermes, N. and Lensink, R., "Microfinance: Its Impact Outreach and Sustainability", *World Development*, Vol. 39, No. 6, 2011.

Hermes, N., "Does Microfinance Affect Income Inequality?", *Applied economics*, Vol. 46, No. 9, 2014.

Hishigsuren, G., "Evaluating Mission Drift in Microfinance: Lessons for Programs with Social Mission", *Evaluation Review*, Vol. 31, No. 3, 2007.

Holcombe, S. H., *Managing to Empower: The Grameen Bank's Experience of Poverty Alleviation*, London: Zed Press, 1995.

Hossain, M., *Credit Alleviation of Rural Poverty: the Grameen Bank in Bangladesh*, Washington D. C.: IFPRI, 1988.

Hudon, M., Traca, D., "On the Efficiency Effects of Subsidies in Microfinance: An Empirical Inquairy", *CEB Working Paper*, 2008.

Hulme, David and Paul Mosley, *Finance against Poverty*, London: Routledge, 1996.

Hulme, D., and P. Mosley, *Financial Sustainability*, Targeting the Poorest, and Income Impact: Are There Trade-offs for Microfinance Institutions?, CGAP Focus Note, 5, December 1996.

J. Laffont, T. N. Guessan, "Group Lending with Adverse Selection", *European Economic Review*, Vol. 44, No. 4 – 6, 2000.

Jain, S., Mansuri, G., "A Little at a Time; the Use of Regularly Scheduled Repayments in Microfinance Programs", *Journal of Development Economics*, *Elsevier*, Vol. 72, No. 1, 2003.

James, C., "Mainstreaming Microfinance: Social Performance Management or Mission Drift?", *World Development*, Vol. 35, No. 10, 2007, pp. 1721-1738.

Jessica Schicks, "Developmental Impact and Coexistence of Sustainable and Charitable Microfinance Institutions: Analysing Banco Sol and Grameen Bank", *The European Journal of Development Research*, 2008.

Johnson, S., Rogaly, B., *Microfinance and Poverty Reduction*, Oxford: Oxfam and London; Action Aid, 1997.

Kai, H., "Competition and Wide Outreach of Microfinance Institutions", *Economics Bulletin*, Vol. 29, 2009.

Kamal Vatta, "Microfinance and Poverty Alleviation", *Economic and Political Weekly*, No. 5, 2003.

Karlan, Dean, "Using Experimenetal Economics to Measure Socialcapital and Predict Real Financial Decisions", *American Economic Review*, Vol. 95, No. 5, 2005, pp. 1688-1699.

Khandker, S. R., *Fighting Poverty with Microcredit; Experience in Bangadesh*, Oxford: Oxford University Presa, 1998.

Kreps, David M., *"Corporate Culture and Economic Theory" In James Alt and Kenneth Shepsle (eds.). Perspectives on Positive Political Economy*, New York: Cambridge University Press, 1990, pp. 90-143.

Lapenu, C. M. Zeller, "Distribution, Growth, and Performance of the Microfinance Institutions in Africa, Asia and Latin America: A Recent Inventory", *Savings and Development*, Vol. 26, No. 1, 2002.

Lewis, D. K., *Convention: A Philosophical Study*, Cambridge, Massachusetts: Harvard University Press, 1969, p. 58.

Manfred Zeller, Richard L. Meyer, *The Triangle of Microfinance*:

Financial Sustainability, *Outreach and Impact*, Baltimore and London: The Johns Hopkins University Press, 2002.

Manion, Melanie, *Retirement of Revolutionaries in China: Public Policies, Social Norms, Private Interest*, Princeton, NJ: Princeton University Press, 1993.

Manos, R. and J. Yaron, "Key Issues in Assessing the Performance of Microfinance Institutions", *Canadian Journal of Development Studies*, Vol. 29, No. 1-2, 2009.

Mawa, B., "Impact of Microfinance", *Pakistan Journal of Social Sciences*, Vol. 5, No. 9, 2008.

McIntosh, Craig and Bruce Wydick, "Competition and Microfinance", *Journal of Development Economics*, No. 78, 2005.

McIntosh, C. G. Villaran, and B. Wydick, "Microfinance and Home Improvement: Using Retrospective Panel Data to Measure Program Effects on Fundamental Events", *World Development*, Vol. 39, No. 6, 2011.

Mehrteab, H. T., *Adverse Selection and Moral Hazard in Group Based Lending: Evidence from Eritrea*, The Netherlands: University of Groningen, http: //irs. Ub. Rug. nl/ ppn/271447184, 2005.

Mersland, R., and R. O. Stroem, "Performance and Governance in Microfinance Institutions", *Journal of Banking and Finance*, Vol. 33, No. 4, 2009.

Milgrom, Paul., Douglass C. North, and Barry R. Weingast, "The of Institutions in Revival of Trade: The Law Merchant, Private Judges, and the Champagne Fairs", *Economics and Politics*, Vol. 2, No. 1, 1990, pp. 1-23.

Montgomery, J., Weiss, J., *Great Expectations: Microfinance and Poverty Reduction in Asia and Latin America*, ADB Institute Research Paper Series, No. 63, 2005.

Morduch, Jonathan, "The Microfinance Promise", *Journal of Economic Literature*, Vol. 37, No. 4, 1999, pp. 1569-1614.

Morduch, J., "The Microfiance Schism", *World Development*, Vol. 28, No. 4, 2000.

Morduch, J., *Microfinance Sustainability. A Consistence Framework and New Evidence on the Grameen Bank*, Discussion Paper from the Department of

Economics and HIID. Harvard University, 1997.

Okura Mahito, Zhang Wei, "Group Lending with Sequential Moves", *Discussion Paper*, No. 9, 2010.

Otero, M., and E. Rhyne, *The New World of Microenterprise Finance: Building Healthy Financial Institutions for the Poor. West Hartford*, CO: Kumarian Press Inc., 1994.

Parker, Pearce, *Microfinance Grants and Non-financial Responses to Poverty Reduction*, Washington, D. C.: Consultative Group Focus Note, No. 20, 2001.

Paul Mosley, David Hulme, "Microenterprise Finance: Is There a Conflict Between Growth and Poverty Alleviation?", *World Development*, Vol. 26, No. 5, 1998, pp. 783-790.

Perera. D., *Commercial Microfinance: A Strategy to Reach the Poor?*. Working Paper Series, University of Kelaniya-Department of Accountancy Remenyi J., Where Credit Is Due, London: It Publications, January 16, 1991.

Remenyi, J., *Where Credit is Due*, London: IT Publications, 1991.

Rosenberg R., "Measuring Results of Microfinance Institutions Minimum: Indicators that Donors and Investors Should Track", *A Technical Guide*, No. 1, 2009.

Roy Mersland, Ludovic Urgeghe, "International Debt Financing and Performance of Microfinance Institutions", *Strat. Change*, No. 22, 2013.

Schreiner, M., "Aspects of Outreach: A Framework for Discussion of the Social Benefits of Microfinance", *Journal of International Development*, Vol. 14, No. 5, 2002.

Sharma S. R., Nepal V., *Strengthening of Credit Institutions: Programs for Rural Poverty Alleviation in Nepal*, Bangkok, Thailand: United Nations, Economic and Social Council (ECOSOC) for Asia and Pacific, 1997.

Sharma, M. and C. Buchenrieder, *Impact of Microfinance on Food Seccurity and Poverty Alleviation: A Review and Synthrsis of Empirical Evidence*, ed. Zeller M. and R. Meyer the Triangle of Microfinance: Financial Sustainability, Outreach and Impact, 221 - 240. Baltimore: Johns Hopkines University Press, 2002.

Stiglitz J., "Peer Monitoring and Credit Markets", *World Bank Economic*

Review, No. 3, 1990.

Tassel, E. V., "Household Bargaining and Microfinance", *Journal of Development Economics*, No. 74, 2004.

Thapa, G., "Sustainability and Governance of Microfinance Institutions: Recent Experiences and Some Lessons for Southeast Asia", *Asian Journal of Agriculture and Development*, No. 1, 2007.

Thorp, R., Stewart F., Heyer A., "When and How far is Group Formation a Route out of Chronic Poverty?", *World Development*, Vol. 33, No. 6, 2005.

Tulchin, D., *Microfinance and the Double Bottom Line: Measuring Social Return for the Microfinance Industry and Microcredit with Education Programs.* Available at http: // www. socialenterprise. net/pdfs/ microfinance _ education. pdf, 2003.

Varian, H., "Monitoring Agents with Other Agents", *Journal of Institutional and Theoretical Economics*, Vol. 146, No. 1, 1990, pp. 153−174.

Weber, Max, *The Protestant Ethic and the Spirit of Capitalism*, New York: Scribner, 1952.

Weiss, J., Montgomery, H., "Great Expectations: Microfinance and Poverty reduction in Asia and Latin America", Oxford Development Studies, *Taylor and Francis Journals*, Vol. 33, 2005.

Wydick, B., "Can Social Cohesion be Harnessed to Repair Market Failures? Evidence from Group Lending in Guatemala", *The Economic Journal*, Vol. 109, No. 457, 1999.

Yaron and Jacob, "Successful Rural Finance Institutions", *World Bank Discussion Papers*, No. 150, 1992.

后　记

　　本书是在国家社会科学基金一般项目资助的"农村小型金融组织发展的问题研究"（编号：12BJY097）课题基础上完成的。课题尽管已经结项，相关成果获得同行专家的充分肯定，笔者与课题组从事的农村小型金融组织发展问题的探索仍在继续，我们满怀敬畏迎接实践对相关研究结论的检验。

　　以往的研究对于中国农村小型金融组织发展中的问题如小组联保制度失效、农村信用制度构建滞后以及组织内部管理落后等问题，国内一些研究也给予了关注，但对这些问题的研究更多以单个理论角度进行阐释，多学科、多角度有见地的理论解释并不多见。农村小型金融组织由于类型众多、规模较小和地域分散导致其行为差异性较强，单一的理论与政策难以涵盖所有的农村小型金融组织，相应的农村小型金融组织改革发展的举措也不少，但固有的问题却总得不到有效解决，农村小型金融组织的发展依然困难重重。因此，综合多学科理论，利用国内外学术界的研究精华以及实地调研所掌握的第一手资料，通过理论框架的构建和实际因素分析，对农村小型金融组织问题进行研究是一项创新性的工作。在认真进行理论研究的同时，课题组围绕承担的国家社科基金项目做了大量的实地调查。从2012年12月至2016年6月期间，课题组教师或自己，或带领学生分别在重庆、四川、陕西、甘肃、青海、新疆、广东等地进行问卷调查与实地考察。通过实地考察，我们较为准确、翔实地掌握了第一手资料，也深切感受到农村小型金融组织发展所蕴含的理论与政策问题的复杂性。

　　从2012年开始承担课题研究算起，农村小型金融组织发展的问题研究与调查活动历经了六个春秋，往事回首历历在目。参与课题研究的老师和学生们田野里热烈的讨论，调查地淳朴农民的热情好客以及基层农村金融组织员工乐观而积极的工作态度都镌刻在我持久的美好回忆之中。感谢陕西师范大学博士生导师刘明教授对课题研究的大力支持与热情帮助，与刘明教授一起带领学生在广袤的农村大地调研总能聆听到其对我国农村金融改革与发展的真知灼见，书稿的修订与完善也得益于刘明教授的建设性意见。感谢中国人民银行广东分行清远支行邓伟平博士对本书第四章第四节，第七章第二节、第三节的重要贡献。感谢课题组杨俊玲老师、王伟博士、赵蕊老师在问卷调查和文字整理方面所做的工作。

在此，我要感谢国家社会科学基金的资助，也要感谢中国社会科学出版社编辑和校对人员一丝不苟的专业精神、娴熟的编辑校对工作。最后要感谢我的家人对我研究工作义无反顾的支持，正是家人们持续的支持和鼓励才使得我在学术研究的道路上走得更为遥远和踏实。

赵天荣

2019 年 10 月 18 日